谭小麟百年诞辰

Essays for Commemorating the Centenary

研究文集

of Tan Xiaolin's Birth

中国当代音乐研究与发展中心

■主编

钱仁平

 上海音乐学院出版社

"谭小麟百年诞辰系列学术活动"组委会

顾　问：周小燕　杨立青
组委会
主　任：许舒亚　周和平（国家图书馆馆长）
副主任：杨燕迪　张志清（国家图书馆副馆长）
委　员：王　瑞　王伟忠　石震明　叶国辉
　　　　兰汉成　朱立平　刘耀明　汪国安
　　　　汤隽杰　李明明　张文禄　陈红彦
　　　　周湘林　贾达群　洛　秦　顾　平
　　　　顾　犇　钱仁平　韩锺恩　韩　斌（按姓氏笔画）

《谭小麟百年诞辰研究文集》编辑组

特邀编审：罗忠镕
主　编：钱仁平
编　辑：刘涓涓　韩　斌　孙　剑　徐　聪

目　录

专题研讨

相关文献

作品选辑

手稿图片

感悟前贤风范　触发当代创造

——纪念谭小麟先生百年诞辰系列学术活动综述（代　序）

钱仁平

引　言

经过近两年的调研、论证与筹备，由上海音乐学院与国家图书馆联合主办，上海音乐学院图书馆与国家图书馆古籍馆联合承办，上海音乐学院声乐歌剧系、管弦系、音乐学系、作曲系、院志编委会办公室等协办，作为上海音乐学院 2011 年度重大项目，并获国家重点学科"音乐学"项目、上海高校创新团队（第一期）项目以及"华人作曲家手稿典藏与研究"项目等资助的"纪念谭小麟先生百年诞辰系列学术活动：手稿展、音乐会与研讨会"，于 2011 年 4 月 16 日至 18 日在上海音乐学院隆重举行①。

谭小麟百年诞辰系列学术活动海报

① 特别鸣谢国家图书馆并张志清副馆长、顾犇博士、孙俊老师等，上海音乐学院图书馆并张雄老师、韩斌老师、杨璇老师、姜谷强老师、孙剑老师等为本项目的开展及本文的写作所提供的文献支持工作。

　　上海音乐学院院长许舒亚教授为系列学术活动欣然题词："感悟前贤风范　触发当代创造"；德高望重的声乐表演艺术家、教育家周小燕先生深情题词："贯中通西"，高度评价老友谭小麟先生短促而璀璨的音乐人生。

许舒亚院长、徐孟东常务副院长、杨燕迪副院长与国家图书馆张志清副馆长等出席谭小麟作品手稿展

　　谭小麟先生 1912 年[①]生于上海，原籍广东。幼习多种中国乐器。1931 年至1938 年在国立音专先后随朱英教授学习琵琶、随黄自教授学习音乐理论与作曲。在校期间创作了《子夜吟》、《湖上春光》等民族器乐曲，搜集、整理了大量苏南吹打乐谱，组织了"沪江国乐社"。在抗日救亡运动中，他积极参加上海进步音乐界联合举办的"援绥音乐会"等进步活动。1939 年留美，先在欧柏林大学音乐学院，后入耶鲁大学音乐学院，后四年受教于著名作曲家、理论家欣德米特，深受欣氏器重。并与芝加哥大学赵元任先生往还，颇受赞许。1946 年底回国，任国立音专理论作曲系教授兼系主任。1948 年 8 月 1 日因病英年早逝于上海。

　　作为中国新音乐的先驱者之一，谭小麟先生的音乐创作可以分为"出国前"、"美国留学初期"、"随欣德米特学习期间"、"回国之后"四个阶段，其成熟作品大多在第三阶段，并得到欣德米特的认可。谭小麟的音乐作品在总体气质上呈现出精致、内敛的室内乐风格，这不仅体现在体裁上对艺术歌曲、重奏音乐的偏好，更体现在音乐作品的周密构思与严谨结构。作为中西音乐文化交流的重要使者，谭小麟先生留学期间向西方世界展示了年轻的中国专业作曲家的风采，传播了中国优秀的民族音乐文化。谭小麟先生曾在波士顿万国同学联欢会上独奏琵琶，并以二胡为赵如兰的独唱伴奏；两次应邀到白宫为罗斯福总统表演；在纽海文举行中国器乐

---

　　① 见《国立音乐专科学校学生成绩册》学生信息表之谭小麟："生于民国元年"即 1912 年。之前所有文献除傅敏编《傅雷谈艺录》（三联书店 2010 北京第 1 版）外，皆误为 1911 年。详参钱仁平提交本次系列学术活动论文《〈谭小麟研究之研究〉：补遗与更新》。

独奏会,《先驱论坛报》认为是一次"东方征服西方"的壮举。作为音乐教育家,谭小麟先生及时、有效地将作为西欧现代音乐中最重要的三种作曲理论体系之一的"欣德米特和声理论"带回祖国,不但自己在音乐创作中实践,而且悉心地传授给学生。他学识深博、提携后进,深得师生敬仰与爱戴。1948 年 7 月 1 日,国立音专举行 1948 届理论作曲组毕业作品演唱会,开创了音专理论作曲系也是中国专业作曲教学举办毕业作品音乐会的先河。[1]

一、关于谭小麟先生作品手稿展

1948 年秋,傅雷先生与沈知白先生、陈又新先生、裘复生先生等为亡友谭小麟组织"遗作保存委员会",并计划整理作品出版、举行音乐会、灌制唱片等,由于时局动荡最终未果。1949 年冬,沈知白先生将谭小麟原作及抄件交与傅雷先生保管。傅雷先生仍为谭小麟作品的出版与演出做过很多努力但也未果。1961 年 12 月 1 日,经文化部同意,傅雷先生将所保存谭小麟手稿及亲撰《已故作曲家谭小麟简历及遗作保存经过》[2]邮递至北京图书馆存放。后来,人民音乐出版社先后于 1982 年、1990 年出版了《谭小麟歌曲选集》、《谭小麟室内乐作品选》。1988 年 6 月,由谭小麟先生部分学生及音乐界人士倡议,中国音协、中央乐团、中央音乐学院、上海音乐学院等单位在北京联合举办了谭小麟逝世 40 周年纪念活动[3]。

周小燕先生出席系列学术活动并给予作品音乐以指导

---

① 钱仁平:《风中的怀念——谭小麟及其对中国新音乐发展的贡献》,载《音乐爱好者》,2002 年第 11 期,后收入《中国新音乐》(新版),上海音乐学院出版社,2007 年第 2 版。

② 傅敏编:《傅雷谈艺录》,第 354—5 页,三联书店,2010 北京第 1 版。

③ 孙建英辑:《谭小麟逝世 40 周年纪念活动》,中国艺术研究院音乐研究所编《中国音乐年鉴》(1989 年卷),第 381—2 页,文化艺术出版社,1989 年 9 月北京第 1 版。

为举办是次谭小麟先生作品手稿展,上海音乐学院图书馆四访国家图书馆,商洽、观摩、遴选、制作手稿扫描件,得到了国家图书馆的大力支持与热情帮助。与此同时,上海音乐学院图书馆经过整理、研究,在特藏室也发现了部分谭小麟先生的艺术歌曲手稿。是次展品,主要由上述两部分组成。在此基础上,选取了《1944年波斯顿万国同学联欢会上谭小麟琵琶独奏》及《1944年波斯顿万国同学联欢会上赵如兰独唱谭小麟二胡伴奏》两张照片①以增加手稿展的直观性与丰富性。另外,从音乐创作与学术研究的历史延续性考量,策展方还邀请到谭小麟先生的弟子、著名作曲家罗忠镕先生的艺术歌曲《卖花声》、室内乐《管乐五重奏》手稿参展。罗忠镕先生2011年3月30日来信说:"因我想到谭先生的作品就是歌曲与室内乐。这两首都是受欣德米特体系影响较深的作品。特别是那首歌曲,无论艺术和技术,所有想法和作法都来自谭先生。"

《谭小麟先生百年诞辰手稿展》于2011年4月14日至16日在上海音乐学院图书馆预展,4月17日至21日在上海音乐学院教学大楼正式展出,受到来自全国各地的专家学者、出席全国音乐学院图书馆馆长工作会议的馆长们、上海音乐学院师生、上海市民及京沪媒体的热烈关注与高度评价:已然被淡忘的中国新音乐的先驱,又鲜活地回到了我们的身边。②

二、关于谭小麟先生作品音乐会

比手稿展更能鲜活地呈现一个作曲家艺术人生的自然是作品音乐会。本次音乐会主要演出了谭小麟先生的艺术歌曲与室内乐代表作:《小路》(内蒙古民歌,钢琴编配,1947)、《自君之出矣》(唐·张九龄诗),演唱:张稚,钢琴:蔡孟熏;《正气歌》(宋·文天祥诗摘句,1947)、《彭浪矶》(宋·朱希真词),演唱:李研,钢琴:崔岚;《别离》(郭沫若词,1946)、《春雨春风》(宋·朱希真词),演唱:郑斌,钢琴:马思红;《小提琴与中提琴二重奏》(1943),小提琴:申丹枫,中提琴:吕翔;中提琴与竖琴《浪漫曲》(1944),中提琴:蓝汉成,竖琴:彭佳;《弦乐三重奏》(1945),小提琴:申丹枫,中提琴:吕翔,大提琴:何思昊。声乐歌剧系、管弦系师生,特别是周小燕先生与蓝汉

---

　　① 选自韩国鐄《留美三乐人:黄自·谭小麟·应尚能留美资料专辑》,时报文化出版事业有限公司,1984年台北第1版。

　　② 参见谌强:《钱仁平访谈录:关于"华人作曲家手稿典藏与研究"项目与〈中国新音乐年鉴〉编撰工作》,《中国新音乐年鉴》(2009卷),上海音乐学院出版社,2011年4月第1版;杨建国:《谭小麟短暂人生留下丰厚财富》,《新民晚报》,2011年4月17日;伍斌:《纪念"贯通中西"的近现代音乐大家——谭小麟百年诞辰系列活动举行》,《解放日报》,2011年4月18日;谌强:《音乐界纪念谭小麟百年》,《光明日报》,2011年4月21日;顾犇:《国图与上海音乐学院纪念谭小麟先生百年诞辰》,《图书馆报》,2011年4月29日等。

成室内乐教学与演奏工作室，为本场音乐会的顺利、完满举行，付出了辛勤的劳动。他们精彩的演绎，将谭小麟先生半个多世纪前的杰作，完美地呈现出来，让来自全国各地的专家学者与媒体记者们感叹不已：我们在 20 世纪 40 年代就创作出这么多将民族神韵与现代技法妥帖结合的优秀作品！

蓝汉成教授在演奏谭小麟《浪漫曲》

　　新世纪以来，随着谭小麟研究的不断深入，谭小麟先生被遮蔽了的艺术贡献，也逐步清晰并被越来越多的人所知晓。但谭小麟先生作品的唱片等音像资料仍然鲜见，乃至于我们的中国音乐史课堂教学都勉为其难。本次纪念谭小麟先生百年诞辰系列学术活动，从策划之初就把作品音乐会的举行作为重中之重，并明确规划将该场音乐会的实况制作 CD，随同正在紧张编辑中的《谭小麟先生百年诞辰研究文集》正式公开出版。

三、关于谭小麟先生学术研讨会

　　学术研讨会由钱仁平主持。汪毓和教授在其论文《为"东西音乐文化交融和发展"毕生奋斗的杰出作曲家谭小麟——纪念谭小麟教授诞辰百年有感》中指出："谭小麟的音乐创作，正是他既重视对中国传统精神的继承、又重视紧跟时代发展，正确借鉴西方创作经验的艺术理想的具体实践。其根本目的不是要将中国音乐历史的发展引向古代、引向外国，而是为了无愧于真正艺术家的历史使命，努力去开创一条能融合中西古今文化精粹的中国现代音乐发展的新路。"接着，罗忠镕教授、陈聆群教授、陈钢教授、杨立青教授、杨燕迪教授等分别从学科建设、音乐创作、作曲教学、和声教学等方面畅谈了谭小麟先生在中国近现代音乐历史上的杰出贡献与重要地位。

　　刘涓涓的论文《沟通与引领——从三首艺术歌曲管窥谭小麟的音乐创作》，通过对《自君之出矣》、《别离》和《彭浪矶》在歌词题材、音乐体裁、曲式结构、和声调性、人声旋律以及钢琴织体共六个方面的技术性分析后认为：谭小麟的歌词题材倚

罗忠镕先生在研讨会上发言《谭小麟先生在上海音专》

重中国文人的诗歌,音乐体裁与中国古代琴歌的属性相通,传达出文人音乐"雅致"的精神气质。他对曲式结构与钢琴织体的处理强调"精炼"的效果,与20世纪的"格言主义"大师韦伯恩的结构观念一致。对于人声旋律与和声调性,谭小麟着重内心体验的客观表现,呈现出"内敛"的创作个性,这种美学趣味与20世纪的"表现主义"大师勋伯格也有相通之处。谭小麟在创作中将欣德米特作曲技法与中国音乐文化进行了有效的结合,他的音乐风格超越了中国当时的创作环境。从中国专业音乐创作发展的历史角度看,谭小麟是东西方音乐文化的积极沟通者,也是中国现代音乐创作的引领者。

王勇作了题为《谭小麟与他的三位美国老师》的专题发言。他采用"关联视角"的历史研究方法,首先对欧柏林音乐学院的历史沿革进行了介绍,对于谭小麟在美国的第一位老师诺曼德·洛克伍德的学缘进行了梳理,提出了可以对同属纳第亚·布朗热教学体系影响下的美国现代作曲流派与谭小麟作品之间进行风格对比研究。随后对于耶鲁音乐学院前院长、谭小麟的第二位美国老师唐纳文教授的学缘进行了梳理,并对于同属于这个学缘体系,目前仍活跃在国际乐坛上的作曲家、指挥家耶胡迪·怀耐尔进行了介绍,探索谭小麟学缘流派的关联。随后又对于欣德米特的中提琴创作进行了梳理,力图对于谭小麟在欣德米特停止中提琴创作之后,延续了他的风格做出解读。最后他指出,中国近现代音乐史不应该是一个封闭性的研究,它应该放到更为广阔的世界音乐史的范围内去寻找自己的定位。

钱仁平的《〈谭小麟研究之研究〉:补遗与更新》,主要述评《谭小麟研究之研究》[①]发表之后,学界有关谭小麟研究的新成果;并根据《国立音乐专科学校学生成绩册》与谭小麟手稿等原始文献,考证并更正了谭小麟的出生年月,更新了谭小麟作品目录

---

① 钱仁平:《谭小麟研究之研究》,分上、下连载于《黄钟》(武汉音乐学院学报),2004年第2、3期。

等。青年学者熊欣的《谭小麟艺术歌曲〈彭浪矶〉分析研究》，运用欣德米特作曲理论体系，对谭小麟的艺术歌曲《彭浪矶》进行了全面分析。上海音乐学院硕士研究生唐吟的《兼收并蓄　羽化新声——谭小麟艺术歌曲研究》，在对中国近代艺术歌曲发展脉络进行概略梳理后，从谭小麟对中国近代学院派艺术歌曲创作的继承和对欣德米特理论体系的吸收及运用两方面，探索其艺术歌曲的创作技法及风格特征。

杨燕迪副院长代表上海音乐学院接受汪毓和先生代表中央
音乐学院赠送的《马思聪全集》

　　另外，研讨会上汪毓和教授还代表中央音乐学院向上海音乐学院赠送完整版《马思聪全集》（附 CD），并宣读了王次炤院长致上海音乐学院许舒亚院长的信。王院长在信中介绍了马思聪全集的编撰过程及其学术意义，阐述了两院在学科建设、理论研究、专业教学、艺术实践等方面的长期合作关系，并希望在今后能有更广泛、深入、全面的合作。杨燕迪副院长代表上海音乐学院接受了《马思聪全集》，并对中央音乐学院及王次炤院长的深情厚谊表示衷心感谢，希望今后双方不断加强合作，携手共进，为中国高等专业音乐教育事业做出更大的贡献。

结　　语

　　"纪念谭小麟先生百年诞辰系列学术活动"手稿展、音乐会以及研讨会开幕之前，项目组委会主任、上海音乐学院许舒亚院长，在贵宾室亲切会见联合主办方中国国家图书馆张志清副馆长。许院长代表学院对国家图书馆对本项目的大力支持，以及张副馆长专程抵沪参加"纪念谭小麟先生百年诞辰系列学术活动"表示衷心感谢，并希望今后能够与国家图书馆在文献交流、近现代名家手稿保存与利用等方面加强相互合作。许院长还向张副馆长赠送了上海音乐学院师生近年来创作、表演的优秀作品 CD 唱片，以及他与中央音乐学院王次炤院长、中国音乐家协会主席赵季平先生联合担任编委会主任，上海音乐学院图书馆中国当代音乐研究与发展中心主编的《中国新音乐年鉴》2009 卷。张副馆长对上海音乐学院纪念"谭小麟先生百年诞辰系列学术活动"的成功举办表示祝贺,并介绍了联合主办系列学术活动中手稿展览的缘起和过程,高度评价上海音乐学院在学科建设、音乐创作、专业教育、音乐文献建设方面所取得巨大成就,并希望今后能够在特种音乐文献建设、典藏与数字化保存与推广等方面与上海音乐学院加强合作。

许舒亚院长向合作主办方国家图书馆张志清副馆长赠送《中国新音乐年鉴》

　　系列学术活动期间,还举行了全国音乐学院图书馆馆长工作会议,并特邀台湾师范大学数位典藏中心主任黄均人先生主持专题工作坊,深入探讨了数字化、网络化时代音乐图书馆的发展方向与对策,共同磋商了建设"国家数字音乐图书馆"(拟)的学术意义、文化能量与可行性。

许舒亚院长亲切会见合作主办方国家图书馆张志清副馆长

　　新时期、新环境、新要求,都呼唤着专业音乐图书馆在调整、完善传统音乐图书馆功能的基础上,发挥优势、拓展职能、全情服务、能动参与国家专业音乐教育事业的发展与文化事业的繁荣。

(原载《人民音乐》2011 年第 7 期)

专题 研讨

谭小麟研究之研究

钱仁平

前言：缘起·谭小麟研究文献的收集与发现

　　2002 年 9 月，笔者为《音乐爱好者》"中国新音乐"专栏撰写有关谭小麟的普及性文章做资料准备工作，开始收集、研读相关文献。在这个过程中，笔者有三个比较深切的感受：其一，是在上海图书馆馆藏 1948 年度《上海新民报晚刊》上发现多篇论及谭小麟的文章，它们多为对谭甚为熟悉和了解的学生、同事所撰，并且距谭去世时间很近，因而，在史实等方面具有相当高的可信度。事实上，即使以现在的眼光来审视，这些半个世纪之前相继发表在一份以"新闻"、"生活"为主体的市民报纸上的文论，其中仍不乏论述深入、具有相当学术和历史价值的文献。但是，这些有可能更为原始、更为接近真实的文献，在后续研究中并没有得到充分重视，并在一定程度上影响了后续研究的进展。其二，是有关谭小麟的研究还存在着不少急需填补的空白。其三，与其一有一定的关联，那就是有关谭小麟的研究，在不少基本史实方面还存在分歧如，谭小麟的出生、去世时间乃至姓名都众说不一，这种情况出现在谭小麟这样一位在中国近现代音乐史上具有重要历史地位的音乐家身上，是应该引起学界重视的。

　　专栏文章写完之后，这些感受萦绕心头，笔者于是在更广泛的范围内继续收集相关文献，并以《"谭小麟研究"文献综述》为题，写出了《音乐文献与研究方法》课程的结业论文。笔者收集到的有关谭小麟研究的文献，可分三大类：

　　1. 专题研究，主要对谭小麟生平事迹、创作特征等某一个方面进行深入的研究。

　　2. 相关研究，是在某个更宽泛的论题中涉及到谭小麟，它可以显示、考量出谭小麟在相关论题中所处的地位与价值。

3. 辞书与史书中的相关论述，则可以在更广阔的范围内考量谭小麟在中国音乐历史上的地位。

在《"谭小麟研究"文献综述》中，笔者重点述评了上述三类文献中有代表性的论文与著作计20种。

本文将在笔者的专栏文章（钱仁平 2002:28－32）、《"谭小麟研究"文献综述》的基础上，从"生平研究"、"作家作品研究"、"技术理论研究"以及"辞书、史书相关论述"等四个方面，对所收集的有关"谭小麟研究"诸文献进行梳理、述评，发现、重提或者突显已有但在后续研究中没有得到充分重视的重要文献，展示谭小麟研究的现状，在比照中厘清或存疑有关谭小麟的一些基本史实，指出谭小麟研究中还存在的一些弱项与空白，形成一份谭小麟作品目录初稿，以期为谭小麟研究的进一步发展，进而全面、妥帖地评价谭小麟的历史贡献，提供一份可资参考的资料。

生平研究述评

（一）生平研究的一般情况

在谭小麟研究的诸文献中，有关生平研究的文献是相对丰富的，既有专题的，也有旁及的。在生平研究方面，以沈知白、周凡夫、韩国鐄等人的4篇论文以及《上海音乐学院大事记·名人录》提供的相关信息最为重要：

沈知白的《谭小麟先生传略》虽然正式发表在1980年，但撰写日期肯定在谭小麟逝世之后（1948年8月1日之后）至1948年10月5日前这段时间，因在《上海新民报晚刊》1948年10月5日第2版发表了署名"佚名"的文章《谭小麟先生传略》，比较二文，标题相同，骨架一致，内容相当，可以断定"佚名"就是沈知白。与《上海新民报晚刊》所载文相比，发表在《音乐艺术》上的论文更详尽，所附作品目录也更丰富。这篇论文虽然篇幅不大，但所撰时间距谭小麟逝世时间较短，作者既是著名的音乐史学家，又是与谭小麟过往甚密的好友，其重要性值得重视。

周凡夫的《谭小麟生平研究》（1989:202－233）是目前有关谭小麟生平研究最晚近、最详实和最重要的一篇专题研究论文。论文包括"前言"、"家世——旧社会大家庭的悲剧"、"发迹形成封建大家庭"、"第一期——音乐生活的开始"、"第二期——上海音专的七年"、"好事多磨的婚姻"、"第三期——赴美求学的七年"、"第四期——返国任教的两年"等八个部分。论文以时间为序，论述了谭小麟在各个时期的社会背景、音乐创作与音乐生活。它除了搜罗资料较为翔实外，对谭小麟之子谭乃孙的采访，使该文在"第一手资料"方面更显特色，在可信度方面也更令人信服。论文中"家世——旧社会大家庭的悲剧"、"发迹形成封建大家庭"以及"好事多磨的婚姻"等三节,对于研究谭小麟音乐创作与家庭状况、社会背景的关联,具有重要的参考价值。

韩国鐄的《谭小麟留美资料的发现》(1984a:79－90)包括:一、意外收获,二、生平小传,三、留美生活,四、英才早逝等四个部分。另有附录"所收谭小麟资料目录",罗列了作者在美国访学、研究期间所收集的有关谭小麟的大量文字、图片资料。论文的主体部分是第三节关于谭小麟留美生活的叙述,述及谭小麟在美国留学期间的师承,音乐生活,特别是音乐创作。以翔实的史料作为论述的基础,是这篇论文最重要的特色,它也填补谭小麟生平研究中"留美时期"的空白。①

韩国鐄的另一篇论文《傅雷笔下的谭小麟之死》(1984b:91－96),仍然是以所收集的史料作为其研究的基础。该文主要以谭小麟逝世之后,谭小麟的好友傅雷与美国方面交流的信件为基础形成的。这篇文章的论述并不深入,它的价值在于这几封信件的发现以及对后来研究的贡献。陈子善的文章《谭小麟、欣德米特和傅雷》也是以这几封信件为基础形成的,需要注意的是该文中将美国欧伯林大学误为德国柏林大学。

《上海音乐学院大事记·名人录》是《上海音乐学院院志》的组成部分,"采用编年体、以年、月为经,以事件、活动为纬,内容既要有纵深度,又要有广度,将学院历史贯通起来,将各专志篇、章联系起来,力求做到大事突出、要事不漏,琐事不录。"(《上海音乐学院院志》编委会 1997:504)谭小麟曾经是该院优秀的琵琶、作曲双主课学生,后又任作曲系教授、主任,因此,该书对谭小麟有不少珍贵的历史记载,是谭小麟研究的重要原始资料之一。比如,关于谭小麟入该院读书的时间长期被误为 1932 年,该书则明确指出为 1931 年;再如,该书中关于谭小麟多次参加各种演奏会的记录,对于研究谭小麟作曲之外的其他音乐才华,提供了不少细致、可资参考的文献与线索。② 表一列出了该书中有关谭小麟的纪事。

---

① 霍华德·博特赖特(Howard Boatwright)发表在《音乐季刊》卷 L 第 3 号(1964,6)的《作为教师的欣德米特》,详细地叙述了欣德米特在耶鲁大学的教学情况。虽然该文并没有具体提及谭小麟的名字,但对考察谭小麟留美期间的学习状况有一定的参考价值。

② 另外,该书还在"名人录"部分收"谭小麟"条目,需要注意的是其中述及谭小麟 1932 年由沪江大学转学到国立音专(《上海音乐学院院志》编委会 1997:483),与大事记部分不一致。

表一：

时　间	纪　事	页码
1931 年 9 月	招收新生 44 名，胡投、刘雪厂①、张昊、谭小麟、蔡绍序、何端荣、毛宗杰等于此时入学。（摘自《音》第 16 期及《国立音乐专科学校一览》）	17－18
1932 年 4 月 16 日	举行第 16 次学生演奏会，节目有谭小麟琵琶独奏《阳春古曲》……摘自《音》第 23－28 期合刊）	20
1932 年 11 月 26 日	假青年会礼堂举行五周年纪念音乐会，节目有……谭小麟琵琶独奏《五三纪念》（朱英）……（摘自《音》第 23－28 期合刊）	23
1933 年 11 月 27 日	假青年会礼堂举行六周年纪念音乐会，节目有……谭小麟琵琶独奏《霸王卸甲》……（摘自《音》第 36、37 期合刊，《音乐杂志》第 1 期）	29－30
1934 年 5 月 8 日	举行第 25 次学生演奏会，节目有……谭小麟琵琶独奏《普庵咒》（古曲）……（摘自《音》第 42－44 期合刊）	33
1934 年 5 月 23 日	本校举行第 5 次学生音乐会，节目有……谭小麟琵琶独奏《普庵咒》（古曲）……（摘自《音》第 48 期合刊）	34
1934 年 10 月 25 日	举行第 28 次学生演奏会，参加演出的胡然、谭小麟……（摘自《音》第 47 期合刊）	35
1935 年 4 月 19－22 日	本校学生赴南京演出：一次在金陵大学，一次在励志社，节目有……谭小麟琵琶独奏《五·三惨案》（朱英）……谭小麟二胡独奏《月夜》（刘天华）、《重游》（谭小麟）……（摘自《音》第 53 期）	40
1935 年 4 月 29 日	赴江夏大学举行师生演奏会，节目有……谭小麟琵琶独奏《五·三惨案》（朱英）……（摘自《音》第 53 期）	40－41
1935 年 5 月 20 日	本校假新亚酒店礼堂举行春季音乐会，节目有……谭小麟琵琶独奏《难忘曲》（朱英）……（摘自《音》第 54 期）	41
1936 年 4 月 23 日	举行音乐会庆贺前院长蔡元培七十华诞……音乐会节目有……谭小麟琵琶独奏《将军令》（皇甫直）……（摘自《音》58 期）	47
1937 年 4 月 11、12 日	应教育部全国美展之邀，前往南京国民大会堂及金陵大学礼堂举行音乐会，第一部分为学生节目，演出者有……谭小麟……（摘自《音》63 期）	51
1940 年 7 月 4 日	将图书 9 箱、管乐器 6 件（圆号、长号、大号、次中音大号、低音大号、定音鼓一对）寄存谭小麟家中。（摘自院档案 520－537(2)－28 号）	66

① 据《中国音乐词典》（续编）"刘雪庵"条目，刘雪庵也是 1931 年秋从中华艺术大学转入国立音乐专科学校随萧友梅、黄自等学习作曲（缪天瑞等 1992:119）；又，"厂"通"庵"时，多用于人名，因此，此"刘雪厂"就是"刘雪庵"。

续 表

时间	纪　　事	页码
1946 年 11 月 24 日	本校学制设五年制专科、师范科……校长戴粹伦……理论作曲组主任谭小麟……(摘自本院档案 520－537(3)－26)	83
1947 年 2 月 7 日	举行第一次校务会议,决定每月开会一次。出席会议者:……谭小麟……等主任及各组长。(摘自本院档案 520－371(1)－7)	84
1948 年 7 月	暑假前夕欧阳鑫从教师谭小麟处得之校方已决定将她开除的消息,当即向党组织汇报,经组织决定立即撤离学校。(陈岚即欧阳鑫提供 1996 年 8 月 29 日信)	91
1948 年 8 月 1 日	理论作曲教授兼主任谭小麟因患喉麻痹医治无效,于下午三时在爱文义路上海医院病逝,终年 37 岁,生前所有藏书、唱片悉数赠学校。	91
1988 年 6 月 17 日	本院及现代音乐学会联合举行谭小麟逝世 40 周年纪念活动。丁善德、桑桐、陈铭志三位教授分别在纪念会上讲话,追述谭小麟教授在创作、教学和介绍西方现代音乐流派和技法等方面的业绩,纪念会上还演唱演奏了谭小麟的独唱、独奏、重唱、合唱作品。(摘自 1988 年第 3 期《音乐艺术》	406

(二) 生平研究中一些基本史实的厘清或存疑

尽管谭小麟生平研究是相对丰富的,但各文献中还存在着不少相关基本史实的不一致。本文将尝试在比照中对这些"不一致"进行厘清,如果暂不能厘清,就先存疑,这样既可以期待着准确的信息出现,也可以提醒后续研究中慎重对待。事实上,这些"不一致"主要就是由于没有及早厘清或存疑而产生的。

关于出生时间及其身份。谭小麟 1911 年出生上海,这是所有涉及此项的文献都认定的。更具体的时间则有分歧:一说 4 月 17 日(韩国鐄 1984a:80;刘靖之1988:134);另一说根据谭小麟之子谭乃孙回忆,认为是农历 3 月 27 日、公历 4 月25 日(转周凡夫 1989:204)。关于谭小麟的身份,与谭小麟关系甚密的学生杨与石认为"谭小麟并不是'谭氏门宗'的嫡系子孙,他是一个照旧社会不成文的法律无权自由处理遗产的'抱养子'"(瞿希贤 1980:9)。而谭乃孙表示:"从未有所闻,杨与石之说如无特别根据,可能是误会,因谭家初生六个儿子均夭折,故谭小麟出生后,谭家恐其无法养大,特别再抱养了一个小男孩,因此后来谭小麟有一位弟弟,名谭肇仪,现仍健在,居于上海。"(周凡夫 1989:204－205)

关于名字。谭乃孙认为谭小麟名"肇光"字"小麟"(转周凡夫 1989:204),而不是不少文献所认为的"谭小麟字肇光"(韩国鐄 1984a:80;刘靖之 1988:134)。另一种说法是"谭小麟又名谭肇光"（朱建、倪瑞霖 1985：185）。近来的文献则多用"谭小麟原名肇光"（汪毓和 1988：68）、"谭小麟原名肇光，字小麟"（丁涧 1994：141；臧一冰 1999：228）以及"原名谭肇光，小麟系其字；并曾将谭字分解为计晒，用作笔名"（《上海音乐学院院志》编委会 1997：483）。

关于入国立音专的时间及专业选择。目前有关谭小麟研究的文献，除了梁茂春以"1931 年"作为谭小麟入上海国立音乐专科学校的时间（2001：260 - 263）外，其余的文献都用"1932 年"。本文倾向于用"1931 年"，原因前已述。关于专业选择，各文献也不尽一致，笔者参考各种文献后认为："谭小麟 18 岁中学毕业后入沪江大学音乐系学习。1931 年 9 月转学至上海国立音乐专科学校，由高中科而本科，师从平湖派琵琶大师朱英主修琵琶，成绩优异。与此同时他还随黄自学习音乐理论共同课，第二年正式兼修作曲理论及作曲，直至黄自逝世。"（2002：28）

关于去世时间。绝大多数文献认为 1948 年 8 月 1 日下午三时（霍坡 1948 年10 月 5 日，《上海新民报晚刊》第 2 版；瞿希贤 1980：8；秦西炫 1981：48；韩国鐄1984b：94；周凡夫 1989：226 - 227；《上海音乐学院院志》编委会 1997：91）。而谭乃孙则认为"由于治好的飞机在下午二时起飞（送谭小麟去南京治疗），父亲的逝世一定在下午二时之前，而我记得很清楚，当我们回家吃午饭时，已接到电话，知道父亲已病逝，时间应是中午的十二时半，而不是下午三时。"（周凡夫 1989：229）本文认为这两种时间都有采信的可能：前者有谭小麟的挚友傅雷先后于 1948 年 8 月 16日、10 月 8 日、10 月 18 日写给美国方面的信函，以及谭小麟的学生瞿希贤以笔名霍坡在谭小麟逝世后不久发表的长篇纪念文章[①]为证，后者有谭小麟的亲属细节清晰的回忆为证，因此，关于谭小麟去世时间，1948 年 8 月 1 日是可以肯定的，但更具体的时间目前只能存疑。还需提及上海文化艺术志编纂委员会、上海音乐志编辑部 2001 年所编《上海音乐志》之"大事记"之"民国 37 年（1948 年）"部分，记载："8 月 3 日，音乐家谭小麟教授今晚患急性麻痹症在上海医院逝世。"这个记载有误。另外，该书还记载"（1948 年）5 月，《谭小麟曲选》辑成问世，其师欣德米特作序。"事实上，谭小麟逝世之后，傅雷才两度致信欣德米特，希望他能为筹划出版之中的《谭小麟作品集》作序。尽管欣德米特作了序，但曲集当时并未出版。[②]

---

① 其依据是该文作者 1948 年 8 月 5 日收到同学杨与石的来信，这在时间上是没有间隔的。

② 笔者在上海图书馆发现一本破损严重的、1948 年由兄弟美坊誊写印刷社（崇内八宝胡同 12 号）印行的《谭小麟作曲集》油印本（陈兰孙绘谱）。内含独唱：《自君之出矣》、《别离》、《彭浪矶》以及合唱《正气歌》。封面题"中国科学社图书馆惠存"字样，但未见欣德米特的序言。

作家作品研究述评

（一）作家作品研究的一般情况

作家作品研究的途径是多样的,范围是广泛的。谭小麟研究在该领域取得了不少成果,但也有不少的缺憾,比如完善的作品目录还没有形成,关于社会背景、家庭状况、爱情生活与谭小麟音乐创作的关联等方面的内容还很少涉及。这里先就该领域较为重要的 3 种文献进行述评。

史东①的《谭小麟先生的音乐路向》(1948),发表在谭小麟去世两个半月之后,它不是一般的纪念性的文章,而是笔者目前所收集的有关"谭小麟研究"文献中最早一篇具有重要学术价值和史学价值的关于谭小麟音乐创作方面的论文。该文在简述了谭小麟的音乐生平之后,分别详细论述了谭小麟音乐创作的思想,以及旋律、和声、节奏等方面的做法与特色。它强调指出谭小麟音乐创作"虽然使用了这些西洋现代的技法,然而他的乐曲却是彻头彻尾的充满了中国作风的"。

瞿希贤的《追念谭小麟师》是作者在她的老师去世后不久写的长篇纪念文章,连载于当年的《上海新民报晚刊》(署名霍坡,1948)。该文的行文方式更靠近散文,但由于作者与谭的师生关系,加之写作时间距离其逝世靠近,因而有不少史实具更高可信度。该文 1980 年重刊时附加了谭小麟的另一高足杨与石的按语,使它更具史料价值。特别值得一提的是,文章述及的有关谭小麟的家庭生活与社会背景(主要在第一部分"那幢阴暗的大房子"、第二部分"我太不会生活了"),对于进一步研究谭小麟音乐创作思想与风格的形成,有着重要的参考价值。而该文的第三部分"师生之间",则论述了谭小麟作为作曲教授的风范及其对学生的影响。文章的第四部分"曲高和寡"、第五部分"高雅之外"、第六部分"不应该像欣德米特"则详细阐

---

① 关于作者史东,笔者曾推测为谭小麟先生的弟子杨与石(钱仁平 2002:28),后又踌躇于与谭小麟先生同一时期在上海活动并与音乐界过往甚密的电影家史东山有否可能是该文的作者。我就此疑惑曾请教于武汉音乐学院的孟文涛教授,他根据杨与石的"石"之英文"STONE"之发音"史东"以及该文的音乐学术性质判断该文为杨与石所作。后来再请教谭小麟的弟子、中国音乐学院罗忠镕教授,他也赞同孟文涛教授的推断。2003 年 5 月 29 日,再接孟文涛教授来信,其中又有进一步发挥:瞿希贤之笔名"霍坡",与其姓名中"希"之英文"HOPE"之发音也是密切关联的。另外,笔者根据杨与石为瞿希贤文章所加按语(瞿希贤 1980:11),在《上海新民报晚刊》1948 年 1 月 8 日第 2 版上找到瞿希贤翻译的《论中西音乐的相会》,其译者署名为"火布",这就与"霍坡"、"HOPE"妥帖地联系到一起了,并从另一个侧面强化了"史东"即"杨与石"的事实。顺便提及,这篇 E·Gottschalk 撰写、原先发表在《上海字宁西报》(英文)上的文章,对 1947 年 12 月上海国立音专理论作曲组师生举行的"民歌及创作歌曲演奏会"(其中包括谭小麟的 2 首民歌改编曲与 5 首创作歌曲)作了比较深入的学术性评论。

述了谭小麟的音乐创作思想、创作技术。这是谭小麟研究的一篇重要文献。

丁澜的《现代音乐创作技法的先行者——作曲家谭小麟》(第二卷:141－149)为《中国近现代音乐家传》中的一篇。《中国近现代音乐家传》为"历史传",每篇文章在对音乐家进行全面介绍的基础上,重点突出音乐家的专长、特色与个性,着重于作曲家的成功道路、艺术成就与历史贡献的总结。关于谭小麟的这一篇,基本上也体现该书的编辑思想。文章首先概略介绍了谭小麟的生平、求学经历以及音乐创作方面的一般情况,接着重点论述了谭小麟作品中前后两个时期的特点:"在他的早期作品中,他力求探索具有民族特点的多声音乐风格,力图在保持作品清淡、古朴风格的前提下,更大胆地以调式和声的思维来突破大小调功能和声体系的影响。他后期的作品大多随欣德米特学习、并融会贯通其现代作曲理论与体系后创作的,都带有明显的力图突破浪漫派与印象派过分强调感情和色彩的风格影响以及欧洲传统音乐以大小调(包括其五声调式)功能和声体系为主的调式格局的束缚,以达到根据音乐内容的要求自由运用乐音、节拍、节奏以及各种层次不同的线条的结合,使音乐的各因素都能按作者要求的逻辑结构和表现形成一个极其严密、精练的艺术整体。"

(二)《谭小麟作品目录》(初稿)的形成

由于年代久远,加之特殊历史时期所造成的对谭小麟研究的一度中断,至今我们还没有一份完善的《谭小麟作品目录》,这确实是谭小麟研究中的一个缺憾。笔者在专栏文章中根据沈知白的《谭小麟先生传略》、上海音乐学院图书馆特藏室所存部分谭小麟手稿、《上海音乐学院大事记·名人录》以及其他多处相关零星资料,形成了一份《谭小麟作品目录》初稿。并指出了这份目录初稿仍然存在的几个问题:其一是部分作品的具体创作时间不详,也正因此,这份目录初稿只能将谭小麟的音乐创作按"出国前"、"美国留学初期"、"随欣德米特学习期间"、"回国之后"四个时期进行划分,以为后来进一步确定的基础;应该说这个"基础"中的绝大多数作品的归属是有据可查的,但仍有一些疑点,那就是其二,被不少文献认为是音专读书期间创作的《飞花点翠》与《蜻蜓点水》这两个改编曲,它们是由沪江大学国乐社演奏的,它们有否可能是谭小麟在沪江大学读书期间写作的呢? 其三是《中国音乐年鉴》(1989年卷)提及在谭小麟逝世40周年纪念活动中曾演唱过《歌》这首作品,以及周凡夫在《谭小麟生平研究》中提及谭小麟早年因妻病而作的二胡曲《病中吟》[①]都暂收此处,以期查证。其四是谭小麟是否还有其他作品特别是出国之前的作品没有被目录初稿收入(钱仁平 2002:32)? 笔者再次把这份经过进一步校正的《谭小麟作品目录(初稿)》发表在这里,希望得到学界的批评指正,以为完善之。

---

①　有否可能谭小麟演奏的是刘天华的同名二胡曲呢?

表二　谭小麟作品目录（初稿）

创作时间		作品名称	体裁/编制	备注
出国前 ?—1939年	1935年?	《重游》	二胡独奏	
		《子夜吟》	民乐合奏曲	百代公司唱片
		《湖上春光》	民乐合奏曲	
		《飞花点翠》	民乐合奏曲	根据琵琶古曲改编,沪江大学国乐社演奏,高亭唱片
		《蜻蜓点水》	民乐合奏曲	根据琵琶古曲改编,沪江大学国乐社演奏,高亭唱片
	1937年?	《安全土》	歌曲	发表在《战歌周刊》
	1937年?	《夺回平津》	歌曲	发表在《战歌周刊》
美国留学初期 1939—1941年	1939年	《江夜》	无伴奏混声四部合唱	Chang kear-Jen 词,附有英文唱词
		《云想衣裳花想容》[清平调]		
		《春雨春风》[点绛唇]	男声独唱及钢琴伴奏	宋·朱希真词
	1940年	《清平调》	无伴奏女声三重唱	唐·李白诗
	1940年	《金陵城》[相见欢]	男声二重唱	宋·朱希真词
	1941年	《木管三重奏》	室内乐/长笛、单簧管及大管	
随欣德米特学习期间 1941—1946年	1943年/1944年	《小提琴与中提琴二重奏》	室内乐	"20世纪华人音乐经典"入选曲目在芝加哥演出时由欣德米特奏中提琴声部并灌制了唱片
	1944年/1945年?	《浪漫曲》	中提琴与竖琴	
	1945年/1944年	《弦乐三重奏》	室内乐/小提琴、中提琴与大提琴	1945年获杰克森(J·D·Jackson)奖
		《自君之出矣》	女声独唱与钢琴	唐·张九龄诗,附有英文唱词
		《彭浪矶》[采桑子]	男声独唱与钢琴	宋·朱希真词

续　表

创作时间		作品名称	体裁/编制	备注
随欣德米特学习期间 1941—1946 年	1946 年	《别离》	男声独唱与钢琴	郭沫若词,附有英文唱词
	1946 年	白昼太庄严了 (Too Solemn for Day)	独唱与钢琴	威廉·S.瓦尔克尔 (William S. Walker)诗
		《鼓手霍吉》 (Drummer Hodge)	无伴奏男声四部合唱	托马斯·哈代 (Thomas Hardy)诗
		《挂挂红灯哦》	轮唱曲	《轮唱曲三首》 (Three Rounds)之一,英译刘大白诗,也可用中文原诗演唱
		《托姆的鬼魂》 (The Ghost of Tom)	轮唱曲	《轮唱曲三首》 (Three Rounds)之二,M·郭布(M. Gobb)诗
		《诺尔伏克的山林女神们》(Nymphs of Norfolk)	轮唱曲	《轮唱曲三首》 (Three Rounds)之三,C·巴贝尔(C. Barber)诗
回国之后 1946—1948 年	1947	《小路》	女声独唱及钢琴	内蒙古民歌,钢琴编配
		《正气歌》	男声独唱及钢琴	宋·文天祥诗摘句
	1947	《送情郎》	女声独唱与双重二胡	民歌改编曲
	1947	《正气歌》	无伴奏混声合唱	宋·文天祥诗摘句,"20世纪华人音乐经典"推荐曲目
待考		《歌》		
		《病中吟》	二胡独奏	
		《湖上》	二胡独奏	

技术理论研究述评

对作为中国现代音乐创作先驱者之一谭小麟的音乐作品,从作曲技术理论的角度进行分析、研究,无论对于深刻入微地了解和把握谭小麟的音乐创作风格,还是对于总结这份半个多世纪之前的珍贵遗产,并为当代音乐创作所借鉴与弘扬,都有相当重要的理论意义与实践意义。目前,在此领域学界取得了一些重要成果,但也存在着一定的缺憾,比如,对于谭小麟音乐创作中与艺术歌曲同样甚至更具价值的室内乐作品的研究,几乎还处于空白状态。下面仅就笔者所收集文献中最为重要的 3 种进行述评。

罗忠镕的《谭小麟艺术歌曲的和声》(1989:39 – 46)是目前谭小麟研究中有关技术理论方面最重要的一篇论文。作者是谭小麟当年的弟子之一,我国当代著名的作曲家、理论家。作者的这三重身份保证了这篇论文的精当。它首先论述了谭小麟作品的总体特征:"鲜明的民族风格"、"精致和洗练"、"创新精神"、"室内乐性质"、"和声处理非常考究"等。论文的主体部分,从"和弦结构"、"各组和弦的处理"、"和声起伏"、"调性和调式"等四个方面论述了谭小麟艺术歌曲的和声特点。在"和弦结构"方面,作者认为谭小麟艺术歌曲中虽然 I 组和弦(三和弦①)仍占相当大的比例,但用得最多的是 III 组和弦,可说占绝对优势。而在用得很少的其余四组和弦中,IV 组和弦却是其中用得最多的一组。这是作者对谭小麟七首艺术歌曲进行严格统计后得出的结论。这种国内作曲技术理论研究中用得较少的朴素但是扎实的"统计学"方法,在这里很能说明问题。在关于"各组和弦的处理"这一部分,作者将谭小麟与黄自做了比较研究,突显了谭小麟在和声处理方面的时代性与创新性。在"和声起伏"这部分,作者主要以《正气歌》为例,说明了谭小麟对和声起伏方面的巧妙安排。在"调性和调式"这一部分,作者指出:谭小麟的"调性决不只是消极地作为一首乐曲统一的基础和变化的手段,而是积极地参与着整个的艺术塑造。它的建立、放松、转换以及它本身存在的形态都服从于一定的艺术表现目的"。

与上述论题同类的论文还有于苏贤的《谭小麟创作中的现代技法》(1990:91 – 95),它通过"旋律进行中的音程特性"、"现代和声技巧的运用"、"和弦构成的创新特征与民族性"等三个部分,研究"谭小麟作品中(主要研究对象是艺术歌曲)运用欣德米特作曲理论原则时,怎样融会贯通、灵活处理并根据自己的美学原则进行调节与选择"。

秦西炫的专著《欣德米特和声理论的实际运用》中有关谭小麟音乐创作技术理

---

① 这里用"大、小三和弦及其转位"的说明可能更明确一些,因为在 Ⅴ、Ⅵ 组中也有增、减"三和弦"。相关内容可参看欣德米特(1983:103/2002:100)。

论研究的大量篇幅(2002:97－103、139－143、199－210、224－228、262－264)，是国内有关谭小麟研究的最新力作。由于欣德米特、谭小麟、秦西炫三人之间有着直接的师承关系，更显得该著作在有关"谭小麟研究"的理论文献中的重要意义。诚如作者在该书自序中所说：

> "我国近代作曲家谭小麟在美国留学期间，有四年时间师从欣德米特，对欣氏的作曲理论及其实际运用深得精髓。1946—1948 年谭小麟在上海音专作曲系任教时，对即将毕业的几位同学重点地讲授了欣氏的理论，我亲受教益，印象深刻，我之所以能写成这本书，根源主要在这里。"(同上:2)

该书包括三章：第一章，基本理论；第二章，和声理论；第三章，和声理论的实际运用。前两章作者主要将欣德米特原著第一卷《理论篇》的内容进行了编写，使原著简明并重点突出。该书的重点是第三章，主要是将欣氏的理论结合名作分析归纳出有条理的作曲技法，用于创作实践，而理论工作者也将从中加深对欣氏理论的理解。书中的举例除了欣氏本人的作品外，还有贝多芬等人的作品，用以展示欣氏理论涵盖传统和声；也有巴托克等人的作品，着眼于欣氏理论也适用于特定的调式、音阶。谭小麟的作品富有创造性地运用欣氏理论，是分析的重点。在"两声部骨架写作"，"和声起伏的安排"以及"调性处理"各节中对谭小麟作品分别进行了分析，使读者能够把握谭小麟在写作技术、内容表现上的显著成效。

辞书、史书相关论述述评

(一) 辞书中相关论述述评

笔者查阅到的收"谭小麟"条目的辞书有 4 种[①]，其中以杨与石为《中国大百科全书·音乐 舞蹈卷》与 Jonathan P. J. Stock 为 2001 年版《新格罗夫音乐与音乐家辞典》撰写的"谭小麟"条目最值得注意。杨与石撰写的条目，虽然篇幅短小，但对谭小麟音乐创作特点的概括与评论却最为全面、妥帖：

1. 具有很强的室内性，即便是名义上不算室内乐的合唱曲与艺术歌曲也是如此。

2. 不盲目承继前人，不遵循习套常规，刻意避免沾染浪漫派与印象派的风格，

---

① 辞书都是根据其特定编撰方针选材的，因此某一个条目不被收入是很正常的。但这里需要提及颜廷阶编撰的《中国现代音乐家传略》(绿与美出版社 1992 年 5 月台湾第 1 版)，这部传略收录了包括港澳台在内的中国音乐家数百人，2001 年出版的续编中还包括一些 20 世纪 80 年代出生的年轻作曲家，遗憾的是其中没有谭小麟的条目。

尤其是它们的和声风格。

3. 运用 20 世纪的技术，主要是被称为"新古典派"的技术。

4. 不受任何调式的束缚，但调性原则则严守不论。

5. 注意保持"音乐建筑"的理智基础与感理效应之间的平衡，特别不让情感或感官魅力占优势。

6. 讲究选用既经济而又不依赖外在因素（表现术语、特殊音色等）的基本材料来表现乐曲的特定内容，但只表现到由理智预定的程度为止，决不逾量过分。

7. 整体经营先于局部，但每个局部也务使具有技术上、艺术逻辑上、表现内容上和特殊风格要求上的必然性，以保证整体之健全。

8. 通体骨劲神清，充满自发的中国古典音乐之气韵。

另外还需提及的是《中国大百科全书·音乐 舞蹈卷》在"国立音乐专科学校"、"和声"、"瞿希贤"、"中国近现代音乐"以及"朱英"这 6 个条目的相关论述中提及谭小麟。

与杨与石撰写的条目相比，Jonathan P. J. Stock 撰写的"谭小麟"条目（2001：82）应该说是不够深入的。这里之所以提及这个条目，其着眼点在于《新格罗夫音乐与音乐家辞典》这部在音乐学界享有盛誉的大规模辞书终于在 2001 年版中收入了包括谭小麟在内的 35 位[①]中国作曲家的条目。比照这部辞书的 1980 年版与 2001 年版，仅就近代、现代、当代中国作曲家条目的数量而言，就从"无"激增到 35 条[②]（见表三），这当然是中国作曲家群体不断努力、勇于探索、勤奋创作并取得丰硕成果的结果。但是，《新格罗夫音乐与音乐家辞典》中有关中国作曲家的条目还

---

　　① 该辞典有关中国作曲家的条目，仅就编辑技术而言，也还存在着一些可以商榷的地方。比如：（一）"Ding Shande"（丁善德）条目缺作品目录。（二）中国作曲家索引中并不包括"Tan Dun"（谭盾），从正文表述谭盾是"中国出生的美国作曲家（American composer of Chinese birth）"来看，该辞典应该是以作曲家当下的国籍来划分作曲家的归属的。但是这样，就会有更大、更多的矛盾，比如，该辞典索引将"Chou Wen-Chung"（周文中）、"Qu Xiao-song"（瞿小松）"Tso Chen'guan"（左贞观，1945 生于上海 1961 移居俄国）等为数甚多的华裔或者出生于中国而现在非中国籍的作曲家划入"中国作曲家"，称"Chou Wen-Chung"为"在美国活动的中国作曲家、学者、教师（Chinese composer, scholar and teacher, active in the USA. ）"，"Qu Xiao-song"为中国作曲家等。（三）该辞典在索引中将 1918 年出生于 Kainasar1994 年逝世于阿拉木图（Alma-Ata）的"Kuzham'yarov, Kuddus"划归中国作曲家，而在正文中又称他是"Uighur composer"，这也引人疑惑。关于上述问题及其相关的音乐研究中的文化隔膜问题，笔者在专文《2001 年版〈新格罗夫音乐与音乐家辞典〉'中国作曲家'条目研究》中将做进一步讨论。

　　② 该辞典另收中国香港特别行政区作曲家条目："Chan Wing-wah"、"Lam Bun-ching"、"Law Wing-fai"、"Lam, Doming"、"Lam Manyee"、"Tsang, Richard"等 6 位；中国台湾地区作曲家条目"Chen Shihui"、"Ma Shuilong"、"Xiao Erhua"、"Guo Zhiyuan"、"Pan Huanglong"、"Xu Boyun"、"Hsu, Tsang-houei"、"Pan Shiji"、"Li Taixiang"、"Wu Dinglian"等 10 位。

存在着一定的诸如"选择标准"、"资料偏差"、"评价偏颇"等方面的问题,其原因主要在两个方面:其一是绝大多数撰稿人的"外国身份"所形成的一定程度上的"本位主义"以及对中国近、现、当代音乐创作不可避免的文化隔膜,仅就表三中的"表面现象"——每个作曲家所占篇幅的不同,我们就能感受到这一点。除了每个作曲家音乐创作的丰富性程度不同这一因素外,这些条目中,在西方音乐舞台上比较活跃的作曲家的篇幅相对较长;已有专题研究成果特别是以西文发表的专题研究成果的作曲家的篇幅相对也较长——这也与"文化隔膜"上的另一个因素,即西方学者对中国学者已取得的相关研究成果的熟悉甚至"认可"程度有关。其二是中国音乐学界对本土现代音乐创作的理论研究,在"丰富、稳妥、规范、系统"等标高方面,仍有进一步加强的空间、需要与可能。这不是妄自菲薄,也不是唯"西学"是瞻,扪心自问,我们确实有许多事情要做,有许多只有我们中国音乐学界自己做才做得更好的事情要做。

表三:

条目	卷	页码	撰稿人	大约篇幅	参考文献数量
Chen Gang	5	565	Jonathan P. J. Stock	1/2 栏	0
Chen Peixun	5	565－566	Jonathan P. J. Stock	1/2 栏	0
Chen Qigang	5	566	Frank Kouwenhoven	2/3 栏	0
Chen Xiaoyong	5	566	Frank Kouwenhoven	2/3 栏	0
Chen Yi	5	567	Joanna C. Lee	1 栏	英文 4 种
Chou Wen-Chung	5	789－780	Joanna C. Lee	2 栏	英文 2 种
Ding Shande	7	360	Frank Kouwenhoven	1/2 栏	中文 3 种
Du Mingxin	7	695－696	Jonathan P. J. Stock	2/3 栏	0
Ge Gangru	9	615	Zhang Weihua	1 栏	0
Guo Wenjing	10	589－590	Frank Kouwenhoven	1 栏	正文提及英文 1 种
He Luting	11	358－359	Frank Kouwenhoven	2/3 栏	中文 4 种英文 1 种
He Xuntian	11	474	Frank Kouwenhoven	1/3 栏	0
Jiang Wenye	13	117	Jonathan P. J. Stock	1 栏	中文 4 种英文 2 种
Kuzham'yarov, Kuddus	14	58	Razia Sultanova	1/2	0
Luo Zhongrong	15	316	Frank Kouwenhoven	2/3 栏	0
Ma Ke	15	649	Jonathan P. J. Stock	1/2 栏	正文提及中文 1 种
Ma Sicong	16	29	Jonathan P. J. Stock	4/5 栏	中文 4 种英文 2 种

续　表

条目	卷	页码	撰稿人	大约篇幅	参考文献数量
Mo Wuping	17	253	Frank Kouwenhoven	1/2 栏	正文提及中文 1 种
Nie Er	17	885	Jonathan P. J. Stock	3/4 栏	正文提及中文 1 种
Qu Wei	20	692	Jonathan P. J. Stock	3/4 栏	中文 2 种
Qu Xiao-song	20	692	Zhang Weihua	4/5 栏	0
Sang Tong	22	245	Frank Kouwenhoven	1/2 栏	正文提及中文 1 种
Su Cong	24	652	Frank Kouwenhoven	2/3 栏	正文提及中文 1 种
Tan Dun	25	64－65	Joanna C. Lee	2 栏	英文 4 种
Tan Xiaoling	25	82	Jonathan P. J. Stock	1/2	正文提及中文 1 种
Tso Chen'guan	25	852	Alla Vladimirovna Grigor'yeva	1 栏	西文 2 种
Wang Lisan	27	80	Frank Kouwenhoven	1/2 栏	中文两种
Wu Zuqiang	27	597	Jonathan P. J. Stock	1/2 栏	0
Xian Xinghai	27	613－614	Jonathan P. J. Stock	1 栏	中文 1 种英文 1 种
Xiao Shuxian	27	615	Joyce Lindorff	4/5 栏	中文 2 种西文 2 种
Xu Shuya	27	618	Frank Kouwenhoven	3/4 栏	0
Yang Liqing	27	638	Joyce Lindorff	1 栏	中文 1 种英文 1 种
Ye Xiaogang	27	659－660	Frank Kouwenhoven	4/5 栏	中文 1 种英文 1 种
Zhou Long	27	809	Joanna C. Lee	3/4 栏	英文 2 种
Zhu Jian'er	27	810	Frank Kouwenhoven	4/5 栏	中文 2 种英文 1 种

（二）史书中相关论述述评

汪毓和《中国近现代音乐史》的初版（1984）、修订版（1994）与第二次修订版（2002）中对谭小麟论述的逐步丰富，可以看作中国音乐史学界对谭小麟"认可度"不断增强的一个缩影。该著初版对谭小麟的论述很少，只提及了谭小麟的《弦乐三重奏》、《小提琴和中提琴二重奏》这两首作品的曲名，另以脚注的形式略述其生平（1984：186）。但著者已经注意到"对某些代表性音乐家（如曾志忞、江文也、马思聪、谭小麟等）的评介显得很不够"，并在修订版中"均给予了必要的重点补充。"（1994：4）该版在第六章"沦陷区和 40 年代国统区的音乐"之第四节"江文也、马思聪、谭小麟等人的音乐创作"论述了谭小麟及其音乐创作。论述包括两个部分：第一部分论述他的生平与音乐创作简历，第二部分主要论述他的音乐创作，述及其声乐作品《清平调》、《春风春雨》、《彭浪矶》、《正气歌》，并略述了他器乐作品的总体特征。修订版在学界影响深远,《新格罗夫音乐与音乐家辞典》将其作为"谭小麟"条目唯一提及的参考文献也说明了这一点。第二次修订版与前者相比的变化主要体现在两个方面:其一是在体例上将先前的第四节"江文也、马思聪、谭小麟等人的音乐创作"修改为现在的第四节"谭小麟等人的音乐创作";其二是论述的主体部分有一些文字调整与增删,并增加了 1 个器乐作品的谱例。需要说明的是:这两次修订版,都是以汪毓和的论文《谭小麟及其音乐创作》(1988:68 - 71 续转 81)及专著第二十章:谭小麟(1992:252 - 261)为基础的。

刘靖之的《中国新音乐史论》是一部由"港台学者"撰写的中国近现代音乐史专著。由于作者所受教育及所处政治、经济、文化背景与内地学者的差异,故其写史的立足点与内地的作者也有着一定的区别,也正因此,该著出版之初曾引起中国音乐学界的广泛关注与激烈争论。对于该著的批评与争论,这里不作评述,自有相关文献参佐。但关于该著有一点是值得肯定的,那就是作者比较详实的资料工作。另外,由于该著立足点的不同,使一些不太被内地学者所"看重"的史实,在该著中得到了发挥。该著有关谭小麟的论述也是很有分量的,在第四章"抗日战争时期的歌咏运动与音乐创作"中单列"谭小麟"条目(1998:283 - 298),详细论述了谭小麟的生平与学习、工作经历,列出了谭小麟主要作品目录,将谭小麟的音乐创作与黄自的音乐创作做了简略的比较,并重点分析了谭小麟的声乐作品《自君之出矣》与《别离》。应该说该著对谭小麟的论述,还主要是相关史料的罗列,对谭小麟音乐创作的风格特征的分析还不够深入细密,对谭小麟在中国近现代音乐史上的地位也未有较为明确的阐述。但作者运用较为长大的篇幅来论述谭小麟,也说明作者是很看重这位英年早逝的作曲家的历史地位。该著中有关谭小麟的论述是以其1988 年发表的论文《抗日战争时期的新音乐(1937—1945)》之一部分《谭小麟——才气横溢的作曲家》为主体形成的(1988:134 - 142)。

孙继南、周柱铨主编的《中国音乐通史简编》,"是目前所见的第一部中国音乐通史的著作"。[①] 在第八章"中华民国时期(公元 1912—1949)"之第三节"声乐"之二"独唱歌曲"以及之三"合唱歌曲"中并没有提及谭小麟的艺术歌曲与合唱作品,在之五"作曲家与作曲家群"之(三)"音乐院校作曲家群"中,以"30 年代前后在国立音专从事教学工作的青主、周淑安、应尚能、谭小麟、吴伯超等也都创作了数量不一的声乐作品,且都有名作流传,他们的创作以抒情性的艺术歌曲为多。"(孙继南等 1993:327)一句带过。在第八章第四节"器乐"之二"西洋乐器音乐"之(三)"室内乐"中则有较多论述:"……其《弦乐三重奏》获约翰·杰克森奖,这是中国所写的西洋乐器重奏音乐在国外获奖的第一部作品。谭小麟的室内乐创作,在近代中国属高水平之列。他是著名作曲家欣德米特的高足,其音乐风格有着新古典主义音

---

① 　廖辅叔 1990 年 9 月 14 日为该著所作"序"(孙继南等 1993:2)。

乐的鲜明印迹。他的创作讲究作品的整体布局,有很强的逻辑性;用音考究,技术洗练;恪守调性原则,而又不受调式的约束。"(孙继南等 1993:355)特别值得注意是,该著在第八章第八节"中外音乐文化交流"之一"中国留学生对音乐文化交流的贡献"中,从"一批批陆续学成归来的中国留学生,以上海国立音专为主要基地,开始了中国近代音乐史上最为全面地传播西洋音乐文化的时期"的角度,主要述及谭小麟将西洋音乐传入中国的贡献(同上 1993:461－462)。该著第八章第八节之三"中国音乐文化的对外传播"中,对谭小麟对外传播中国音乐文化则没有提及。

结语：谭小麟研究展望

　　当下史学界多有重写音乐史的呼声,这个呼声也进一步加强了进行大量前提性、基础性、专题性研究工作的迫切性。仅就史料工作而言,有三个方面的问题仍然值得注意与重视:其一,对既往已有资料的发现、挖掘与运用,这是面对过去;其二,对现存史实的抢救,这是立足当下;其三,对当下音乐艺术活动实事求是、客观冷静的记录与描述,则是交待于未来。笔者于史学是完全的门外汉,之所以因了一定的偶然性原因,做了这样一个力不能逮的"研究之研究",主要是出于既请教于方家,更重在自勉之目的。

　　本文通过对所收集到的谭小麟研究文献的梳理、述评,既展现了谭小麟研究已有成果,也发现了谭小麟研究领域还存在着不少需要进一步完善的地方:比如,在生平研究方面,还存在着一些有待查证的史实;在作家作品方面,迄今为止还没有一个完善的《谭小麟作品目录》,对谭小麟的音乐创作观念,音乐创作与社会、家庭背景的关联也还缺少更为深入的探讨与论述,尽管在材料方面已经取得了一些进展;在技术理论方面,还存在着对谭小麟音乐创作中具有重要艺术价值的室内乐的研究空白等等。这些都是谭小麟研究目前面临的基础任务。长期专门、专题研究的积淀,是史书、辞书写作的基础,事实上,目前谭小麟研究中出现的一些有待进一步完善的方面,几乎平行地折射到史书与辞书的相关论述中。

　　只有在全方位深入研究的基础上,我们才能形成对谭小麟全面、妥帖的历史评价。笔者在专栏文章中,将谭小麟对中国音乐发展历史的贡献初步归纳为:"中西音乐文化交流的重要使者"、"中国新音乐创作的先驱"、"将现代作曲观念与技法系统地引入中国专业作曲教学并与中国民族风格有机融合的第一人"等三个方面。关于其中的第一个方面,其主要贡献有三点:其一是他向西方展示了"年轻的"中国专业作曲家的风采,传播了中国优秀的民族音乐文化;其二是他及时、有效地将作为西欧现代音乐中最重要的三种作曲理论体系之一的"欣德米特和声理论"带回祖国,不但自己在音乐创作中实践,而且悉心地传授给学生。其三是他在音乐创作中自觉地将合适的西方现代作曲技术与中国民族音乐文化有机地结合在一起(钱仁平 2002:28-32)。这三点中的第一点在谭小麟研究文献中涉及很少,事实上,作为民族器乐演奏家,谭小麟在音专读书时期就显示出活跃的舞台能力,频繁地出现在各种演奏会上;留美期间,谭小麟曾在波士顿万国同学联欢会上独奏琵琶,并以二胡为赵如兰的独唱伴奏,两次应邀到白宫为罗斯福总统表演;1946年底,在欣德米特的鼓励下,谭小麟在纽海文举行了中国器乐独奏会,当地及纽约的报纸《先驱论坛报》热情地报道了这场音乐会,并认为是一次"东方征服西方"的壮举(《上海音乐学院院志》编委会 1997:484)。

其实,对于谭小麟的历史贡献,他的老师欣德米特在半个多世纪之前,就有了简洁而全面、深情而客观的评价。谭小麟逝世之后,傅雷先后两度致信欣德米特本人,两度致信耶鲁大学音乐学院院长,希望欣德米特能为筹划出版之中的《谭小麟作品集》作序。傅雷的恳请获得了圆满的结果——尽管作品集当时未能出版,1980年代以后,人民音乐出版社先后出版了谭小麟的歌曲集与室内乐作品集——欣德米特在1948年11月7日为谭小麟的作品集写下了充满深情厚意的序言,并给予谭小麟以全面、中肯的评价:

> "就我看来,由于谭小麟之死,中国音乐界已失去了一位极有才华和智慧的音乐家。我因为他是一位杰出的中国器乐演奏高手而钦佩他。但舍此之外,他对西方的音乐文化和作曲技术也钻研得如此之深,以致如果他有机会把他的大才发展到最充分的程度的话,那么,在他祖国的音乐上,他当会成为一位大更新者;而在中西两种音乐文化之间,他也会成为一位明敏的沟通人。如果他的作品之出版,能激励其他有才华的中国音乐家为他们祖国音乐的利益而继续前进,并能使他们也获得一种像他那样的品德高尚、责任心切的艺术态度的话,那么,这个可爱的人和朋友,他的一生,他的作品,以及他生前所受的苦楚,也就不算枉费了。这样,他的精神当仍会生存于那些音乐家之间而使他们为他的祖国继续他未竟的工作。"(1980:7)

我以为欣德米特的这段经常被引用的话,对于全面、深入地进行谭小麟研究,仍然是富有启发性意义的。

(原载《黄钟》2004年第2、3期)

参　考　文　献

专题研究

霍　坡(瞿希贤发表该文所用笔名)

1948:〈追念谭小麟师〉[N]《上海新民报晚刊》10 月 5 日、6 日、7 日、8 日、9 日、13 日、14 日
　　　第 2 版。

史　东
1948:〈谭小麟先生的音乐路向〉[N]《上海新民报晚刊》10 月 15 日第 2 版。

谭小麟
1948:《谭小麟作曲集》[N]上海,兄弟美坊誊写印刷社。
1982:人民音乐出版社编辑部编、杨与石、罗忠镕、秦西炫校《谭小麟歌曲选集》[C]北京,人
　　　民音乐出版社。
1990:人民音乐出版社编辑部编《谭小麟室内乐作品选》[C]北京,人民音乐出版社。

佚　名(沈知白发表该文所用笔名)
1948:〈谭小麟先生传略〉[N]《上海新民报晚刊》10 月 5 日第 2 版。

瞿希贤
1980:〈追念谭小麟师〉[J]《音乐艺术》III。

沈知白
1980:〈谭小麟先生传略〉[J]《音乐艺术》III。

欣德米特
1980:〈谭小麟曲选·序〉[J](杨与石译)《音乐艺术》III。
1983:罗忠镕译《作曲技法》[M]北京,人民音乐出版社;上海音乐出版社 2002 年版。

秦西炫
1981:〈回忆谭小麟先生〉[J]《中国音乐》IV。
1988:〈谭小麟歌曲浅析——纪念谭小麟逝世 40 周年〉[J]《人民音乐》VI。

韩国鐄
1984a:〈谭小麟留美资料的发现〉[M]《留美三乐人:黄自、谭小麟、应尚能留美资料专辑》台
　　　湾。(又见台湾《联合报》1984 年 2 月 26 日副刊[N])
1984b:〈傅雷笔下的谭小麟之死〉[M]《留美三乐人:黄自、谭小麟、应尚能留美资料专辑》台
　　　湾。(又见香港《明报月刊》1984 年 3 月总第 219 期,第 93 - 94 页[J])

朱　建、倪瑞霖
1985:〈近代中国作曲家传略〉[J]之"谭小麟"《音乐与音响》香港总第 49 期。

桑　桐
1988:〈纪念谭小麟——在谭小麟教授逝世 40 周年纪念音乐会上的讲话〉[J]《音乐艺
　　　术》III。

刘靖之
1988:〈谭小麟——才气横溢的作曲家〉[E]《中国新音乐论集(1920—1945)》[C]香港大学
　　　出版。

汪毓和
1988:〈谭小麟及其音乐创作〉[J]《中央音乐学院学报》III。
1992:〈第二十章:谭小麟〉《中国近现代音乐家评传》(上册·近代部分)[M]北京,文化艺术
　　　出版社。

罗忠镕

　　1989：〈谭小麟艺术歌曲的和声〉[J]《音乐艺术》III。

孙建英

　　1989：〈谭小麟逝世 40 周年纪念活动〉[D]《中国音乐年鉴 1989 卷》北京，文化艺术出版社。

周凡夫

　　1989：〈谭小麟生平研究〉[J]《民族音乐研究》香港商务印书馆。

于苏贤

　　1990：〈谭小麟创作中的现代技法〉[J]《音乐研究》III。

丁　涧

　　1994：〈现代音乐创作技法的先行者——作曲家谭小麟〉[E]向延生编《中国近现代音乐家
　　　　　传》(第二卷)沈阳，春风文艺出版社。

梁茂春

　　2001：〈新技法的探索者——谭小麟〉[E]《百年音乐之声》[M]北京，中国经济出版社。

陈子善

　　2002：〈谭小麟、欣德米特和傅雷〉[N]《文汇报》(3 月 20 日)，《作家文摘》4 月 30 日。

钱仁平

　　2002：〈风中的怀念——谭小麟及其对中国新音乐发展的贡献〉[J]《音乐爱好者》XI。

相关研究

汪立山

　　1992：〈中国新音乐与汉语特点有关的若干理论与实践之回顾〉刘靖之编《中国新音乐史论
　　　　　集·回顾与反思(1885 - 1995)》香港大学亚洲研究中心出版。

王震亚

　　1993：〈西方现代作曲技法的第一次输入与回应〉[J]《音乐艺术》II。

戴鹏海

　　1994：〈从体裁的嬗变消长看 20 世纪上半叶中国歌曲创作的发展〉[E]汪毓和、陈聆群主编
　　　　　《回首百年——20 世纪华人音乐经典论文集》[C]重庆出版社。

陈聆群

　　1994：〈世纪之歌 百年评点——谈"20 世纪华人音乐经典"入选曲目与作曲家〉[E]《回首百
　　　　　年——20 世纪华人音乐经典论文集》[C]重庆出版社。

汪毓和

　　1994：〈20 世纪华人音乐创作概观〉[E]汪毓和、陈聆群主编《回首百年——20 世纪华人音乐
　　　　　经典论文集》[C]重庆出版社。

陶亚兵

　　1994：〈20 世纪中国重奏音乐的发展〉[E]汪毓和、陈聆群主编《回首百年——20 世纪华人音
　　　　　乐经典论文集》[C]重庆出版社。《上海音乐学院院志》编委会

　　1997：《上海音乐学院大事记·名人录》[E]上海音乐学院印行。

钱仁平

2000:〈相约拽杖过烟林——"中国新音乐"专栏导言〉[J]《音乐爱好者》Ⅵ。

秦西炫

2002:《欣德米特和声理论的实际运用》[M]北京,人民音乐出版社。

辞书

缪天瑞等主编

1984:〈谭小麟〉《中国音乐词典》[Z]北京,人民音乐出版社。

1992:〈刘雪庵〉《中国音乐词典》[Z](续编)北京,人民音乐出版社。

杨与石

1989:〈谭小麟〉《中国大百科全书·音乐舞蹈卷》[Z227]北京,中国大百科全书出版社。

吴成平

2001:〈谭小麟〉《上海名人辞典》[Z],上海辞书出版社。

Stock,Jonathan P. J.

2001:"Tan Xiaolin"in The New Grove Dictionary of Music and Musicians Vol 25. [Z]second edition, edited by Stanley Sadie, London:Macmillan Publishers.

史书

汪毓和

1984:《中国近现代音乐史》[M]北京,人民音乐出版社。

1994:《中国近现代音乐史》[M](修订版)北京,人民音乐出版社。

2002:《中国近现代音乐史》[M](第二次修订版)北京,人民音乐出版社·华乐社出版。

孙继南、周柱铨

1993:《中国音乐通史简编》[M]济南,山东教育出版社。

徐士家

1997:《中国近现代音乐史纲》[M]海口,南海出版公司。

刘靖之

1998:《中国新音乐史论》[M]台北,耀文事业有限公司。

臧一冰

1999:《中国音乐史》[M]武汉测绘科技大学出版社。

上海文化艺术志编纂委员会等

2001:《上海音乐志》[E]。

上海音乐学院图书馆特藏室所藏谭小麟作品手稿

a.《春风春雨》[E]。

b.《自君之出矣》[E]。

c.《白天太庄严了》[E]。

d.《别离》[E]。

为"东西音乐文化交融和发展"
毕生奋斗的杰出作曲家谭小麟

——纪念谭小麟教授百年诞辰有感

汪毓和

19世纪以来中国音乐文化的发展,除了承继我国几千年优秀的传统遗产外,还面临西方音乐文化不断东移的影响。特别经过"洋务运动"、"维新运动"的推动,到清末民初之后,这种"东西音乐文化交融"的发展,更日甚一日地影响着中国新音乐文化的前进航向。几乎所有中国的近代音乐家,都不同程度地对自己如何投入到国家的音乐文化建设做出了自己的历史抉择。如"辛亥革命"时期的沈心工、李叔同等对"学堂乐歌"的发展,萧友梅、赵元任、黎锦晖、刘天华等对"五四新音乐文化"的建设,以及黄自、聂耳、冼星海等对"30年代抗日救亡音乐运动和左翼音乐文化活动"的向前推进,不管自己有意无意都免不了要通过其音乐实践作出自己的回答。整个世界的大变革和中国的大动荡,促使人类音乐文化的发展都在迅速加快其无可避免的"推陈出新"。

谭小麟的音乐生涯正处在这一中国音乐文化最动荡的年代。他出生于上海某一书香门第,自幼受到传统文化的熏陶,对民乐十分爱好,同时也不缺乏从新型学校中对西洋音乐的了解。他与丁善德几乎同时以琵琶"主科"考入上海国立音专,从师于浦东派琵琶名师朱英教授。入学不久,丁善德转入钢琴"主科"学习,仍保留琵琶作为"副科";谭小麟虽"主科"未变,但主动选择了黄自教授的作曲理论作为自己的"副科"。尽管他们都以"国立音专"优秀的琵琶演奏成绩毕业,但后来均以作曲家的身份名闻乐坛。

1938年黄自逝世后,谭小麟毅然离开国立音专跨洋远赴美国,报考耶鲁的目的就是为了在作曲方面获得进一步的深造。后来他有幸成为耶鲁音乐院院长、世界闻名作曲大师欣德米特的爱徒,达成了自己有关作曲理论学习的愿望。因此,可以说对谭小麟作曲专业影响最深的教师，前为中国的黄自，后为美国的欣德米特。黄自为谭小麟继承 19 世纪欧洲的古典、浪漫及民族乐派的成就奠定了最先的基础，也为他如何掌握"五四"以来中国音乐创作的"民族化"领进了门；而欣德米特对谭小麟进一步掌握 20 世纪西方"现代派"的创作革新给予了重要的启发。值得指出的是，这两位优秀的老师都很看重谭小麟在民乐方面的深厚基础，而谭小麟虽然十分感激两位老师的培养，但也没有丝毫动摇对民族音乐的深厚感情和对西方音乐成就的清醒认识。他后来多次表明："我应该是我自己，不应该像欣德米特"；"我是中国人，不是西洋人，我应该有我自己的民族性。"

从谭小麟的具体创作实践看，前期除了有一定数量的民族器乐作品外，他先后创作的艺术歌曲如《春风春雨》、《金陵城》、《清平调》、《江夜》等，均取自中国古代诗词题材；后期除了一定数量源自欧洲的室内重奏外，他所创作的声乐作品，如《自君之出矣》、《彭浪矶》、《正气歌》等也取材于中国古代诗词，尤其是《别离》、《小路》、《挂挂红灯哦》等则以中国现代诗词为题材（当然，他在美国留学期间也创作了几首外文诗词的声乐作品）。由此可见，谭小麟的音乐创作体现了他既重视对中国传统精神的继承，又重视紧跟时代发展、正确借鉴西方创作经验的艺术理想。其根本目的不是要将中国音乐的发展引向古代、引向外国，而是为了无愧于真正艺术家的历史使命，努力去开创一条能融合中西古今文化精粹的中国现代音乐发展的新路。

遗憾的是，恶劣的社会环境和身体原因，使谭小麟经历长达 20 年的国内外努力学习后，仅在上海国立音专工作了一年左右就过早离世。他那宏大的理想，他那对祖国命运的深情和对学生培养的赤诚，以及他那丰厚的学识修养和精湛的创作天资，都一一被无情地付之冥冥东海。谭小麟过早的离世，也使他失去了更深刻地体认当时中国旧社会日趋堕落的艺术时尚，转而坚定引领广大群众为夺取新中国而苦斗的光辉希望。他走了一条远离大众、远离现实的"独善其身"的窄路，以致他的作品暂时停留在难为大家所理解的孤傲隽秀的局限。但在谭小麟百年后的今天，我想我们一定会擦去这一切旧时代留给他的不幸，格外珍惜他那全身心为探索中国新音乐所付出的光辉艺术理想和一丝不苟地对技法更新的追求，以之为改变当前宣传舞台那日益走向低俗粉饰的邪风，引向真正符合大众命运的、真正具有中国特色社会主义音乐艺术的正道！我想这也许正是今天我们隆重纪念谭小麟百年诞辰的共同宏愿！

（原载《人民音乐》2011 年第 7 期）

沟通与引领

—— 从三首艺术歌曲管窥谭小麟的音乐创作

刘涓涓

谭小麟先生的艺术歌曲《自君之出矣》、《别离》和《彭浪矶》，创作于1939—1946年留学美国期间，得到过他当时的作曲导师、20世纪杰出的作曲家和理论家欣德米特的指导和认可①，前两首作品还曾在美国用英语演出并产生了一定影响。因而，这三首艺术歌曲也完全称得上是谭小麟成熟时期②的代表作。本文通过这些作品在歌词题材、创作体裁、曲式结构、和声调性、人声旋律以及钢琴织体总共六个方面的技术性分析，来了解谭小麟的创作手法，探究他的音乐风格，评价他对于中国现代音乐创作所产生的影响。

一、歌词题材：倚重中国文人的诗歌

从歌词题材来看，《自君之出矣》和《别离》这两首歌曲都与"爱情"有关。爱情题材在外国艺术歌曲中相当常见，情感大多外在热烈，这与西方文化侧重于个人主义的表达有关。中国传统文学题材更关注国家与个人的命运，表达也相对含蓄简洁。也许正因为音乐是一种浪漫的艺术，在中国古典诗词中并不占据主要地位的爱情题材，在中国艺术歌曲领域却也极为常见，表达的情感也多种多样。有些如应尚能的《我侬词》（[元]管道升词）那样忠贞直白；有些如罗忠镕的《涉江采芙蓉》（《古诗十九首》）那样幽怨深情。《自君之出矣》则委婉生动，把女主人公比喻成月

---

① 沈知白：《谭小麟先生传略》，载《音乐艺术》，1980年第3期，第6—7页。
② 沈知白在《谭小麟先生传略》一文中认为谭小麟成熟时期的重要作品有19首：器乐作品4首，声乐作品15首（其中独唱艺术歌曲有7首）。

亮,因思念心上人而逐渐颜容憔悴,就像满月慢慢蚀变成了弯月(见例1)。

例1.《自君之出矣》([唐]张九龄诗)

自君之出矣,不复理残机。思君如满月,夜夜减清辉。

《别离》的歌词清新唯美,用欲上青天采撷"黄金梳"和"月桂冠"的比喻表达对"她"的深爱。然而,正是因为爱得深切,所以上青天都不是难事,但离情却使人无法排解,别离也就愈加惆怅失落。歌词内容有多处情绪转换,散发着浓郁的浪漫色彩(见例2)。

例2.《别离》(郭沫若诗)

残月黄金梳,我欲掇之赠彼姝。彼姝不可见,桥下流泉声如泣。

晓日月桂冠,掇之欲上青天难。青天犹可上,生离令我情惆怅。

《彭浪矶》的歌词内容与"思乡"有关。艺术歌曲中的思乡题材大致有两种常见的表达类型:一类是单纯表现对故土和亲人的思念,如拉赫玛尼诺夫的《梦》(见例3);另一类将个人和国家命运依托在思乡上,诗歌内容往往较第一类更深沉和复杂,如柴可夫斯基的《推窗而出》(见例4)。《彭浪矶》属于第二类情况,不仅写对家乡中原的眷念,还写了因离乡而引发的复杂心境。上片借"旅雁孤云"暗示自己的境遇,又写回首中原悲泣故土的失守。下片先写眼中所见的萧瑟景色,又写自己"辞乡去国"的寂寞悲凉(见例5)。

例3.[俄]拉赫玛尼诺夫《梦》(海涅 原诗 普列谢夫 编词 邓映易 邓欣欣 译配)

我曾有过可爱的故乡,美好的地方! 云杉树叶沙沙摇荡……但只在梦乡!

亲人好友欢聚一堂,温馨的话语常在我耳边回响……但只在梦乡!

例4.[俄]柴可夫斯基《推窗而出》(罗曼诺夫词 徐宜 译配)

不禁推窗而出,胸中郁闷难吐,无力跪倒在我的窗棂前,初春深夜的气息扑上我的颜面,甘美丁香花沁人入肺腑。远处传来阵阵夜莺婉转歌声;细心忧郁地倾听它良久……

袭来思念祖国故土深重哀愁;怀念故乡的草木多遥远,故乡夜莺歌唱,唱起熟悉的歌,哪能理解人间磨难哀愁,夜莺优雅歌唱终夜婉转不休,就在丁香花芬芳的枝头……

例5.《彭浪矶》([宋]朱希真词)

扁舟去作江南客,旅雁孤云。万里烟尘,回首中原泪满巾。

碧山对晚汀洲冷,枫叶芦根。日落波平,愁损辞乡去国人。

　　这三首歌曲的诗词作者要么是唐宋杰出文人，要么是现代文学巨匠；歌词在平仄、韵辙和字数等方面的处理都具有优美的形式感，在形象、内容和思想等方面都具有丰富的内涵，为音乐创作提供了良好的基础和依据。青睐文豪大师的诗词作品一直是艺术歌曲创作中的普遍现象，如舒伯特和 H. 沃尔夫钟爱歌德（Goethe）的诗歌；舒曼钟爱海涅（H. Heine）的诗歌；拉赫玛尼诺夫钟爱普希金（A. Pushkin）和 A. 托尔斯泰（A. Tolstoy）的诗歌；马勒钟爱吕克尔特（F. Rückert）的诗歌；福列和德彪西钟爱魏尔伦（P. Verlaine）的诗歌等等[①]。最重要的是，这三首歌词全都选自中国文学家之手，风格体例也都是古典诗歌的形式。将视野扩大到谭小麟的整体创作，可发现在他成熟时期的 15 首声乐作品中，有 7 首歌词出自中国唐宋名家，2 首歌词出自中国当代诗人，这反映出谭小麟的创作风格在精神层面上与中国文化、尤其是中国传统文化存在着明显和普遍的联系。

二、创作体裁：接近古代琴歌的属性

　　三首艺术歌曲显示出不同的体裁类别倾向。《自君之出矣》和《别离》具有"小夜曲"的体裁特点。小夜曲是一种源自意大利和西班牙、并使用吉他或曼陀林来伴奏的爱情歌曲体裁。谭小麟的这两首歌曲都以"夜"为背景，都与个人情感的抒发和内心世界的倾诉有关。速度为舒缓的行板或中板，节奏疏淡，气息幽长，力度集中在"强"与"中弱"之间，并以后者为主。作品里都贯穿类似弹拨乐器织体的点状固定音型，也许听者可以把它想象成琵琶的音色（见例 6）。回溯奥地利浪漫主义作曲家舒伯特的艺术歌曲《小夜曲》，它的钢琴声部也贯穿了类似的固定音型（见例 7）。

　　　例 6.《自君之出矣》、《别离》片断

----

　　①　同时，为了使歌词内容符合音乐在音响、色彩或性格等方面的表现要求，也或是为了使歌词内容更吻合自己的创作构思，作曲家们也常选择不太知名的诗人之作，甚至亲自写作歌词。如：穆索尔斯基为自己的声乐套曲《育儿室》等诸多作品写作歌词；马勒也为自己的声乐套曲《青年漫游之歌》写作了歌词。

例 7. ［奥］舒伯特《小夜曲》（第 **1—6** 小节）

《彭浪矶》则呈现出"随想曲"的体裁特点。它的曲式结构相对自由,力度变化频繁,人声旋律的音区跨度大并且少缓冲,钢琴音响的对比也较为夸张,音乐性格深沉又激昂。这些因素,满足了"随想曲"体裁所需要的张力感和戏剧性(见例 8)。

例 8.《彭浪矶》（第 **20—26** 小节）

扩大到谭小麟的整体创作来看,他的体裁由于集中在重奏与声乐领域而具有明显的室内乐特征。这种现象,令人联想到谭小麟可能因善于演奏二胡和琵琶等民族乐器而特别重视中国传统音乐的线性化特征;也反映出他或许受到作曲导师欣德米特室内乐作品的影响而青睐室内乐体裁;还可以推导出他可能密切关注当时现代音乐创作领域在体裁编制上出现"室内性"和"微型化"的新动向[1][2]而有意进行相应的尝试等等。但还存在一种可能性,那就是从东西方音乐文化的角度比较,室内乐体裁的性质与中国古代文人所钟爱的琴歌相似,音响细腻内在,适合在

---

[1]　20 世纪的多声音乐创作在编制上出现了"巨型化"和"微型化"的两极分化状态。"巨型化"编制的出现从宏大奢华的晚期浪漫主义乐派开始,如马勒的《第八交响曲》("千人");"微型化"编制的出现从"新维也纳"乐派出于音乐实验的需要开始,而且主要是小型室内乐编制,如勋伯格《第一室内交响曲》Op. 9。详见彭志敏《新音乐作品分析教程》。

[2]　彭志敏:《新音乐作品分析教程(下)》,湖南文艺出版社,2004 年,第 684 页。

较小的场地演奏来供"小众"聆听①。管弦乐体裁的音响宏大热烈，是在较大的场地演出来给"大众"共享。再者，就艺术歌曲的体裁特点来看，它与琴歌一样，都是"文学和音乐相结合"的综合性体裁，也都是采用"独唱人声加独奏乐器"的发声媒介。由于室内乐和艺术歌曲都具有与琴歌相通的属性，谭小麟对于这两种体裁的倚重，使得他的创作传达出中国文人音乐的气质。

三、曲式结构：喜好节制的形式感

这三首歌曲的曲式结构各不相同。《自君之出矣》是起承转合关系的四句式乐段（见图 1），但这样的结构逻辑并不是通过调性关系体现出来。人声旋律对于结构逻辑的体现也较弱，仅仅第一、二句的音高材料之间存在一点联系，但由于建立在新调上就更像是"展开"，而不是用来巩固调性的"承接"。所以，起承转合的关系主要是从钢琴织体的发展逻辑上反映出来的。与传统艺术歌曲比较，这种结构特征的表现方式有些特别。究其原因，一方面是像许多其他 20 世纪的音乐作品那样，重视并提升了织体要素的地位；另一方面，是把调性从传统的结构功能中解放出来，使它的变化更丰富，并能更自由地去参与音乐表现。

图 1：《自君之出矣》的曲式结构

$$\boxed{A}\ 11(a2 + a2 + b2 + a5)$$
$$d\quad\ ^\flat e\quad g\quad dc$$

《别离》的曲式结构是变奏性二段曲式（见图 2），这和歌词的结构、内容都具有"并列"关系的特征一致。不过，变奏性的特点仅仅是通过两个乐段中第一个乐句的人声旋律框架呈现出来的，之后的乐句之间都是对比关系。调性变化比《自君之出矣》更加频繁，就好像歌词中多变的情绪一样。

图 2：《别离》的曲式结构

$$\boxed{A}\ 23 = Int.\ 1 + A10(a3 + b2 + c3 + d2) + A'11(a'3 + e2 + f2 + g4) + coda1$$
$$a\ \text{-----------}\ f\ ^\flat a\qquad\qquad d\quad e\quad b\quad fg\ \text{------}$$

《彭浪矶》的曲式结构是对比性二段曲式（见图 3）。歌词的结构存在并列关系，但内容却不像《离别》那样对应，而是对比的。所以，对比性的音乐结构显然是在适应歌词的内容关系，目的在于加强音乐表现的戏剧性。对比性的结构逻辑又是呈现在织体关系上，呈示段是横向的对位写法；对比段是纵向的多声写法。人声

---

① 谭小麟曾对学生杨与石说过："这几首作品，只有在演奏室内乐的场合及懂得室内乐的听众前演奏才有效果。"详见瞿希贤《追忆谭小麟师》一文中杨与石所写的按语。

旋律的句间关系和另外两首作品那样,仍然持续对比写法。

图 3:《彭浪矶》的曲式结构

$$\boxed{A}\ 30 = Int.\ 2 + A10(a2 + b4 + c4) + Re.\ 1 + B15(d5 + e5 + f5) + coda2$$
$$\qquad g\quad c\ \text{-----------------------------------}\ f\quad c\quad g$$

这三首歌曲都采用艺术歌曲创作中普遍存在的"通谱歌"形式。"通谱歌"能够使词曲关系的结合尽量妥帖细腻,从音乐的技术性与形象的表现力方面来衡量,也比"分节歌"加"叠歌"的形式更佳。三首歌曲都是采用一段曲式或二段曲式这样的小型结构,篇幅短小,最短的《自君之出矣》是 11 小节;最长的《彭浪矶》也仅 30 小节。采用小型曲式结构本是艺术歌曲创作中的一般性现象,而造成这三首作品篇幅短小的根本原因是,作曲家很少做音乐结构的重复处理,只有《自君之出矣》重复了最后一句歌词;也很少对基本乐思和主题材料进行扩展,乐句之间多为对比关系。附加结构中没有相对独立的间奏,更像是中国戏曲音乐中的小过门,尾声短小,有时甚至没有前奏。将视野扩大到谭小麟成熟时期的全部 7 首艺术歌曲,其中有 5 首都具备这样的结构特点。虽然艺术歌曲强调形式对内容的适应而不苛求材料的普遍联系,但不对歌词结构做重复处理、不对主题乐思进行展开以及控制附加结构的容量所形成的小巧结构,应是谭小麟追求有节制的形式而有意控制音乐做过多渲染的结果。

四、和声调性:建立五声化的现代多声风格

这三首歌曲在和声与调性的处理上都使用了欣德米特的和声理论和作曲技术。欣德米特的和声理论是一种以物理学为基础、以表现为目的、不受音乐风格制约的现代多声理论。它扩展了传统和弦结构仅限于三度叠置的构成方式,使和弦的数量与结构形式大为增加。它将三全音作为和弦分类的基本原则,分出两大类共六组和弦,随着和弦结构的逐步复杂,和声紧张度也依次增高。这种和弦构成方式与紧张度变化规律为作曲家提供了依据表现意图来创造和弦结构与和声进行的可能。

谭小麟在这三首歌曲中对于和声材料的运用既有选择性也有目的性。他对 I 组和弦没有表现出特别的喜欢,因为这组和弦都是大小三和弦的原位和转位形式,过多使用会造成西欧古典音乐风格的和声音响效果,这也说明谭小麟并不希望自己的和声呈现出那样的风格。在三首作品中没有出现 V 组和 VI 组和弦。VI 组和弦的减七和弦音响,具有鲜明的西欧浪漫主义风格特点,这也是谭小麟在作品中刻意回避的和声材料。他对 II 组和 IV 组和弦的使用相对于 V、VI 组和弦更多一些,主要是用于承担某种特定的表现作用,因为它们都包含了三全音音程,对于形成和声紧

张度的起伏十分有效。

谭小麟在这三首歌曲中,对Ⅲ组和弦使用最多,和弦形态也很丰富。因为Ⅲ组和弦的结构中没有三全音音程,与中国传统音乐语言的"五声化"特点一致。这说明谭小麟认为Ⅲ组和弦才是能够突显中国化风格的主要和弦结构与重要和声语汇。《别离》在三首歌曲中和声音响特点最为突出,和弦数量也最多。全曲共有40个和弦,Ⅲ组和弦就占35个,其中,三音和弦3个、四音和弦13个、五音和弦13个、六音和弦5个、七音和弦1个(例9)。

例9:《别离》中部分Ⅲ组和弦的结构形态

欣德米特作曲体系中"调性"已不是传统调性的涵义,而是"扩展调性"(extended tonality)的意义。"扩展调性"保留了传统调性思维忠于主音的原则,但调中心的转移却非常频繁[①]。勋伯格认为"扩展调性"的概念来源于音乐以外的影响,即"诗或戏剧的题材、情感、动作甚至人生哲学问题。……从美学上来看,这些新特点的出现是可以争辩的;然而,无论音乐的灵感来自何处,结果是使音乐大大地发展了"[②]。

谭小麟艺术歌曲创作中的调性处理体现出"扩展调性"的观念。《自君之出矣》出现4次转调,《别离》出现7次转调。基本上每一句都在建立一个新调性,没有传统调性布局中常见的"呈示－对比－再现"的三部性特征。《彭浪矶》的转调也是4次,呈现出对称性的调性布局。20世纪音乐创作重新开始注重形式在音乐作品中的意义,"对称性"的调性布局是这种观念的体现之一。总之,调性的布局特点与频繁变化,一方面与歌词内容紧密相关,象征着情绪的复杂多变,另一方面也说明谭小麟的调性观念已经跨出了传统音乐风格的范畴(见例10)。

例10.《自君之出矣》等三首歌曲的调性布局

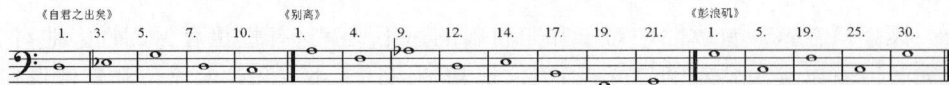

---

① [美]约瑟夫·马克利斯:《西方音乐欣赏》(刘可希译),人民音乐出版社,1998年,第535页。

② [奥]阿诺德·勋伯格:《和声的结构功能》(茅于润译),上海音乐出版社2007年,第94页。

　　欣德米特曾经在 1948 年这样评价谭小麟：“如果他有机会把他的大才发展到
最充分的程度的话，……在中西两种音乐文化之间，他也会成为一位明敏的沟通
人”[①]。之所以说他会成为“沟通人”，并不仅仅因为谭小麟的创作运用了欣德米特
的作曲技术而推广了这个理论体系，更是因为他在运用过程中有自己明确的创作
原则和独立的审美取向，即有意识地远离西欧传统音乐风格，有目标地结合本国音
乐文化特点来建立一种五声化的现代多声风格。

五、人声旋律：突破浪漫主义的写作原则

　　人声旋律的功能兼顾三方面，即正确传达歌词声调、表现音乐内容和传递音乐
美感[②]。就正确传达歌词声调而言，“依字行腔”是中国传统声乐写作最基本和
最主要的技术，采用这种方法当然也会是保持中国风格最有效的方式。所以，不
单是谭小麟，与他同时代的黄自与赵元任先生，在人声旋律的写作上也都是采用
“依字行腔”的原则，但具体的处理又各不相同。在表现音乐内容和传递音乐美
感方面，三人也是各有特色。下面通过比较分析来了解谭小麟人声旋律的写作
特点。

　　黄自艺术歌曲的人声旋律在“依字行腔”的基础上注重主题特征的强调与发
展。《玫瑰三愿》中，“玫瑰花”的旋律外型取自普通话的声调走向，在发展过程中一
面保持声调特点，一面发展旋律的外型特征，这种发展建立在西欧传统音乐风格的
基础之上（见例 11）。

例 11. 黄自《玫瑰三愿》的人声旋律片段

　　有时，黄自甚至为了保持旋律的外型特征而在某些地方放宽对于声调的依赖。
在《点绛唇·赋登楼》中，他对于“余春”、“无语”、“愁心”和“无数”的处理都在刻意
保持直线型的旋律特征，而不是像乐句中的其他字那样依赖声调的走向（见例
11）。因而，黄自的审美取向与法国作曲家福列接近，强调艺术歌曲的人声旋律应
具备“可听”的外在美感。

---

① ［德］欣德米特：《谭小麟曲集序》（杨与石译），载《音乐艺术》，1980 年第 3 期，第 7 页。
② 于会泳：《民族民间音乐腔词关系研究》，载《音乐人文叙事》，1997 年，第 54—91 页。

例12. 黄自《点绛唇·赋登楼》人声旋律片段

赵元任艺术歌曲中人声旋律的写作方法虽然也是"依字行腔"，但却不是依普通话行腔的一般化处理，而是以中国文人吟诵诗书"平低仄高"的声调为依据①。这当然和赵元任"语言学家"的职业身份与审美情趣密切相关。以《小诗》为例，旋律中有7处平仄相连的声调关系，其中5处反映了"平低仄高"的趋势。d和声小调的运用表现了"相思之苦"，也使歌曲呈现出典型的西欧浪漫主义风格（见例13）。

例13. 赵元任《小诗》人声旋律

谭小麟的人声旋律写作也建立在"依字行腔"的依据之上，这可以通过下面的每个例子进行观察。他还极其重视歌词内容的表现，为了尽可能准确地表现情绪变化，旋律技术上多转调处理而少统一性的发展手法，旋律功能上重表现性而少歌唱性的处理。由于谭小麟一直注重中国化风格的保持，所以尽管调性多变，旋律始终呈现出广义的五声性特点。

《自君之出矣》第7小节中，谭小麟对"夜夜减清辉"的音调处理与唱词声调规律一致，旋律外型为持续的下行进行。从音乐表现的角度理解，这种带有感叹意味的瀑布型音调以及音区的下降，应该是为了表现"减"的含义。再者，最后一个字"辉"是阴平字，本不该再下行跳进，但"e"音的处理明显是想用不稳定的调性感表现惆怅无奈的效果（见例14）。

---

① 赵元任在《〈新诗歌集〉序》里这样写道："在字音和乐调的关系上，有两种派别的可能，一种是根据国音的阴阳上去而定歌调的高扬起降的范围。还有一种是照旧式音韵，仍旧把字分作平仄，平声总是倾向于低音平音，仄声趋向于高音或变度音……这两种方法，我大概是因为有一点守旧的感情，觉得第二种较优雅一点，所以本集里的歌调都是近乎这一派的……"

例 14.《自君之出矣》人声旋律片段

《别离》第 7－12 小节中,在"彼姝不可见"的旋律末尾出现了导致调性游移的 ♭e音,应是表现"不可见"的失望。而紧接的"桥下流泉声如泫",旋律中出现了大量降号,音区由高向低转移,调性由 c 转到 ♭a,使音乐情绪都向着低落和沮丧的方向发展,令人联想到"哭泣"的形象。再进行到"晓日月桂冠"时,出现大量还原记号,甚至还有升号,音区向高处爬升,力度随之攀升,调性由 ♭a 转向 d,音乐情绪一下子明朗起来,这应是表现"晓日"的形象(见例15)。

例 15.《别离》人声旋律片段

《彭浪矶》第 9－12 小节的旋律中出现七度和八度两次大跳,并强调力度的加强变化。从音调处理与唱词声调的关系来看,"中原"的旋律进行应该下行,但未必一定要做七度大跳;"满巾"的旋律进行应该上行,但也未必一定八度大跳。从人声旋律的演唱角度来看,这些音调音程跨度大、歌唱性弱,但表现性却很强。从歌词内容的角度理解,应是表现"回首中原"所引起的痛心与悲凉等强烈的情感(见例16)。

例 16.《彭浪矶》人声旋律片段

通过比较谭小麟、黄自和赵元任三人在人声旋律方面的处理发现,在音乐内容的表现上,谭小麟因使用扩展的调性来传达歌词内容而显示出明确的现代技术意识;在音乐美感的传递上,他坚持"重表现性甚于歌唱性"的审美取向。总之,谭小麟艺术歌曲的旋律形态已经突破了浪漫主义的写作原则。

六、钢琴织体：保持简洁的室内乐写法

从钢琴织体的写法来看，《自君之出矣》基本是横向化的对位织体；《彭浪矶》中对位与和声织体兼而有之；《别离》整体上是纵向化的和声织体。歌曲采用不同的织体写法，与作品要塑造的音乐形象有关。

《自君之出矣》的记谱虽然是 $\frac{4}{4}$ 拍，但钢琴声部中固定音型形成的实际节拍效果是 $\frac{5}{8}$ 拍。第 1-4 小节的音型中，第一个乐音分别处在小节中第 2、7、4、1、6、3 个八分音符的位置。也就是说，节拍位置没有重复过，固定音型虽简单却保持了听觉上的新鲜感。时断时续的单音进行在音乐形象上令人联想到唐代诗人张仲素"丁丁漏水夜何长"诗句中的意境。 $\frac{5}{8}$ 拍的固定音型与 $\frac{4}{4}$ 拍的人声声部结合后，歌曲的节拍因错位而始终不明确，造成听者听觉上的不满足，这种感受给人带来身临其境的音乐理解：那位整夜聆听更漏的女子，一定因思念亲人而满怀期待（见例17）。

例17：《自君之出矣》第1—4小节

《彭浪矶》的音乐性格在三首歌曲中最富于戏剧性，织体的处理也是如此。第14-17小节的歌词内容是描写自然环境的清冷之美，所以，钢琴织体既没有保持前面频繁流动的对位性写法，也没有像后面那样做音响丰满的和声性处理。这里仅有两个声部，并都集中在中高音区：下方声部是长线条的环绕型音调，上方声部是用于呼应人声而带有感叹语义的下行进行。为了突出"冷"的形象，这 5 小节的织体中只出现了 g、f、d 和 c 总共四个音，发音点也被尽量控制，被或短或长的大量休止取而代之（见例18）。

例18：《彭浪矶》第14—18小节

《别离》中钢琴声部的主要功能是作为辅助性的背景衬托人声:音型下方是低沉的长音,中间是线性的上行音调,最上方则是蜿蜒流动的动态和声。但当人声旋律改变歌唱性进行、情绪变得强烈或表现性突出时,钢琴织体的形态和功能就相应改变了。如8-10小节,音乐情绪由"我欲掇之赠彼姝"的热情转为"桥下流泉声如泣"的黯淡,钢琴织体变化成复调化的对比写作,而且旋律线条越来越短,音区由高走低,直到变成低音区的三音动机,塑造出流泉"低低啜泣"的形象(见例19)。

例19:《别离》第8—11小节

三首歌曲中,钢琴声部的写作性质都不是单纯的衬托或伴奏,而是配合着人声旋律做符合音乐形象表现的处理,这是艺术歌曲中钢琴声部的典型写法。而且,这些作品的声部数量都不繁多,集中在二到四个声部之间,方向清晰;主调写法中多带有横向进行,复调写法就更为常见,呈现出明显的室内乐性质。每首作品的钢琴演奏技巧都不复杂,这与谭小麟对于材料和音符的运用都极为节省有关。与曲式结构的处理一样,谭小麟对钢琴织体的写作也在刻意保持简洁有效的模式。

结　　语

谭小麟的三首艺术歌曲《自君之出矣》、《别离》和《彭浪矶》,歌词题材倚重中国文人的诗歌,音乐体裁具有明显的室内乐倾向,与中国古代琴歌的属性相通,从而传达出文人音乐"雅致"的精神气质。沈知白先生曾说:"谭小麟的写作务求尽善,即使写一首小歌,有时也要费三、四个月的时间。"①从这三首歌曲的曲式结构与钢琴织体所反映出的特点来看,谭小麟对于"精炼"的效果确实十分着迷,与20世纪

----

① 沈知白:《谭小麟先生传略》,载《音乐艺术》,1980年第3期,第6—7页。

的"格言主义"大师韦伯恩的结构观念一致,二者都在追求音乐的表达如何更加集中与浓缩。对于人声旋律与和声调性,谭小麟的处理强调内心体验的客观表现,呈现出"内敛"的音乐个性。"外在"的音乐往往在当下就可使人得到听觉感官的愉悦,这当然是一种陶醉;而"内敛"则常常需要回味才能领会,它使人得到精神的愉悦,是另一种陶醉。这种美学趣味与20世纪的"表现主义"大师勋伯格也有相通之处,二者都在挖掘人的精神世界,表现人的思想本质。

然而,当《自君之出矣》等三首歌曲在1947年12月于上海举行的"民歌及创作歌曲演唱会"上演出时,并不被国内听众所接受①。回望一下谭小麟所处的音乐文化时代和创作背景发现,当时的中国专业音乐创作正蹒跚起步,作曲家们虽然都在东西方音乐风格的结合方面进行了许多尝试,但大多数人对于西方技术与风格的借鉴还处于传统的古典或浪漫主义时期,而谭小麟的创作显然已经迈入了现代音乐风格的门槛。这不仅对于那时的中国听众来说显得新颖超前,即使是置于当时新技术新风格频频更新的西方专业音乐创作的历史背景中进行比较,谭小麟也是紧跟时代的弄潮儿。从中国专业音乐创作发展的历史角度看,谭小麟及其音乐创作的价值主要表现在两个方面:其一,将欣德米特作曲技法带入中国,丰富了音乐创作的和声语言并做了适应中国风格的处理。当然,那时的作曲家们都不满足于中国传统音乐的单声技术,都在致力于西方多声技术的借鉴,比如在和声材料与和弦构成上尝试着与中国音乐文化的五声性特点进行沟通与融合。不同之处在于,黄自等作曲家借鉴的是传统和声技术,谭小麟借鉴的则是现代和声技术。其二,谭小麟艺术歌曲的人声旋律一方面在形式依据上以"依字行腔"的手法保持与中国传统音乐的联系,另一方面,使用扩展调性紧扣歌词内容的转换进行相应的音乐表现,突出了人声旋律的表现功能。谭小麟在创作中显示出了超越时代的个性化风格,为中国的现代音乐创作擎起了一支指引道路的火炬。

如今,谭小麟先生的作曲技术和音乐语言已经被众多的中国作曲家超越。也正因为被超越,"他的一生、他的作品,以及他生前所受的苦楚才没有枉费"②,他的勇敢和他的孤独,以及他对中国现代音乐创作的引领,都在今天显露出令人无法忽略的价值。

---

① 瞿希贤:《追忆谭小麟师》,载《音乐艺术》,1980年第3期,第8—17页。
② [德]欣德米特:《谭小麟曲集序》(杨与石译),载《音乐艺术》,1980年第3期,第7页。

附1：谭小麟《自君之出矣》的和声分析

自君之出矣

附2：谭小麟《别离》的和声分析

别 离

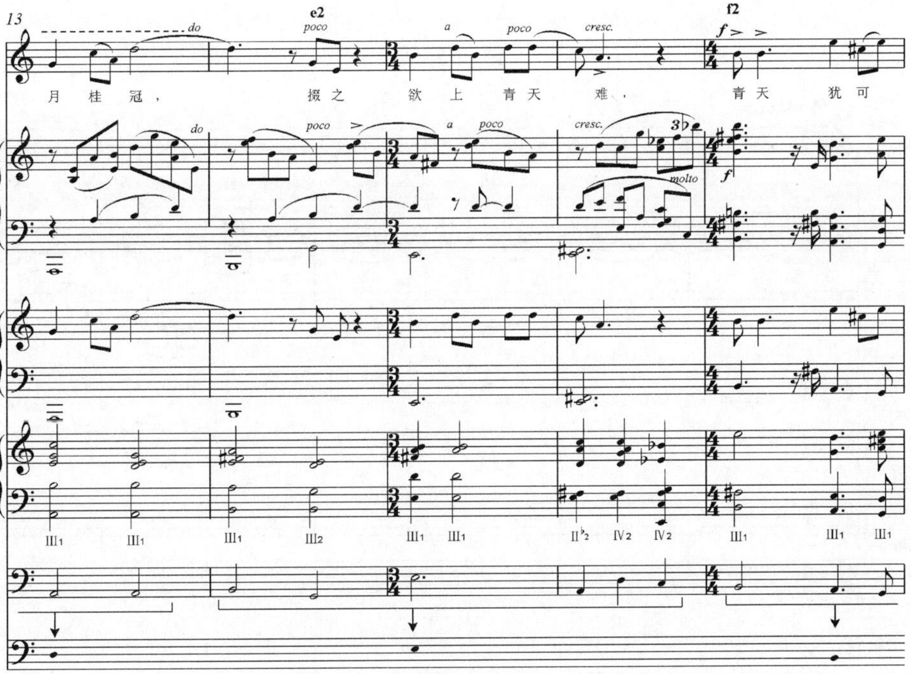
13
e2
f2
poco a poco cresc.
月 桂 冠，
掇之 欲 上 青天 难，
青天 犹可

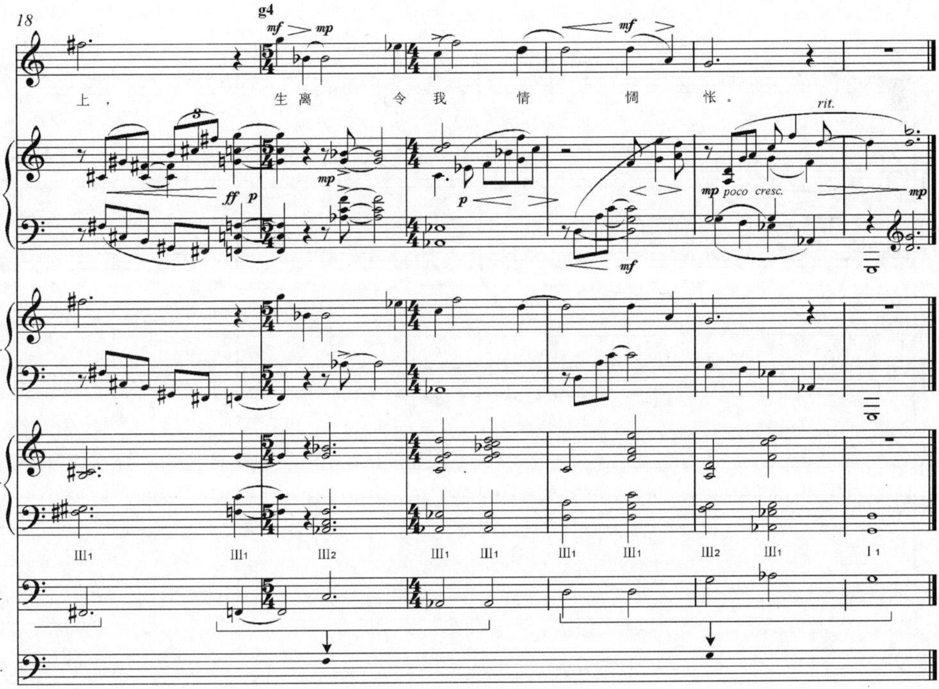
18
g4
上，
生离
令 我 情 惆 怅。
rit.

附3：谭小麟《彭浪矶》的和声分析

彭 浪 矶

[宋] 朱希真词
谭小麟曲

扁舟去作江南客，旅雁孤云，万里烟

尘，回首中原泪满巾！碧山相

15
mp
e5
映 汀 洲 冷， 枫 叶 芦 根， 日 落 波 平，
pp
p cresc.
1.
2.
3.
4.
23
f5
mp cresc.
f
dim.
Coda2
愁 损 辞 乡 去 国 人！
mf
p

谭小麟与他的三位美国老师

王　勇

　　我国重要的作曲家、音乐教育家谭小麟先生在上海国立音专求学七年,留学深造归来,又在此教书一年半,随后就驾鹤西去,在其短短的三十五年人生历程中,有四分之一是在上海国立音专度过的。然而因为条件的种种限制,对于如此重要的一位人物的研究却十分有限。适逢谭小麟先生诞辰百年,上海音乐学院与国家图书馆联合举办了谭小麟的手稿展及研讨会,随后还筹划出版谭小麟的纪念文集,于是负责此项目的上海音乐学院图书馆钱仁平馆长便早早约稿,"布置任务"。我对于谭小麟先生并未展开过专题性深入研究,正好借此加深一次学习,作为身在上音的中国近现代音乐史老师,对于我们先人前辈的纪念,是一定要尽心的,因为只有尽心才是尽责。好在不少前辈对于谭小麟先生已有一些研究文献,尤其是韩国鐄先生在《留美三乐人》中留下了不少很有价值的线索,于是,按图索骥,追寻谭小麟先生在美国的学习历程、学缘关系、学校环境等,便成为了我的选题。

　　之前,我曾经做过王光祈留德研究,因而摸索着提出了一个研究方法论,我把它称为"关联视角"。辩证唯物主义认为:物质世界是有机联系的统一整体,物质世界中的一切事务或现象,包括每个人的作用于物质世界的行为和与这个人的行为相关的人与事,彼此都是有机地相互联系着、相互依赖着、相互作用着的。因此,研究和评价任何一位历史人物,都必须将其历史行为作为有机联系的统一整体来加以认定和衡量,任何对于其历史行为有意无意的片面割裂的观点和论说,都会造成对这个历史人物认识上的偏差和不全面。当然,最理想的研究方法是"全息史观",但由于谭小麟先生的留美时间距今已有七十余年,所以很多材料不可能完整地获得,于是,对于他在美学习的七年,我将尽量采用"关联视角"的学术眼光与方法来展开研究。

初到美国——诺曼德·洛克伍德教授

谭小麟在国立音专主修的是琵琶,师从朱英,1937 年开始专修作曲,师从黄自,但黄自的英年早逝,使得他学业未尽,而留在国内,却没有更合适的导师可以跟随。于是参照先师的求学经历,也赴美国,这或许就是他为什么首先选择了去欧柏林音乐学院的重要理由吧。

欧柏林大学始建于 1833 年,位于美国俄亥俄州克利夫兰西南 35 英里处一座宁静的小镇,据说人口不到一万,是一座典型的大学城。这所大学以浓厚的理想主义和多元化的人文思想而闻名。欧柏林大学由两所学院组成:文理学院和音乐学院。文理学院的历史较长,它还是美国第一所授予妇女学士学位的学校,目前在全美文理学院的排名在第二十五左右;音乐学院成立于 1865 年,是美国历史最悠久的音乐学院之一,也是美国第一家设立四年制大学学位的音乐教育机构,享有世界声誉,目前在美国音乐学院的排名中,位列前五。2009 年,欧柏林音乐学院获得了全美艺术类奖牌,这是美国政府授予艺术家、艺术机构和艺术赞助者的最高荣誉,以表彰其创造性贡献的广度和深度。欧柏林音乐学院是唯一一个被奥巴马总统授予此奖的专业音乐院校。

尽管名声在外,但欧柏林音乐学院始终控制着教学规模,现只有学生 615 名,这与不少中国的音乐学院相比,人丁实在不算兴旺,但学校拥有斯坦威钢琴 207 架,平均每三位学生就有一架,不同规模的音乐厅五处,收藏乐器 1500 余件,师生比例达到了 1:8,尽管这会大大提高教学成本,但该校认为,只有坚持这样的师生比例,才有可能实施精品教育,而精品教育正是这所学院百余年来一直不变的宗旨。

谭小麟在欧柏林师从的是诺曼德·洛克伍德教授(Normand Lockwood,1906.3.19—2002.3.9),我整理了一下这位教授的生平:

1921 年至 1924 年就读于密歇根大学,然后前往罗马学习。

1925 年至 1926 年师从奥托里诺·雷斯庇基(Ottorino Respighi,1879—1936),在此期间,他还去巴黎随纳第亚·布朗热(Nadia Boulanger,1887—1979)学习。

1929 年赢得罗马大奖,继续在罗马工作。

1932 年回到美国,任欧柏林音乐学院作曲理论副教授、教授。

1943 年和 1944 连续两年得到古根海姆基金,并任教于哥伦比亚大学音乐学院。

从 1945 年至 1961 年先后任教圣三一大学(得克萨斯州)、怀俄明大学、俄勒冈大学、夏威夷大学。

1961 年。他成为丹佛大学名誉教授作曲家，一直住在科罗拉多州。

2002 年 3 月 9 日去世，离他 96 岁生日还有 10 天。

很难想象，谭小麟去世已经 63 年，而他的导师，则离世 10 年不到。突然心生一种后悔，如果早点想到去研究谭小麟，去探访一下诺曼德·洛克伍德教授其实也不是太困难的事情……，无奈世上无后悔药。

诺曼德·洛克伍德教授我们不熟悉，准确地说，是在中国音乐界并不知名，但他的成就却很让我瞩目：他是罗马大奖的获得者、雷斯庇基的嫡传弟子；而由约翰西蒙·古根海姆纪念基金会自 1925 年以来创立的古根海姆"高级人才职业生涯资助基金"在美国可是个炙手可热的荣誉，大约与我国的"新世纪人才"之类的资助项目相当。他可以连续两年获得，当时的影响力可见一斑。今天存世的作品，以歌剧、室内乐、宗教音乐为主。

诺曼德·洛克伍德的另一位老师我们就很熟悉了——纳第亚·布朗热。因为她是丁善德的恩师。丁与谭都是中国音乐史上的重要人物，一位是布朗热的嫡传，一位是再传，尽管是巧合，但布朗热对于中国音乐界的影响我们应该关注。我整理了布朗热的生平：

1897 年，十岁时入巴黎音乐学院学管风琴，并从福莱学作曲。

1908 年以康塔塔《女妖》获罗马奖二等奖。

1920—1939 年执教于巴黎音乐师范学院。

1921 年法国枫丹白露的美国音乐学校创立后，应聘讲授作曲法与配器法。她影响了一大批美国年轻的作曲家，科普兰（Aaron Copland）、辟斯顿（Walter Piston）等皆出其门下。

1949 年起任枫丹白露美国音乐学校校长。

她还擅指挥，1936 年起曾先后指挥巴黎爱乐协会交响乐团、英国皇家爱乐协会交响乐团及美国波士顿交响乐团等。

1979 年去世，享年 93 岁。

布朗热在美国的影响是巨大的，曾经有人统计过，有 600 位以上的美国专业音乐家曾随布朗热学习过。她的学生、以电影配乐《路易斯安那故事》获得普利策奖的作曲家与乐评人维吉尔·汤姆森（Virgil Thomson 1896—1989）甚至写道：只要你仔细寻找，几乎可以在美国的每一个小镇上都发现布朗热的学生。于是，也有人直接称颂布朗热是美国现代音乐的"教母"。很有意思的是，同为布朗热体系中的谭小麟与丁善德在中国也开创了非常重要的一片天地。然而，我们今天却很少把谭、丁二位，以及他们的学生，与远在大洋彼岸的各路"师兄弟"们连起来做出比较研究，这或许应该是我们下一个艰巨但极有意思的课题吧。

转学耶鲁——理查德·唐纳文教授

与黄自一样，谭小麟在美国的第二站，来到了耶鲁大学。曾经我也有过疑问，为什么他们要离开欧柏林这样优秀的学院，后来通过查找欧柏林的课程体系，发现了答案。欧柏林大学在英文中，用的是 college，而不是 university，这中间的差异是，college 通常以提供本科生教育为主，较少提供研究生课程；课程以基础学科为主，不以培养就业技能为目的，欧柏林大学曾提出过一个指导思想，学校要让学生们在不受未来就业的压力下，能够自由地感受学术研究的氛围。正如前文所提到的，精品教学是特色，所以尽管不少教授在业内非常知名，但他们一定是把主要精力放在教学上，学生和老师的互动是非常密切的。在结束了本科的学习之后，教授往往会亲自推荐学生去其他大学继续深造。

诺曼德·洛克伍德教授就为谭小麟写过推荐信[1]，希望耶鲁大学音乐学院时任院长理查德·唐纳文（Richard Donovan 1891—1970）能够接受谭小麟。耶鲁大学是世界级的知名院校，它曾经培养出几任美国领导人，耶鲁音乐学院成立于1894 年，也是"百年老店"级别的艺术院校了。在超过一个世纪的时间里，耶鲁大学音乐学院培养出了几代世界知名的音乐表演艺术家、作曲家和该领域的领军学者。作为一个世界顶尖的专业院校，耶鲁大学音乐学院始终坚持发觉学生最出色的艺术天赋，将之培养成为领导性的音乐艺术家。有不少中国音乐家都曾在此学习，为了撰写这篇文章，我就曾与 1983 年就读于此的指挥家叶聪长谈，听其介绍该校学制等情况。

理查德·唐纳文接受了谭小麟，成为了他在美国的第二位导师。我整理了唐纳文的一些情况：

> 1891 年 11 月 29 日生于康涅狄格州的新港城。
>
> 就读于美国耶鲁大学音乐学院以及美国音乐艺术学院（即后来的美国朱丽亚音乐学院）。1922 年取得美国音乐艺术学院的学士学位。
>
> 在美国音乐艺术学院执教过七年。
>
> 1928 年回到耶鲁大学音乐学院。
>
> 1933 至 1944 年担任巴赫康塔塔俱乐部的指挥。
>
> 1936 至 1951 年担任新港市交响乐团的副指挥。

---

[1] 韩国鐄先生在美国查找到了这封信的原件。

1928 至 1966 年担任基督教堂的管风琴手和唱诗班指挥,还就职于美国作曲家联盟下属理事会,并且是美国新音乐出版执行委员会成员。

1970 年 8 月 22 日逝于康涅狄格州的米德尔敦,终年 79 岁。

唐纳文可以说是位"土生土长"的耶鲁音乐家,他当年就读耶鲁不是"慕名"而来,而是属于"就近入学"这类的,37 岁回到耶鲁后,就再也没有离开过康涅狄格州。尽管他没有太高的国际知名度,但是耶鲁对他十分重视。今天在耶鲁的档案室,关于唐纳文,保存着 20 多个大箱子的文件档案,其中不仅有他自己创作的 200 多首作品的乐谱(其中一部分是手稿),还有他收集作为教材的其他作曲家的作品以及大量的公函、信件、音乐会节目单、简报等。

1941 年 1 月,谭小麟转学来到耶鲁,跟随唐纳文学习。不久之后,唐纳文便不再担任院长,由钢琴教授 Bruce Simonds(1896—1989)继任,他把更多的精力放到了社会音乐活动中去。1942 年,唐纳文把谭小麟转到了"流亡"到美国不久的欣德米特班上。

关于唐纳文与欣德米特等一批耶鲁教授们之间的故事,今天要想了解到较为第一手的资料似乎已经成为不可能,但我无意间发现了一位大师,在他身上或许可以找到一些突破,他的名字是耶胡迪·怀耐尔(Yehudi Wyner),作曲家、钢琴家、指挥家、教育家。1929 年出生于加拿大西部,在纽约长大。他早年学习钢琴和作曲,在朱丽亚音乐学院得到钢琴学位后又进入耶鲁和哈佛大学跟随唐纳文、瓦尔特·辟斯顿、保罗·欣德米特学作曲。1953 年获得罗马作曲奖,从而得到为期 3 年在罗马美国学院作曲、演奏、旅游的机会。曾在美国多个大学任教,在耶鲁任教 14 年,曾任作曲系主任,后在逊尼的帕恰斯学院任音乐系主任,1986 年是康奈尔大学的访问教授,还多次担任哈佛大学访问教授。还于 1975—1997 年间在坦格伍德音乐中心教授室内乐。曾因创作钢琴协奏曲'Chiavi in Mano'而荣获 2006 年度普利策音乐奖。他比谭小麟年轻近 20 岁,但从师承关系而言,是谭的师弟,关键是他目前还活跃在舞台上,前年还来上海音乐学院参加过大师班,又一位失之交臂的历史见证人,但这个遗憾,我想是可以有机会弥补的吧。

跟随大师——保罗·欣德米特教授

谭小麟跟随时间最长的美国教授是欣德米特(Paul Hindemith,1895—1963),出生德国的作曲家,后入美国籍。欣德米特是阿诺·门德尔松(Arnold Mendelssohn 1855—1933)的学生,,阿诺是我们熟知的大作曲家门德尔松的堂侄,如此算来,谭小麟与德奥大师们也就有了学缘的纽带关系。欣德米特的简要情况如下:

　　1915 年起在法兰克福歌剧院乐团和雷布纳四重奏团任第一小提琴,是当时著名的中提琴、小提琴演奏家。

　　1921 年起加入亚玛四重奏团,拉中提琴。

　　1927 年起在柏林音乐学校任作曲教师。

　　1933 年,希特勒执政上台,欣德米特着手创作《画家马蒂斯》。

　　1934 年 3 月,经富特文格勒指挥首演后,引发希特勒对其一系列作品的不满,曾引发对其音乐的政治声讨。

　　1936 年,纳粹当局下令不准再演出其音乐。

　　1938 年移居瑞士。

　　1940 年定居美国(1946 年入美国籍),在耶鲁大学任教,1949 年至 1950 年在哈佛大学开课,1953 年又移居瑞士。

　　关于谭小麟与欣德米特的师生情谊,已有不少文献,在此不必赘述。但他在随欣德米特学习期间获奖一事,有些背景或许以往学界关注不多。

　　从创作的师承上看,由于欣德米特酷爱中提琴,所以谭小麟也有不少中提琴作品,这应该是中国人创作的最早的中提琴作品了。欣德米特的中提琴作品创作,集中在 1918—1937 之间,当他到达美国之后,在耶鲁执教期间,并未有中提琴作品问世,而这段时间,却是谭小麟中提琴作品频频问世的期间,欣德米特不仅指导他的创作,更是积极参加他的作品演出,以此不难看出谭小麟在中提琴上的创作,深得欣德米特的真传。现在大家津津乐道谭小麟曾获耶鲁学校奖学金的《弦乐二重奏》的首演,就是欣德米特担任中提琴声部演奏的,1944 年这首作品又被欣德米特灌录唱片,于是才得以保存至今,成为研究谭小麟的重要文献;后来他又首演了谭小麟中提琴与竖琴作品《浪漫曲》;指挥了谭小麟的合唱作品《鼓手霍吉》(Drummer Hodge),这一切都可以显示欣德米特对于谭小麟学习所付出的心血。

　　在欣德米特班上,谭小麟完成了《弦乐三重奏》,此作品获得了 Jone Day Jackson 奖。中国人对于得奖这件事情是非常敏感的,所以我也认真地去了解了这个奖项的一些背景。

　　New Haven 是耶鲁大学所在的城市,中文通常有两种翻译,意译为新港城,音译为纽黑文,当地有两大报纸,其一是 The New Haven Register(新港时报),创立于 1812 年,是美国历史最悠久、最持续的新闻出版社之一,其二是一份名叫 The Journal-Courier 的早报,这两家报纸在 1887 年合并成一家报社,工作日出日报,叫 New Haven Journal-Courier,周末则出晚报,叫做 The New Haven Evening Register。这两份报纸都曾先后报导过当年的黄自音乐会,所以不少音乐史学界的学者对他们都有所印象。这家报社在 20 世纪初叶被 John Day Jackson(约翰·德伊·杰克森)买断。后来 John Day Jackson 让两个儿子理查德和里昂纳继承了自己的事业,到了第三代,又传给了里昂纳的儿子——里昂纳·斯图沃特·小杰克森。最终这份报纸又被小杰克森卖给了一个叫马克·古登的电视制作人,今天已不再与杰克逊家族有关。而谭小麟获得的 John Day Jackson 奖正是他们家族设立的一个针对新港城的地区奖项。尽管不是面对全美,但是因为耶鲁大学"高手云集",对于一名来自中国的非正式生(谭小麟没有选择修学位)能够得到这样的奖项,已经是破天荒的事情了。

谭小麟去世后,在几经辗转,欣德米特才收到傅雷的报丧信函,扼腕之余,于1948 年 11 月为筹划中的《谭小麟曲选》写了序言,评价极高,由此可见师生之情谊。

近年,举办百年纪念活动的音乐家越来越多,借此机会,厘清许多历史勾陈或许正是极好时机。近百年,正是中国生逢巨变的时代,大批有建树的音乐家,都有着向西方音乐文化学习、甚至留学海外或者拜西方名师学习的经历。这就要求我们不仅仅要做好扎实的史料工作,更要以全球化的视野来解读中国的近现代音乐的发展历程。从狭义看,谭小麟先是欣德米特的学生,后成为了国立音乐院的名师,培养了一批中国音乐人才,但从广义上看,他是东西方文化的一座桥梁。在分析他的学缘关系以后,我们可以更容易地画出一张"家谱",我们可以看到国际化的世界乐坛之间充满着各种有机的联系。有人说,音乐可以涵盖无限,但音乐圈子其实并不是那么广阔,这就要求我们这些研究音乐历史的学者,以更大的热情、更大的责任心、更宽广的视野去面对。

谭小麟作品的调域分析[①]

刘晓江

谭小麟是中国近代难得的一位作曲家,既有深厚的传统修养,又有现代作曲技术,他将两者融合在一起,形成自己独特的风格,值得人们研究和思考。谈到谭小麟的创作,一直以来人们习惯于依欣德米特的理论进行解释,实际上,谭小麟的作品,调域扩展方式的最大的特点不是欣德米特的"调中心",而是中国调式及其旋法,这一点往往被忽视了。在谭小麟的创作中,始终没有改变的是他的调域扩展方式,这种方式正是中国调式及其旋法的集中体现。本文尝试从调式及其旋法中解读谭小麟的创作。

一、五声调域基础

谭小麟作品音乐材料结构复杂,但其调域基础仍然是五正声。五声调式,作为各种调域的基础单位,植根于谭小麟音乐创作中,就像他音乐的干细胞,衍生出各种音乐形态。以下运用五声调式衍生出的一均三宫五正声、同宫九声对谭小麟作品加以分析。

---

① 本文中"调域",是用来说明音高材料及其组织方式的概念,这个概念与已有"调域"、"均"术语(如,"调域,即调性自然音高的范围。"见杨通八编著,《初级和声教程》,高等教育出版社,1994年,第183页。"均——'七音'的律位。"黄翔鹏,见"宫调",《中国大百科全书音乐舞蹈卷》,第223页。)在内涵上具有一致性,外延上有所延伸,即由原来的7音延伸至12音。原调域的七音本文称为"基本调域"。调域扩展方式指有调作品中音高材料增加的内在机制,对调域扩展方式进行分析就是调域分析。

1. 一均三宫五正声

如果把中国的五正声(宫、商、角、徵、羽)看作一个宫位的话,那么,在一个自然大调音阶中,五正声必然而且仅有三个宫位。也就是说,一个自然大调音阶是三个宫位的五正声的调式综合体。但这种调式综合体,虽共居于一个自然大调的音列之中,但与自然大调音阶貌合神离,不过是音高材料相同而已。因此,有必要借用中国传统乐学的"均"①来指称这个调式综合体。于是,有了本文"一均三宫五正声"的术语。

《清平调》(作于1940年)是一首依李白诗而创作的无伴奏女声三重唱。这里,择取乐曲中一个片段,包含有七个音高材料,见谱例1。

谱例1:

这个片段的七个音高材料,系 D 基本调域,构成三个五正声调式综合体。乐谱箭头所示即宫位,数字代表宫位数,这就是一均三宫五正声调式综合体。全曲总共十个音高材料,或称十声调域,都是通过调式及其旋宫拓展而成。通过曲调自由模仿宫位出现在不同的声部,在一个声部中,旋宫也产生宫位的变化,除了第13小节旋法中出现减五度,个别地方有经过性的半音进行,全曲以五正声为主,音乐清淡流动,很好地表现了歌词意境,最后,乐曲结束在一个大三和弦第二转位的和弦形式中,它是 G 与 C 两个宫位的综合,以应和"会向瑶台月下逢"的词意。

2. 同宫九声

在五正声宫位上,加上清角、变徵、清羽(闰)、变宫四个偏音,构成了一个宫位上的九个音高材料,故名同宫九声②。同宫九声现象早已引起学者的关注,存有不

---

① "均——'七音'的律位",黄翔鹏,"宫调",《中国大百科全书音乐舞蹈卷》,第223页,此页图表可见均的命名。

② 首次采用"同宫9声"分析作品。江江:《引商送羽大漠长河——张志远民乐合奏〈燕歌行〉解读》,《黄钟》,2004年第1期,第87页。

同的称呼,如"九声音列"①、"核心九声"②"同宫三阶"③、"同宫三均"④、等等。同宫九声就其生成机制而言,目前的解释各不相同,如杨荫浏的"同宫三阶",是从传统三种音阶的调式综合的角度得名。也有认为同宫九声来自古琴,如"九声是古琴正调与其他转调的空弦音"⑤,即正调五音加上转弦所得其他四个空弦音。黄翔鹏以为这个"九声音列"在夏代就已经"确立"。文献依据是《春秋左传·昭二十五年》"唯九歌、八风、七音、六律,以奉五声。""九歌也就是九声音列"⑥。如果仅就其音高材料而言,同宫九声更为简洁的表述是,从五度链中任意截取相邻的九个音,就可以构成同宫九声。可见,五正声的扩大形式是一均三宫五正声,进一步的扩大形式是同宫九声。但无论是一均三宫五正声,还是同宫九声,五正声是它们的出发点,也就是五声调域基础不变。

谭小麟的《春雨春风》(作于1939—1940)是一首男声独唱,歌词取自宋代词人朱希真。这里择取其中一个片段,包含九个音高材料。

谱例2:

这个片段的九个音高材料,系"同宫九声",可以看作是以C为宫的九声,由于九声中有明显的旋宫特点,构成不同的宫位,乐谱箭头所示即宫位,数字代表宫位数。分别是G宫、C宫、F宫、ᵇB宫、C宫、D宫,这五个宫位构成同宫九声五个宫位的调式综合体现象。全曲也是十个音高材料,十声调域,依五正声调式及其旋宫拓展而成。也就是说,他的音高材料的调域基础是五正声。

---

① 亦称"5—7—7—9声音列体系",张肖虎:《五声性调式及和声手法》,人民音乐出版社,1987年,第8页。

② 冯广映:《核心九声与金字塔效应》,载《黄钟》,1990年第4期,第69页。

③ 此名称出自杨荫浏《中国音乐史纲》,童忠良、崔宪、胡志平、彭志敏、王忠人编著《中国传统乐理基本教程》,人民音乐出版社,2004年,第53页。

④ 杨通八:《和声分析教程》,上海音乐出版社,2005年,第151页。

⑤ 崔宪:《正声与变声——我国传统七声的理论基础》,载《音乐研究》,2005年第3期,第11页。

⑥ 黄翔鹏:《乐问》,中央音乐学院学报社,2000年,第105—109页。

谭小麟在完成《清平调》和《春雨春风》之时,尚没有师从欣德米特。两首作品都采用了十声调域,都不是主音性的音列,而是旋宫性音列,是以五正声为基础的旋宫性音列,音高材料组织方式体现了中国传统旋宫的技法。在《清平调》与《春雨春风》中,五声调式及其旋宫,表现形式比较朴素和直观。谭小麟师从欣德米特之后,同样的五声调域基础,精心设计之后,表现形式较为隐蔽,不易辨认。

谭小麟为中提琴与竖琴创作的《浪漫曲》[①](作于 1944—1945 年)出现同宫九声。

谱例 3:

中提琴音高材料属于 C 同宫九声,箭头所示的四个音分别是 B、F、♭B 宫、♯F,它们分别是 C 五正声四个偏音,即变宫、清角、闰、变徵。在旋法中它们均与相邻音不构成半音,造成五正声特有的片段的旋宫色彩。竖琴音高材料同为九声,配以二度的点缀。在第 6 小节进入第 7 小节时,竖琴与中提琴形成宫位的转换特点,竖琴的 G 宫位转为中提琴的 D 宫位,箭头所指♯F 音,在中提琴声部造成 D 宫的旋宫色彩,而在竖琴中跨小节的和弦中,低音出现♯F−G 的半音倾向。

《小提琴与中提琴二重奏》(作于 1943—1944),见谱例 4,谱中前五个小节的音高材料属于 D 同宫九声。实际音乐上体现了三个宫位的旋宫色彩,小提琴声部相

---

① 《谭小麟室内乐作品选》,人民音乐出版社,1990 年,第 17 页。本文涉及的谭小麟室内乐作品的乐谱均出此书,不另注。

继出现 D 宫、E 宫、G 宫的旋宫色彩,并配以紧凑向上的三十二分音符的装饰,京剧风味十分明显。中提琴处在 D 宫位上,有半音进行。乐谱的第 6 小节增加了两个音高材料♭B、F,纯五度平行半音下行解决。此作品在美国芝加哥由欣德米特亲自演奏并灌制了唱片,入选"21 世纪华人经典"。

谱例 4:

可见,同宫九声是典型的中国式的音高材料的组织方式,谭小麟出国前的作品就运用自如,跟随欣德米特学习之后,他的同宫九声表现了较为复杂的特点,其的偏音并不是仅仅用于旋宫,它既有旋宫的价值,又有半音的功能,还有和弦的色彩作用,呈现出多样的形态。尽管在实际作品中,同宫九声多有遮蔽,由于其内在的机理根植于作品中,其音响仍不失其中国风味。

二、F 同宫九声的运用

童忠良曾撰文提出"商核论",讲到"含中与闰的九音",是以"商"为中心音,也就是同宫九声是以商音为中心音。可围绕"商"音上、下五度对称展开四次而求得①。王震亚也论述过同宫九声以商音为中心②。笔者从中国传统的"旋宫图"中内在的"镜像结构"中去理解其生成机制,同样得到与前述者一样的结论,即同宫九声的对称中心音处在宫音上方大二度音上,即在商音上③。

谭小麟不采用调号的作品,同宫九声及对称中心音容易辨认。如 F 同宫九声及其中心音 G,很容易在乐谱中直观地判断出来。可以发现一个有趣的现象,谭小麟作品中多处出现 F 同宫九声现象,而且调中心的设计就在 G 上。以下试图在分析 F 同宫九声在十及 11 声调域中的运用。

---

①　童忠良:《商核论——兼论中西乐学调关系若干问题的比较》,载《音乐研究》,1995 年第 1 期,第 26 页。

②　王震亚:《民族音阶在现代创作中的延伸——九声音阶含五声音阶因素的 12 声序列》,载《中国音乐学》1990 年第 2 期。第 39 页。

③　也就是说,在逆旋过程中,商音是被作为对称中心的,商音是五个宫位的共同音。关于"旋宫图"中内存的"镜像结构"及其"镜像旋宫"音高材料的解读方式,将另文阐释。

1. 同宫九声在十声调域中的运用

谭小麟有一首作品,音高材料采用了同宫九声,整个作品有一个中心音,这个中心音,既是同宫九声的对称中心音,又是欣德米特的调中心音。这首作品依唐代张九龄诗《自君之出矣》(作于 1944—1945)而作,见谱例 5,全曲总共十个音高材料,开始的 6 个小节,音高材料就全部呈示了出来。这十个音高材料的调域基础为五正声,但宫位转换和叠置几乎在纵横两个方向同时展开,同时还有了中心音的设计。见谱例箭头,代表十声调域的有六个宫位。

谱例 5:

先看旋律,旋律中每一句歌词都换一个宫位,如谱箭头所示,分别是 C、♭B、G,而且每一句结尾强拍音相同,都是 G。再看伴奏,伴奏宫位相继加入 F、E,造成旋律与伴奏宫位的叠置与交替。前 4 个小节是 F 同宫九声,对称中心音在 G。在第三句歌词中,进入 G 调域,G 成为宫音,并在低音 G 同音反复中强力度推出。这样,音乐将同宫九声的对称中心音 G 与 G 调域的宫音 G 统一到一起,G 得到充分的肯定。与此同时,在 G 调域中,新的旋宫(宫位在 D)又潜滋暗长了,♯F 是这个片段出现的第十个音高材料,它在 G 调域中不是偏音。这个片段总共十个音高材料,其对称中心音为 G。谭小麟的学生秦西炫运用欣德米特"调中心"理论对此进行了分析,也能够得出第三句的调性中心是 G 的结论[①]。

第四句歌词"夜夜减清辉",重复两次,占 5 小节,只用 C 基本调域(相当于 C 自然大调音阶),是五声性七声,旋律是 C 宫五正声,并在 C 宫音上结束。全曲构成一个中心音 G 到 C 宫的两个音的框架。全曲仅 11 小节,F 同宫九声的对称中心 G 与欣德米特"调中心"G 不谋而合,并以 G 为支点,支持乐曲终结在 C 上。巧妙的 G-C 设计,的确是受欣德米特"调中心"的影响,本身具有音响意义的支持力,使乐曲极具说服力。

整首作品合乎五声调式及其旋法的逻辑,又体现了欣德米特调中心的思维,这是一种奇妙的结合。从音高材料组织方式看,两者是有区别的。欣德米特的"调中

---

① 秦西炫:《欣德米特的和声理论与实际运用》,人民音乐出版社,2002 年,第 225 页。

心",是把十个音高材料作为一个半音阶(这里缺两个音),依其"音序"所确定的"调中心"。而这里的十个音高材料,以五声调式为基础的十声调域,它是五正声的拓展、综合的形式。

谭小麟对欣德米特"调中心"理论作了极具创造性的发挥,无疑为欣德米特"调中心"增加了中国调式的经验。

2. 同宫九声在十一声调域的运用

《自君之出矣》是依 F 同宫九声的对称中心 G 来结构音高材料的,这个中心音 G 随即又汇入到 G 调域之中,作为宫音再次得到强调,从而构成十声调域。这是谭小麟十调域作品中较为典型的手法。如果我们直接把 F 同宫九声,作为调域基础,观察谭小麟十一声调域的作品,会取得事半功倍的效果。以下分析谭小麟的两首艺术歌曲《正气歌》、《彭浪矶》,两首作品的音高材料都是十一个,内在机制都以 F 同宫九声为基础的扩展形式。

谭小麟依文天祥词而作的《正气歌》(作于 1947 年)一开始前 6 小节就是同宫九声,非常明显。这里择取 10 - 12 小节片段,这个片段中同宫九声仍然起着重要作用。

谱例 6:

这个片段一共十一个音高材料,其中有十声调域的音高材料与《自君之出矣》十调域的内在机制相同。就是由 F 同宫九声加上中心音 G 的基本调域构成。注意旋律上行推进至最高音,强力度同音反复,G 得到强调;F 同宫九声汇入"冥"字,出现♭F 音,转为 G 调域;"冥"字前 F 同宫九声中增加了八度♭A,八度下跳,且瞬即半音下行至八度 G。左手带降号的三个和弦向下导向 G 八度,加强 G 同时营造音响对抗的激昂情绪。这个手法与《小提琴与中提琴二重奏》(见谱例 4 的第 5 第 6 小节的左手下行趋势)相同。三股力量支撑着 G 音,一是 F 同宫九声的对称中心音,一是同音反复及半音进行,一是音乐反向的织体设计。这里同宫九声内部没有旋宫,加上宫位以和弦的形式叠置在一起,同宫九声作为一个整体,更加集中地发挥了对中心音的支持作用。相比较,《自君之出矣》是采用了五正声渐次旋宫的手法,使用同宫九声,以应合歌词幽怨之情调。《正气歌》更强调同宫九声的整体音响对中心音的支持,营造豪迈之气势,催人振奋。

《彭浪矶》(作于 1944—1945 年)也是十一声调域(即十一个音高材料)。虽写有两个降号调号,但仍然是 F 同宫九声的运用。开始宫位在♭B 上,第 6 小节伴奏右手宫位转至 F,第 18 小节宫位旋至♭E,见谱例中三个音符打叉的宫位。旋法中,七声调域中既有不同的宫位的叠置和转换,又含有半音的进行。结束时,按欣德米特"调中心"设计 D-G 的音级进行,以加强 G 音。♯F、A 的加入,既有半音导向作用,也有色彩点缀作用。其示意图见谱例 7。

谱例 7:

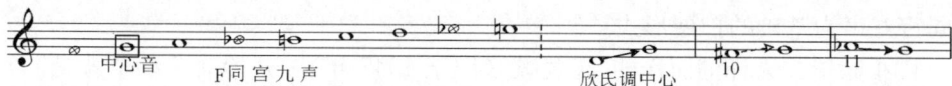

以上分析了两首十一声调域的艺术歌曲。谭小麟依蒙古民歌《小路》(1947年)编配的钢琴伴奏中,也同样是同宫九声在十一声调域中的运用。全曲也是十一声调域,其音高材料的组织方式相同,可参见《彭浪矶》的示意谱例谱 7。其中第二句,十个音高材料。

谱例 8:

乐谱最下一行标用"欣式调中心"的是采用欣德米特"调中心"对乐曲终止式的分析。调中心为 G,D 构成对中心音 G 的四度支持。秦西炫等学者对此有过论述①。这里想进一步指出,结音 G 就是 F 同宫九声的对称中心音 G!所以,在此我们又一次发现,同宫九声对称中心音与欣德米特"调中心"音 G 完全一致。F 宫两

_____

① 秦西炫:《欣德米特和声理论的实际运用》,人民音乐出版社,2002 年。

个偏音$^\flat$B、$^\flat$E 以宫位的形式重叠在一起,构成欣德米特四类和弦(VI2),产生一种紧张度,也是结束前的一种色彩点缀。这个同宫九声主要有两个宫位 F、C,而最后 G 调域中出现了还原 B,这个音对 F、C 宫位来说,都是偏音,造成听觉上不完满感,留下怪怪的酸楚味。

谭小麟的《弦乐三重奏》(作于 1944—1945 年)第二乐章是十二声调域(十二个音高材料)的作品,作品从 G 基本调域开始,在徐缓的过程中,相继增加$^\flat$B、$^\sharp$C、$^\sharp$G、$^\sharp$D、$^\sharp$A 五个音高材料,构成十二声调域,期间,包含了非常丰富的五声宫位的变化,充分展示了作为调域基础的五正声的作用。

从以上分析看出,谭小麟作品的调域基础是五正声,表现形式是多样的,或者是一均三宫五正声,或者是扩大为同宫九声,或者是再扩大为十声调域、十一声调域、十二声调域,都可以看作是五声调域基础。同时,又呈现出较为复杂的情形。比如,半音的经过性进行,还有半音的功能化进行,也有偏音的和弦化形式,并在结束中,还有意识地设计欣德米特"调中心",调中心都是 G,都是建立在 F 同宫九声的基础上。

三、基本调域的并置与叠置

上述主要介绍了谭小麟基于五声的音高材料的拓展形式,这些形式总是伴随着基本调域之内的五声旋宫,体现出调式综合的特点。在此基础上,谭小麟创作中还有一种基本调域的叠置现象,值得单独列出,加以说明。

基本调域指相当于一个自然大调音阶的七个音高材料的集合。之所以不沿用"均"这个术语,是因为这七个音往往作为一个整体出现,并无五声基础,也无明显的所谓五声或七声特点,故取个较为中性的术语:基础调域。谭小麟在创作中将不同调的七声基本调域进行了并置与叠置。特别是叠置产生了与表现内容相适宜的和声紧张度,这为欣德米特"调中心"有了分析的用武之地。谭小麟的《别离》提供七声调域并置和叠置最好例证。

《别离》是谭小麟依郭沫若诗而作的艺术歌曲,不是十二个音高材料的呈示,而是基本调域的肆意转换。一个基础调域,就是一个包含七声的宫位。八句歌词,基本调域竟转换达九次,这是谭小麟作品中绝无仅有的。现将八句歌词及所用基本调域列出。

1	C 调域	残月黄金梳,
2	F 调域	我欲掇之赠彼姝。
3	♭E 调域	彼姝不可见,
4	♭C/♭D 调域并置	桥下清泉声如泫。
5	G 调域	晓日月桂冠,
6	$\frac{♭B}{G}$ 调域叠置	掇之欲上青天。
7	A 调域	青天犹可上,
8	♭E 调域	生死令我情惆怅。

可以看到,每一句歌词都有自己的基本调域。如"残月黄金梳"是 C 调域(相当于 C 大调音列)。其中第四句、第六句情况较为复杂。第四句"桥下清泉声如泫"包含两个基本调域的并置,即分先后出现两个调的全部音级。第六句包含两个调域材料的叠置,即同时分上、下出现两个调的全部音级。从音高材料的组织方式看,基本调域调高的在各句中的移动,就是在不断地换调,这里的换调亦可称之为旋宫,只不过是以七声为基础的旋宫,这种七声旋宫,竟多大九次。

从宫位关系看,包括了多种关系的旋宫,如纯四度关系(如 C-F)、大二度关系(如 F-♭E,G-A)、小三度关系(G-♭B)、三全音关系(如♭D-G,A-♭E)。从旋宫方式看,既有"顺旋",又有"逆旋"。顺旋如前两句,如 C-F 等,逆旋如第三句,此句结音为♭E,它既是♭E 调域的宫音,又是♭C 调域的角音,这两个相距大三度的基本调域,构成了以♭E 为中心的"镜像旋宫",这正是"逆旋"的必然结果。在中国"旋宫图"中,七声旋宫的方法与五声旋宫一样,包含顺旋和逆旋,《别离》是难得的七声旋宫音乐实例。

本曲七声旋宫依词意铺陈,又在流动中"换场",一句一景,句句生情,换场中又隐含着"和声起伏",产生情感与音响的张力。比如第四句"桥下清泉声如泫",在句中"声如泫"调域并置中,旋律低回转换,以突出"声如泫"意境。又如,第 6 句"掇之欲上青天",两个调域叠置中和弦呈示的紧张度不断加强,更好地表现了歌词的内容。以下择取原谱中第四句和第六句,用两线将其隔开。第四句调域并置处以虚线将前后调域隔开,前半句是♭C,后半句是♭D,箭头为宫位所在。第六句是调域叠置,注意,"难"字在 G 调域中结束时,突然,在 G 调域大二度的低音上,插入♭B 调域的音高材料(此小节最后一拍),造成相距小三度的调域材料的纵向叠置(G-♭B),宫位见谱例箭头。这一小节总共十个音高材料,相当于 G 大、小调(自然小调)综合起来十个音高材料,谭小麟以这十个音高材料为对象,在这一小节中,设计出一种和声紧张度增强的趋势,即 IIb₂ - IV₂ - IV₂,很有效果,也有说服力。继罗忠镕把这句作为谭小麟"和声起伏"的重要实例之后,多位学者在说明谭小麟作品中"和声起伏"时,都选用了这一句,这一句成为说明谭小麟"和声起伏"典型实例[①]。

谱9:

的确,这是谭小麟运用欣德米特"和声起伏"理论的一个颇具说服力的例证。需要指出的是,这一小节十个音高材料来自不同的调域叠置,而且,全曲是通过七声旋宫方式,使七声调式拓展至十二声调域的,不是欣德米特的半音阶,这一点非常重要,它有助于理解这一紧张度所产生的缘由,同时,它说明了谭小麟即使在 12 声调域的创作中,也没有抛弃调式,这里是以七声为一个单位,七声内部仍不失五声旋宫趣味,这里不再赘述。

谭小麟不是从紧张度出发来设计基本调域叠置,而是从基本调域叠置中谋求到紧张度的变化。如果仅以欣德米特紧张度来解释谭小麟的作品,而看不到紧张度的变化源于基本调域的叠置,势必会使《别离》这一实例变得孤立起来,因为在谭小麟艺术歌曲中,很难再找到连续的两个四类和弦的"和声起伏"过程,而且这一"和声起伏"的实现完全可以不采用基本叠置的方式。因此,这里欣德米特的紧张度是基本调域叠置的结果,而不是基本调域叠置的原因。作为调式及其调域扩展手法,调域叠置却是谭小麟作品中的常用的。比如,谭小麟回国后创作的《正气歌》就采用了调域叠置,较之《别离》,紧张度不一样,但手法一致。

以下是《正气歌》中的一句,见谱例10,音高材料的引入手法如出一辙,也是突然插入新的调域,构成两个相差小三度的调域材料的叠置(C- A,谱中箭头所示)。但,和声起伏却是 IIb₂ - III₂ - III₁,紧张度不及《别离》。这是由于在两个外声部都

① 罗忠镕:《谭小麟艺术歌曲的和声》,载《音乐艺术》,1989 年第 3 期,第 42 页。于苏贤:《谭小麟创作中的现代技术》,载《音乐研究》,1990 年第 3 期,第 59 页。秦西炫:《欣德米特和声理论的实际运用》,人民音乐出版社,2002 年,第 209 页。等等。

采用了两个调域的共同音,也称公共调域,从而减少了三全音和小二度出现的可能性。可见,通过音高材料的组织方式,有利于看清谭小麟创作中的一些共性特征。当然,对于这类调域叠置,运用欣氏和声起伏及其欣德米特"调中心"理论,在说明其紧张度时,确有其便利之处。

谱10:

四、欣德米特的影响

欣德米特1941年到美国耶鲁音乐学院(Yale School of Music)任教。他是一位用眼看谱的理论家,更是一位用耳听乐的老师,他总是在课堂上帮助学生修改作品,从不把作业带回家。上课时,他让学生演奏作品,自己提供修改意思,全班同学从中受益。学生受益的不只是课堂的内容,更多的来自他的"音乐社团"(collegium musicum),这个社团吸收了很多作曲、理论等学生参加。他们在一起演奏历史名作,以配合欣德米特"理论历史"(the history of theory)课,学生们在演奏和讨论中,增添音乐理论的音响感和历史感。欣德米特在美国从教13年,学生中有作曲家、也有音乐学家,没有一个仅仅是模仿他而赢得自己的地位[1]。

谭小麟1942年起师从欣德米特学习4年,1946年回国,任教于上海音乐专科学校,除了课堂教授外,他组织演唱无伴奏合唱,举办家庭音乐欣赏会,要求学生多听名曲唱片,作为必要的辅助课[2],这些无疑是承袭了欣德米特的传统。

谭小麟的创作过程,也是一个倾听的过程,不断修改的过程。秦西炫在回忆他

---

[1]　Howard Boatwright, *Paul Hindemith as a Teacher*, The Musical Quarterly Vol. L, NO. 3, 1964, p. 283. p. 287.

[2]　丁涧:《现代音乐创作技法的先行者—作曲家谭小麟》;向延生主编:《中国近现代音乐家传》(第二卷),春风文艺出版社,1994年,第142页,第142—143页。

的老师谭小麟编配《小路》伴奏的时候写道:"他试写了几个方案,每写完一个方案(1-2小节)就在钢琴上弹,试效果,这时口头上也没有多讲什么,只见他聚精会神地在思考,在聆听,绝不是轻松地一挥而就。……谭先生写《小路》的和声时,给我最重要的启发是他十分重视实际的音响效果。他对欣氏理论有深透了解,并已有不少创作经验,但对《小路》共四小节的和声写作却足足花费了两个课时,许多时间用在聆听上。"①

谭小麟跟自己的学生瞿希贤谈起自己的老师时说:"他(指欣德米特-引注)从不用教条及人为的约束加诸学生,相反地,他总是鼓励大家发展自己的个性。所以在作曲的实践上并没有什么欣德米特派。再说,即使有此一派我也不愿去做,因为我觉得我不应该像欣德米特。首先,我是中国人,不是西洋人,我应该有自己的民族。其次,我是我,不是他,也不是任何别人,我应该有我自己的个性。举例说:欣德米特的作品是自由运用半音阶的十二个音,虽不是无调性,而是有调性,但我认为他的风格和中国现实离得太远。我自己作的就是调性很显著,用中国调式和中国旋法。总之学习不是抄袭,假如我的作品居然和欣德米特的一模一样,且不说这是如何荒谬地不可能,即使在技术上是怎么的至善至美,我仍认为这是我的失败而不是我的成功。我应该是我自己,不应该像欣德米特!"②

注意上述引文中谭小麟所说的"我自己作的就是调性很显著,用中国调式和中国旋法。"就像本文所分析的那样,谭小麟不仅是这么说的,也是这么做的。

综观谭小麟出国前后的创作,会发现谭小麟拓展调域的手法是一脉相承的,都是调式手法,并没有因为从师欣德米特而改弦更张,非但没有改变,反而将调式手法推向纵深,把五声调式融入十二声调域之中,既有民族风味,又有个性趣味;既精致细腻,又空灵疏阔。可以说,谭小麟从欣德米特那里所继承的主要不是技术层面,而是作曲的理念。从音响实际出发,创作合乎自己个性的作品,这是欣德米特的主张,作为学生的谭小麟所秉承的正是"注重音响、发展个性"这一理念。谭小麟在追求自己的风格和个性时,还自觉地运用"中国调式和中国旋法",这与他在上海音乐学院所接受的民族音乐的传统训练密不可分③。谭小麟走出了自己的路,确立自己的风格。如果过分依赖欣氏理论诠释谭小麟作品,看不到民族调式及其旋法,这既不能揭示创作的价值,还会降低欣德米特"调中心"理论的价值。目前国内

---

① 秦西炫:《欣德米特和声理论的实际运用》,载《音乐艺术》,1996年第3期,第58—59页

② 瞿希贤:《追念谭小麟师》,载《音乐艺术》,1980年第3期,第16页。瞿希贤在"后记"中提到此文属旧文重刊,原文在上海《新民报晚刊》1948年10月5日起连载七次,当时发表时她署名"霍坡"。文章还提到谭小麟1948年8月1日去世,此文发表时谭小麟去世仅2个来月。

③ 丁澜:《现代音乐创作技法的先行者—作曲家谭小麟》;向延生主编:《中国近现代音乐家传》(第二卷),春风文艺出版社,1994年,第142—143页。

分析谭小麟创作，言必称欣德米特"调中心"，鲜有另辟蹊径者，欣德米特在世，也不一定会同意这种分析；谭小麟有灵，恐怕也不会欢迎这样的分析。正因此，本文尝试从谭小麟的作品中的"中国调式和中国旋法"着眼，分析谭小麟作品的音高材料的组织方式，希望能开辟新思路，以求符合谭小麟的意愿，也符合作品的听觉实际。

（摘自作者博士学位论文
《中国近代和声技法的调域类型及历史走向》第六章）

谭小麟艺术歌曲《彭浪矶》分析研究

熊　欣

前　　言

谭小麟先生的艺术歌曲《彭浪矶》是根据南宋朱敦儒词《采桑子——彭浪矶》谱写而成的。下面是摘自胡云翼选注《宋词选》中的词作者介绍：

朱敦儒(1081—1195)，字希真，洛阳(今河南市名)人。早年以清高自许，不愿做官。北宋末年大变乱发生，他经过江西逃往两广，在岭南流落了一个时期。宋高宗绍兴二年(1132)，应朝廷的征召，做过秘书省正字(校正文字的官吏)等职务。后以"专立异论，与李光交通"的罪名被劾，罢官。李光是指斥秦桧"怀奸误国"的名臣，这说明朱敦儒在南渡初期的政治立场并不和主和派同流合污。在这时期写的词也比较具有现实意义。王运鹏称他"优时念乱，忠愤之致，触感而生，拟之于诗，前似白乐天，后似陆务观。"(四印斋刊本《樵歌跋》)总之，他的某些词唱出了时代悲凉的声音。晚年在秦桧的牢笼之下做过鸿胪少卿(赞礼官)，成为他的政治生活的一大污点。

朱敦儒一生九十多年中，做官的时间极短，长期隐居在江湖间，被称为"天资旷逸，有神仙风致"(黄昇《花菴词选》语)的词人。他的词集有《樵歌》，一名《太平樵唱》。就艺术表达的角度来说，语言清新晓畅，一扫绮靡的习气，这一特点是应当予以肯定的。

《采桑子》这首词很可能是作者从洛阳逃难到两广时，途经江西彭浪矶时有感而作。词中深切地表达了他当时那种感时伤世的忧愤心情。

谭小麟先生这首歌曲是在 40 年代初谱写的。这期间他正在美国求学，当时国内正值抗日战争时期。这和宋朝当时敌寇入侵、国土沦丧、人民流离失所的情况十分相似。谭先生在这首歌曲中无疑寄托了他对战乱中的祖国深切的关怀和思念之情。由于谭先生是作曲大师欣德米特在中国的直接传人，所以谭先生的创作当然会深受欣德米特影响。欣德米特的作曲理论体系和方法虽然仍属调性音乐范畴，但比起传统的调性音乐来，却有了大大的扩充。比如他的和弦结构，就不限于三度叠置，而是扩充到任何三音以上的结合都是和弦。因此根据这样的理论和方法来考虑的音乐，仍然用传统的观念来分析，当然就很不够了。谭先生的音乐基本上便属于这样的范畴。他的创作虽然还有许多他自己的想法，但基本上却都是根据欣氏作曲理论体系的一些概念和方法来考虑的。因此，运用欣氏作曲理论体系的观念来分析当然最容易说明问题。诸如欣氏理论的一些基本概念，该曲无论是旋律、两部骨架，还是和声起伏、调性布局等技术处理都极为精辟，堪称经典。更重要的是，谭先生并不是生搬硬套地运用欣氏体系，而是富于创造性地将其与中国传统民族风格相结合，并具有现代特征。这点，尤其值得注意。

以下便是运用欣德米特体系对《彭浪矶》的全面分析。

这部作品分为三个部分：第一部分从开始到第 13 小节，第二部分从第 14 小节到第 23 小节，第三部分从第 24 小节到结束。本曲虽然像这样明显地分为三段，但在结构上却并不是简单的 ABA′ 三部关系。不过从第二段和前后两段的对比来看，又明显地担当了对比中段的功能；从第三段对第一段一些因素的重复以及许多地方对第一段的呼应来看，又明显地带有三部结构的再现功能。本文的论述便大致根据这个结构上的特点来进行。

一、旋　　律

对于旋律的分析，主要是集中在人声旋律部分上。当然，在钢琴部分也有相当多的旋律进行，但考虑到钢琴部分所包含的更多还是和声和织体问题，所以对于这方面的分析便将纳入和声分析之内。

下面首先采用欣德米特运用图解方式来分析旋律的方法。在图解中，旋律的所有细节都将直观地显示在五线谱上方与下方的线条系统上。这些线条在旋律的整个音域内每一条线代表一个音的高度（半音）。

谱表上方的线条系统表示"和声细胞"与"和声场"。两点之间的线表示这些音的"和声细胞"构造。"和声场"则在线条系统上用字母表示。

谱表下方的线条系统表示"级进进行"和反复的音。最重要的级进进行用实线表示；较不重要的用虚线（┄┄）表示。通过音的反复结合起来的音群则用较粗的横线（——）表示。

"和声场"、"和声细胞"、和"级进进行"都是欣德米特关于旋律的理论中的一些术语。

欣德米特认为在旋律中是有和声内涵的，最明显的和声内涵是以分散三和弦或七和弦的形式表现出来的。更确切地说是以 I 组或和声价值较高的 II 组或 III 组和弦表现出来的。和声价值较低的和弦组,由于不大使人能感到是和声结合,所以就不大能感到"和声场"的存在了。组成和声场的成分称为"和声细胞"。它由音程构成。在图解中,两点之间的线为"和声细胞"。"和声场"则在线条系统的上方用字母注出。

在旋律中处于高点、低点或节奏上突出的音形成的重要的点,用线条将这些点连接起来所形成的二度进行称为"级进进行"。这可使旋律进行平顺、统一并且有说服力。通过反复结合起来的音可使旋律稳定,不过这种音并不是任何时候都有。

(1) 第一段(1—12 小节)

例 1:

　　从上图可以看出,"扁舟去作江南客"整个旋律的和声内涵静止在以 g 为根音的 I 组和弦。这是本曲主调(g)的主和弦。以下随着情绪的波动,和声也开始运动。整段以一个根音 c 上的 III 组和弦结束。因此本段的和声是开放的,而且还由于下属功能的 III 组和弦构成的和声场更增加了这种开放的不稳定性。

　　本曲开始的旋律形态相当特殊。前 6 小节,作为稳定因素的音的反复在最高音(d^2),以致旋律形态像是倒立的山,从最高音(d^2)开始曲折地向下进行到最低点(f^1)再上升到最高点(d^2)。后 6 小节便从 d^2 音开始。旋律虽然仍是从上往下发展,但却更为曲折。进行到最低点(c^1)时,以一个八度上跳恢复了整个旋律的平衡。

　　人声旋律在钢琴伴奏两小节后开始。第一句"扁舟去作江南客",旋律音从 d^2 开始,以级进为主,在 d^2、c^2、$^\flat b^1$ 三个音之间来回波动,最后以小三度下降到 g^1,形成一个五度下行的框架。整个旋律线的起伏很小,最大的音程是大三度($d^2 - ^\flat b^1$)。从总的趋势来看,这个缓慢曲折下行的旋律,带有一种极浓的感叹意味,好像是一声无可奈何的叹息。这一句的整体情绪比较平静,在感情上还没有很激烈的表现。

　　到了第二句,曲调开始往上走,感情也从此激动起来。"旅雁孤云",旋律还在缓缓地上升,并在节奏上一张一弛。随着情绪的逐渐高涨,在"万里烟尘"的"里"字上,出现了上行四度的跳进,并到达这段旋律的最高音 f^2,形成了第一个高潮。这个四度跳进给人的印象极为深刻,从声调的结合上看,上行四度音程与普通话"里"的声调相一致。从音乐形象的表现上看,这个本段的最高点给人一种"引领遥望"的感觉,好似诗人抬头远望,沦陷的中原在异族的铁蹄下,烟尘滚滚,一片战乱,心情不可抑制地激动起来。这确实非常好地体现了我们传统词曲处理"依义行腔"和"依字行腔"的原则。对于这个原则的体现,本曲处处都可举出许多精辟的实例。

　　这里也是本曲在艺术表现上,从较客观的描述到主观感情表露的一个转折点。下面旋律上的一连串大跳便是感情一步步地深化。在四度上行跳进之后,从"烟"到"尘"是五度的下行跳进。这当中虽然经过一个 d^2 音,但这只不过是轻轻带过而已,我们感到实际上还是 $f^2 - ^\flat b^1$ 这个五度。更何况五度是一个和声力最强的音程,在此不可能不使人感到它的存在。

　　接下来的"尘"字在声调的处理上非常细致。"尘"是阳平,这里相应的曲调是 $^\flat b^1 - c^2$ 上行二度的拖腔,尤其是在后面的十六分音符 d^2 上的轻轻收束,这不仅完全体现了阳平微微上扬的声调,而且与下一句的"回"字还形成一个下行六度的大跳,于是增大了曲调的紧张度。这就更好地表现了此处情绪的转折,即是说,诗人的情绪在此开始逐渐激动起来,心情也更加沉重。

　　从"中"到"原"字又是一个大跳,这是一个紧张度更大的音程——小七度,往下到达本段的最低点 c^1 上。这个七度下行跳进无论是在声调上还是在意境的处理上,都起到了很好的作用,将此种沉重的情绪一沉到底。

　　从本段最高点到此为止,人声旋律从"里"字之后出现了一连串的大跳:四度

（$c^2 - f^2$）、六度（$d^2 - f^1$、）七度（$\flat b^1 - c^1$），并且紧张度一次比一次增长。在此，音程紧张度的表现在五声音阶中已达到极限。到了小七度，五声音阶中就再没有紧张度更高的音程了。在这种表现手段耗尽之后，下面果然就另辟蹊径。

紧接着的"泪"字便在表现手法上又开辟了一个新的天地。$\flat e^1$ 这个音，对于这之前的五声音阶来说是一个外来音，相当于清角。这个新成员的进入又造成一种紧张度，给曲调增添了一种阴暗的色彩，对感情的宣泄起到了非常好的效果。这在听者心理上也造成一种紧张感。读者不妨试试，如果我们把 $\flat e^1$ 换成 f^1 来演唱，就完全变样了：可以明显地感到整个情绪都松弛了，虽然更加五声音化，曲调也很美，但感情却没有了，完全给人一种"无动于衷"的感觉。

"满"到"巾"字的八度上行跳进又带来了新的变化。从音程紧张度的性质上看，这是一种松弛，可是这种松弛却接在紧张度逐渐高涨甚至快达到顶点的后面，就好像一个人在情绪达到极点时，突然脑子一片空白地空虚起来似的，对比特别强烈。并且，这个上行八度跳进从技术上讲，"巾"是阴平，前面的"满"是上声，这样强调了从上声到阴平的声调。而且，经过前面的几次下行跳进之后，这个上行跳进恢复了整个旋律的平衡。从艺术表现上讲，高八度的 c^2 像是下面 c^1 的泛音。这个"泛音"在此产生出一种奇妙的效果，它在演唱中给人一种抽泣的感觉，非常真切地表现出诗人当时的情态。[①]

整个上片是诗人对当时背景的描述：自己好像旅雁孤云一样，乘一叶扁舟逃往岭南。在彭浪矶，触景生情，想到中原一片战乱，前途茫茫，不禁热泪盈眶。

（2）第二段（13—23小节）

例 2：

---

① "泛音"云云，据罗忠镕先生说是杨与石先生说的。

　　歌曲到此一转,诗人好像暂时忘情于山水之中。此时,激荡的情绪稍稍平息下来。这一段在情绪上是一个转折,与前段相比,旋律线从跳进变成级进,音程的紧张度在此松弛下来,节奏也舒缓下来,整个曲调的走向趋于平静。从例2图解中便可直觉地感受到此点。其中静止在以 d－c－f 为根音的和声场便正好和这种情绪相适应,而且和前后的主和声形成对比。

　　本段旋律的前四小节,如果说小三度在五声音阶中实际是"级进"效果,那末前四小节的"级进进行"就仅是一个下行的音阶了(见例2)。旋律线从 d^2 开始,缓缓地直接下降到 d^1。这正像歌曲刚开始那样,也是一种感叹的音调。

　　歌词"汀洲"的"洲"字用了较长的拖腔 $a^1－g^1－f^1$。这个拖腔很有中国文人吟诗的韵味。诗人在这冷落、寂寞的"汀洲"看到的是一片秋天萧瑟的景象——"枫叶"、"芦根",而且是在日落的时候。古时的诗人常常用这些秋天的景象来形容人内心情绪的低落。而且,歌声在此也是断断续续的,再加上零零落落的晚秋景象,这些都非常好地描画了诗人内心深处那种怅然若失的状态。并且在"映"字处,原有的节拍换成了 $\frac{3}{4}$ 拍,在"冷"字处还原成 $\frac{4}{4}$ 拍。之后"枫叶芦根,日落波平"又换成 $\frac{3}{4}$ 拍。这种拍号的频繁转换在整首歌曲中是唯一的一处,这在前后都没有。它在这里的出现,一方面是由于句法的零碎从而引起节奏的错落,一方面也可能是由于旋律在这里已没有什么起伏了,这种不规则的律动更符合不平静的心情。

　　到了后句,旋律线开始缓缓地级进上行,这是为后面的高潮做准备。

　　这一段的节奏明显要比前半句紧促。"枫叶"、"芦根",歌词都是互不连贯的,这里的曲调也随之强调了这种断断续续的感觉:较短的时值,用休止符将这两个词隔开,而且在节奏上也是交错的,造成一种零乱的景象。"枫叶"、"芦根"的旋律和歌词的声调完全一致,好像念诵似的。在此我们又一次体会到谭先生对"依义行腔"和"依字行腔"的严谨态度,也就是说,在任何时候都力求做到曲调、情绪和声调的完美结合。

到"日落"之后又开始吟唱起来。旋律虽然缓缓级进上升,但却仍然保持着切分的节奏,也就是说重音的出现仍然是不规则的,从这里可以感觉到诗人的心情仍然没有平静下来。

从"波"到"平"是这段以级进为主的旋律进行中唯一的一次大跳 a^1-c^1。c^1 也是全曲的最低音,将这种压抑的气氛沉到最低。而且,这个最低音也为后面的高潮中本曲最高音(g^2)的闯入造成了极为强烈的对比。

(3) 第三段(24—28 小节)

例3:

这是歌曲的最后一段,是全曲的高潮。诗人压抑了很久的情绪在这时终于爆发了出来。"愁"字从全曲最低音 c^1,即前一段的"平"字,突然向上十二度,跳到全曲最高音 g^2 上。感情的激烈是可想而知的。而且,这个音是在第三拍的后半拍上出现,切分节奏更增强了这种激烈的效果。从结构上讲,这段的最高点和第一段中第 7 小节的最高点也起到遥相呼应的作用。之后,这个最高音停留了将近五拍之久,接着又突然曲折地急转直下,在短短的三拍中竟下落了十一度,并且出现了切分及三连音这种和原来的律动相对立的节奏,这种节奏的交错又将音乐的紧张度和动感提升了一步,更加增强了曲调的不稳定感。

"损"和"辞乡"两处用的是三连音,这两个三连音的出现在全曲是第一次,在前两段中都没有出现过,这在节奏方面又是一个新的处理。后面三连音的时值比前面的长一倍,形成了慢和快的对比,而且在情绪上也起到了一种缓冲的作用。

随着情绪上的缓冲,在"乡"和"去"字之间出现了七度的下行跳进 $c^2 - d^1$,它与本段高潮的第一个音 g^2 形成十一度。这几个大幅度的下行跳进可以说是彻底把诗人无限激愤与惆怅的心境表现得淋漓尽致。

从"去国人"开始,曲调缓缓地上升,情绪才逐渐平静下来。"去"和"国"字之间,旋律上行小三度,不用说,这当然是配合声调的进行。

"人"字的声调是阳平,它的旋律也是通过上行二度装饰音 $f^1 - g^1$ 的处理得到和上面相同的效果。

全曲最后结束在 g^1 上,整个节奏也拉开了,好像一个人在一阵强烈的激动之后已筋疲力尽了。

这个段落是整部作品的高潮,情绪的对比非常激烈。看到眼前的景物:枫叶、芦根、落日、江水,这一切,真是把漂泊在外、无家可归的人愁坏了啊!

(4) 小结

上文是对人声旋律逐一的分析,下面再对有特点的地方加以综述。

纵观整个人声旋律,从旋律发展的整体布局上看,歌曲的每一段都恰如其分地表现了诗人所要传达的意境,并且每一段所运用的手法都不相同。

第一段主要是通过音程紧张度的不断增长来描述诗人从平静到激动的心理过程。第一句是诗人来到彭浪矶,对当时背景的一个交代,情绪比较平静,所以与之相应的旋律线起伏很小,是一个曲曲折折的下行五度,这表现出一种感叹的意味。到了第二句,当诗人看到"旅雁孤云,万里烟尘"时,情绪逐渐激动起来,旋律线也缓缓向上进行。从"旅"字开始,井井有条地连续出现了三个上行跳进:小三度($g^1 - {}^\flat b^1$)、大三度(${}^\flat b^1 - d^2$)、四度($c^2 - f^2$)。第三个跳进进入本段的最高点(f^2),形成一个小小的高潮。高潮过后,紧接着又出现了一连串的下行跳进:五度($f^2 - {}^\flat b^1$)、大六度($d^2 - f^1$)小七度(${}^\flat b^1 - c^1$),并且 c^1("原"字)在这一段是最低音,它与本段最高音 f^2 形成了十一度的落差。而且,此处的力度标记是 $\textbf{\textit{mf}}$,这是要强调小七度不稳定的感觉。这几个下行跳进每一次都在逐步扩大,紧张度也在逐渐加大,可以说是层层逼近,逐步深化。第三句的最后一个八度跳进恢复了这段音高的平衡,紧张度突然下降,这也预示着下一段的情绪。

第二段主要是对彭浪矶周围景色的描写,与第一段相比,激动的情绪逐渐平静下来。所以这段的旋律线和第一段有很大的不同。在这里,旋律已经没有什么起伏了,取而代之的是在节奏上不同的变化。

首先,在节拍上,第 15 - 22 小节,节拍频繁的变换:$\frac{3}{4}$———$\frac{4}{4}$———$\frac{3}{4}$———$\frac{3}{4}$。其次,"枫叶"、"芦根"、"日落波平"的旋律都是在小节的弱拍上开始。这些都与前后两段不同。

这一段还有一个非常有意思的地方,即该段人声旋律的结构。从本质上说,它完全具备了三部性的各种因素。从"碧"到"冷"就像是三部结构的"A"，从"日"到"平"很像是再现的"A′"，从"枫"到"根"便像是对比的"B"了。两个"A"都是歌唱性的旋律，一个下行，一个上行。从音高上说，"A′"甚至还是"A"最后四音的逆行，只不过节奏有所紧缩，最后跳进的方向有所变化，并且音程有所增大而已。这和再现当然并不矛盾，而且中间的对比也非常明显。比如，前后是唱，中间是说；前后是完整的旋律，中间是零碎的结构。如果把钢琴部分考虑进去，那就更明显了。不过这是下一部分讨论的问题。

最后，还要特别提一下这个下行六度的跳进。这个大跳完全打破了这个"微型三部结构"的平衡。由于平衡的破坏，便造成一种对于平衡恢复的期待。这样一来，下一段的出现便成为一种必然的趋势了。

第三段是全曲的高潮，只有一句。但在这一句里我们又能发现许多与前面不相同的处理方法。首先是"愁"字，它以全曲最高音屹立在 g^2 上并长达五拍之久。从时值上看，这是整首歌曲中最长的音，并且是由弱到强，慢慢引入。从高点的位置来看，这个高点 g^2 与第一段的高点 f^2 遥相呼应，而且也非常符合这首歌曲整体的旋律线进行：高——低——高。其次，是随之出现的三连音。这在歌曲的前两段都没有出现过，在这里是第一次，这是在节奏处理上的一次出新。想想，如果还是用前一段的处理方式，歌曲肯定会逊色很多，而且也不符合此时跌宕起伏的心情。并且，这两个三连音还不雷同，它们在时值上也有对比：前一个一拍，后一个两拍，节奏的加长对情绪的缓冲也起到了很好的作用。

再次，就是这段旋律中所包含的跳进，这也是对第一段带再现因素的呼应。不过也有所不同。第一段的跳进较为平缓，从小三度逐个扩大到小七度。而在这一段，仅在三拍之内，急转直下，下落了十一度，效果激烈的程度可想而知。而且还有一点也很有意思，即第一段从最高音到最低音的进行也是十一度。这个客观存在的事实，以谭先生那样严谨的创作态度，恐怕不能只看成是一种巧合吧。

二、和 声 与 结 构

对于和声的分析，主要集中在钢琴部分上，当然，也要涉及到人声部分。这首作品的钢琴部分写得十分简练，没有任何多余的和无意识的音的堆砌。正因为简练，所以每一个音都在起着作用。因此，对于谭先生这样的音乐，即使微小的变化，在分析时也应加以充分注意，也应估计在内。

（1）第一段（1—12 小节）

例4:

　　乐曲开始前3小节的和声起伏安排得很仔细。从第1小节到第3小节的和声起伏是紧张度的逐渐增涨：$I_1\ III_1\ |\ III_2\ |\ IV_1\ |$。这三个小节紧张度的增涨过程也是全曲和声起伏的缩影。这在分析全曲后，回过头来一看便能感觉到。

　　和声紧张度只是一个方面，音乐的表现是各种因素汇合所起的作用。在这一段，十分突出的是音型所起的作用。从音乐织体上看，前5小节是一个单位，第6小节进入一种新的织体结构。这5小节的钢琴部分由三个层次构成，加上人声声部则为四个层次：

　　1. 第一层是人声旋律，这在上一节中已经讨论过了。

　　2. 下一层是钢琴部分的主要层次——旋律音型，这将在后面进行详细分析。

　　3. 再下一层是中声部持续反复的一个五度音程（$g-c^1$）。这个固定音型起到一种稳定的作用，它使得 g 毫无疑问成为这个片段的调性中心。

　　4. 最下面一层是从 g 到 G 的低音进行——四度下行模进。这个线条实际上是两个隐伏声部。上声部从 G 下行级进到 c。下声部从 d 下行级进到 G。

　　在这段中，最突出的是第二层，即围绕 g^1 音上下波动的旋律音型。它给人一种水波荡漾的联想，这当然和诗人所处的环境有关。并且，这个音型的基本模式是以小节为单位，共出现了13次。最有意思的是这13次的出现每次都不相同，都随着艺术表现有着或大或小的变化。现将这13次分述如下：

　　第1小节，这是这个旋律音型基本模式的首次呈现：以 g^1 为中心，旋律作上下二度的波动。第三拍的切分节奏是这个音型突出的特点，它增加了动感和情绪的分量。

　　第2小节，旋律音型虽然是第一小节的原样反复，但是由于这小节的第一个音是从前一小节延留下来的,所以没有重音。变化虽小,但却十分突出。

第3小节,前两拍的旋律形态和前面一样,同样也是通过延留音淹没了重音。但是到了第三拍,原有的 g^1 变为 $\flat b^1$,它的出现加浓了音乐的感情色彩,也使旋律音型有缓缓上升的趋势。此时歌声已经进入。

第4小节,这一小节将切分音型省去,只留下八分音符的音型,并重复了两遍,好像感情在此"休止"了一下。这是为后面情绪的变化蓄势。

第5小节,音乐到这里是一个转折点,从这小节起,旋律音型开始发生较大的变化。首先,持续反复的五度音程($g-c^1$)在此只剩下一个单音 g。低音线条在此也静止不前了。在高音声部,前两拍将前面出现的音型向上四度模进,并增加了一个装饰音 f^2。这个装饰音的出现强调了 d^2 这个音,以致使得本来作为一个换音的 d^2 在此凸现了出来。于是,由于 d^2 的分量加重,便使得这里的和声成为 III 组和弦,因而增加了和声的紧张度。这当然和音乐的情绪有关。这一段的词是"旅雁孤云,万里烟尘"。诗人想到自己漂泊他乡,想到中原一片战乱,情绪不知不觉地开始逐渐激动起来。到了后两拍,在音型的反复下出现了一个新的线条,这是前一音型移低四度后的变化反行。它的出现使声部的厚度增加了。这也预示着情绪的转折。

第6小节,从这小节开始,钢琴部分进入了一种新的织体结构。前一小节出现的不严格反行音型在这里移到了低音声部,并且又将这个音型再一次作反行进行,随后,加上后两音的模进,在这小节便派生出一个新的音型。这时在高音声部也出现了一个缓缓向上的新的线条。这个旋律线伴随着歌声直到本段结束。

第7小节,新出现的音型向上作五度的模进,由低声部穿入了中声部。高声部则向上作大三度模进。这时歌声旋律到达高潮。以上两个向上的模进无疑非常好地配合了高潮的出现。

第8小节,织体中的音型又部分地回到了乐曲刚开始的旋律型,但节奏却保持了派生音型的节奏。所以说,这实际上是原音型和派生音型的综合。这个综合的音型便一直保持到本段结束。

第9小节,开始两拍是前一小节的重复,并且又用了延留音这一特点。后两拍是前一小节后两拍的不严格反行。高音声部的旋律线条突然降落到 c^1 上,与前一小节的最后一音形成了六度的向下跳进。并且,这个跳进和歌曲中人声部分的六度跳也十分吻合。这两个大跳的相互配合无疑把诗人当时低沉的心情描画得很贴切。

第10小节,这一小节低音声部的音型是第8小节的向下八度移位。虽然和第8小节只有一音之差:D 变成 $\flat E$,但给人的感觉却很不一样。这是因为出现了三全音 $A-\flat E$ 的缘故,而且这个三全音还暴露在旋律片段的外面,因而大大地增强了这个新因素的效果。在歌词中这里也是心情极为复杂的地方。这时,在伴奏中出现的这个"不协调"的因素,确实大大地增强了歌词中描写的中原不堪回首那种沉痛心情。

第11小节,低音声部开始两拍是前一小节的原样反复,但是去掉了重音。还有,到了这小节,人声旋律部分出现的那个新的音($^\flat e^1$)还和钢琴低音声部的 A 形成了三全音,使这里的和声成为 B 类和弦,因而和声的紧张度也在增加。总之,这一切都无不紧扣着情绪的表现。

第12小节,这一小节与前面相比变化比较大。首先,前几小节的和声紧张度在逐渐增长,而到了这一小节,紧张度却突然消失了,整个小节都是 A 类和弦。结合歌词"泪满巾"来看,这里确实有一种空虚茫然的感觉。其次,音型从低声部移到了高声部,并且开始向这个音型首次出现的基本模式靠近,在声区上也回到了开始的中声区。

第13小节,这是旋律音型在第一段的最后一次出现,它是前一小节的高八度反复。但还是变化了一处,即在后两拍变成了切分的节奏型,这就更加靠近了刚开始的音型,因而形成了对开始音型非常好的呼应。这个切分节奏不仅加强了表情,而且使得这一段和下一段的连接更加紧密。

本段和声主要用的是 I 组和弦。调性中心开始为 G,第 5 小节转向 C,并结束在这个调上。

(2) 第二段(14—24 小节)

例 5:

　　本段是前一段的对比。在歌曲旋律分析一节便已说过:"诗人好像暂时忘情于山水之中,此时,激荡的情绪稍稍平息下来。"钢琴对此也做了细致的刻画。如果说第一段的和声大致以Ⅰ组和弦为主,那么,本段和声便是以色彩性见长的Ⅲ组和弦为主,甚至还动用了色彩性更强的Ⅴ组和弦。这都和本段对大自然的描写有关。

　　前段音型的余迹形成了本段主要的音型(第14—15小节)。这是接着前面音型最后两音反复而来。在此,音响变得非常单薄,只有两个声部,而且在中、高音区。两个旋律的结合也有点扑朔迷离。如果把第14—15小节的音型分成三个单元,那就是第一单元从八度开始却落在一个不协和音程小七度上;第二个则是同样的旋律音的互换,从二度到七度;第三个最后的落音上仍是七度。总之在这里每次都落在和声价值较低的小七度上,这"对位"方式和传统观念是背道而驰的。加之节奏的错落,因而在这里就显得更加冷清、零落。这个音型在休止三拍后又反复出现,而且是单独出现。歌声是带着感叹意味的"碧山相映汀洲冷",钢琴在此把诗人那种孤寂、落寞的心情表现得淋漓尽致(第14—18小节)。

　　接着是断断续续的歌声,好像是诗人神不守舍的内心独白。在声音停顿时,第一次衬托了一个没有根音的、游移的Ⅴ组和弦;第二次是一个带大七度的高紧张度Ⅲ组和弦,第三次在钢琴上又是一个Ⅴ组和弦,尽管加上歌声它的性质有些改变(第19—21小节)。

　　最后在"平"字持续的长音上又出现了本段开始的音型,但这次却加上了一个衬托声部。第一次在音型旋律下面加一个四度线条(22小节),第二次在下面加五度(23 小节)。在此,由于和声价值的增高,再加上声部进行的趋势,低音线条往下做五度的模仿,在下一小节(24 小节)从单线条转为六度,从而音响的浓度逐渐加厚,很好地准备了下一小节高潮的到达。

如果说音型的变化在前段起着主导作用,那么这一段起主导作用的便是和声的变化了。从第 18 小节开始,便转为和弦织体。"枫叶"后面是一个四度叠置而成的 V 组和弦,在这里主要是突出其色彩作用,以填补节奏空隙。"芦根"之后,是一个含有大七度的 III₂ 和弦,仍然起着填充节奏空隙作用。例中第四小节的和弦,如果单从伴奏织体看,是四度叠置的 V 组和弦,但由于它与主旋律中 G 结合在一起,所以便成了 III₂ 和弦,根音是 B。接下去便是引向高潮的和声进行,由一连串的 III 组和弦构成。本段调性中心是由 D 到 F(见"全面分析")。

在上一节中曾谈到这个小小的段落一切都符合一个三部性的结构,现在看看钢琴部分的结构就更是这样了。当然,这个结构是开放性的,因为它后面将直接引出本曲高潮。

(3) 第三段(25—30 小节)

例 6:

　　本段一开始就爆发出全曲高潮,和声在本段起着巨大的作用。本段和声基本上都是含有三全音的 B 类和弦,而且紧张度最高的 IV 组和弦还在和声中占着绝对优势。由于本段是感情的爆发,所以作者用了这些高紧张度和弦来表现这种激烈的感情。在本曲旋律的最高点 g^2 音下,根音为 F - ♭E 的 III$_1$ - IV$_1$ 组和弦以切分节奏闯入。这两个高紧张度和弦以这样的方式进入,又大大地增强了激烈的效果。在这上面是从最高音 g^2 急转直下的歌声旋律,这在前面已分析过了。

　　本段音级进行中虽然 C 音非常突出,但上面的和声却是 IV 组和弦,因此不足以做调性中心。另一个较突出的音是 G。这个音在和声上虽然没有得到有力的支持(其实 C 音在和声上也没有有力的支持),但却占据着最有利的地位——本曲最后一个和弦的根音;而且它上面是和声价值最高的 I 组和弦。这就足以成为本段调性中心了。尤其是,如果单从旋律本身的和声内涵看,G 音就是无可争辩的调性中心了。因为这个旋律的开始和结束都是 G 音,而且当中还有非常强的属音(D)的支持。

　　(4) 小结

　　在本段分析的开始就曾提到过,"这三小节紧张度的增涨过程也是全曲和声起伏的缩影"。本曲在和声起伏上,根据全曲情绪的表现,有着整体上周密的计划。第一段,诗人置身于澎浪矶,眼前的景物触动了诗人本来就不平静的心,使诗人的情绪逐渐激动起来。因此,本段和声主要使用 I 组和弦,III 组和弦用得较少,IV 组和弦仅稍微接触。也就是说本段和声起伏仅稍有波动而已。第二段除一个 I 组和弦和一个 V 组和弦外,全都用的是 III 组和弦。这当然和诗人对眼前的秋天景物的感受有关。因为 III 组和弦是非常富于色彩性的。第三段是诗人感情的爆发，因此这段中主要使用 IV 组和弦。欣德米特在介绍这组和弦时便说过这些刺激的、粗糙的、和有高度色彩的和弦最适于用来表现强烈的感情和激动的情绪①。IV 组和弦的和弦结构在传统和声中几乎没有，即使 III 组那样的和弦结构在传统和声中也极少，而谭先生在这两段中竟几乎全用的这两组和弦，由此可见谭先生在和声语言上的扩展。

从"全面分析"看，全曲的调性中心是 G。整个的调性进行如下：

例7：

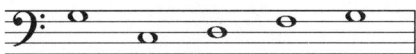

这样的调性布局当然是相当传统的。由于主、属的支持，调性中心非常明确。尽管主、属的位置和传统调性布局的习惯有所不同，但如果考虑到主调前的 F，应该说调性布局仍然保持着"主—属—下属—主"的传统习惯。

三、结　语

纵观整部作品，该曲无论是从整体的构思还是细节的处理，都是经过深思熟虑和精雕细刻的。而且特别要提到的是，在全曲的创作过程中无处不表现出谭先生的创新精神，并且这种创新又无不以达到某种艺术意图而使用，绝非盲目的追求表面效果，这就使得他的作品更加有深度，更加耐人回味。并且，对创作手法的运用也是相当的精致和洗练的。每一个音符都在起着作用，所以抽掉一个音，或是换成另一个音就会马上黯然失色。这都说明谭先生创作的严谨和表现的准确。

在旋律和语言的关系上，谭先生始终一丝不苟地遵循着"依意行腔"和"依义行腔"的传统原则。

还要说明一点，即这部作品是谭先生在美国留学期间创作的，这也正是他跟随欣德米特学习的一段时期。欣氏作曲理论体系对他的创作思维无疑有着很大影响，但并不是说谭先生对欣德米特就亦步亦趋，一切都按欣氏理论行事。事实上，我们已经看出谭先生完全是以我为主来运用欣氏的一些原则和方法，完全有他自己的想法，并且，这在上文的分析中已经得到充分的证明。所以，通过对这部作品技术的分析，以及如何运用技术更好地为艺术服务，还有对谭先生整个创作观的认识，都会给予我们很大的启发。这也是分析这部作品的目的之所在。

---

① 　见欣德米特著，罗忠镕译《作曲技法》第一卷第104页（人民音乐出版社版）。

附《彭浪矶》分析谱

彭 浪 矶

谭小麟曲
〔宋〕朱希真词

独唱

扁 舟 去 作 江 南 客, 旅

钢琴

1. 音级进行

2. 级进行

3. 两部骨架
（钢琴部分）

4. 和声起伏　　I_1　　　III_1　III_2　　　　IV_1　　　I_2　　I_2　　　III_2

5. 音级进行

6. 调性

2 5
n
cresc.
v
雁 孤 云， 万 里 烟 尘。 回 首
v w
mf
cresc.
dim.
w v
w d v
w f f
w
1.
2.
3.
cresc.
dim.
III 2 I 2 III 1 I 2 III 2 I 2 I 1

中原 泪 满 巾!

4
14
p
mp
w
碧 山 相 映 汀 洲 冷， 枫 叶
dolce
1.
2.
3.
4.
I_2 III_1 III_1 III_2 III_1 I_1 I_1 III_1 III_2 III_1 I_2 III_1
5.
6.

19
mp
cresc.
5
芦根，日落 波 平， 愁
pp
mp
p cresc.
f
mf
1.
2.
3.
4.
V III 1 III 2 III 1 III 1 III 2 III 2 III 2 I 2 III 2 III 1
5.
6.

损 辞乡 去 国 人!

IV₁　IV₁　IIb₂ IV₁　　IIb₂　IV₁　IV₁　　　IV₁　　　　I₁

兼收并蓄　羽化新声

——谭小麟艺术歌曲研究

唐　吟

序　言

　　在 20 世纪上半叶的中国,经过一系列的民主革命运动,传统文化的发展在受到西方思潮的影响下发生了转型。文化如此,音乐亦是如此。五四以来,热衷音乐的莘莘学子纷纷留学于日本、欧洲、美国[①],带回了传统的西方作曲技法及音乐理论。20 世纪 20 年代后期至 40 年代,以萧友梅、黄自、青主、周淑安、应尚能、陈田鹤、江定仙、贺绿汀、刘雪庵、谭小麟、丁善德等国立音专师生群体为核心,我国专业音乐创作逐渐走向成熟。在近代众多作曲家中,谭小麟无疑是一位"新技法的探索者"[②]。西方 20 世纪初的现代和声作曲体系主要可分为三条线索,其一为以勋伯格为核心的"新维也纳乐派"十二音序列体系;其二是梅西安作曲理论;其三为欣德米特作曲理论。[③] 其中,"序列音乐"是由美籍德国作曲家弗兰克[④]于 1941 年在上海国立音乐院任教时引入的;欣德米特作曲理论则是谭小麟在耶鲁大学音乐学院师从著名作曲家欣德米特,学成归国后带到国立上海音乐专科学校的。因此,谭小麟的创作与教学对西方作曲技法在近现代中国的发展产生了重要影响。

　　英年早逝的谭小麟(1911—1948)一生并没有留下太多的作品,许多学者认为

---

　　① 　如萧友梅、王光祈留德;黄自、谭小麟留美。

　　② 　梁茂春:《百年音乐之声》,中国经济出版社,2001 年,第 260 页。

　　③ 　尤·霍洛波夫:《论西方的三种和声体系》,人民音乐出版社,1987 年。

　　④ 　弗兰克(Wolfgang Franker,1897—1983),犹太裔作曲家,因二战时期被纳粹所追捕,逃离至上海,并在上海国立音乐专科学校教学,任理论作曲教授。

可以分为前后两个创作时期①：其一是早期在"音专"跟随黄自教授学习及留美欧柏林大学学习时期；其二为 1942 至 1946 年在耶鲁大学跟随欣德米特学习作曲时期及留学归来在"音专"任理论作曲教授期间的创作。笔者认为第二时期又可以分为两个阶段，以谭小麟回国前后为分界线，其缘由是回国后创作的作品风格有异于跟随欣德米特学习时期创作的作品。这两个阶段的创作手法既一脉相承又有着不同的特征，其中的大部分作品为艺术歌曲与室内乐。不幸的是，诸多乐谱手稿均已遗失，我们仅能从《谭小麟歌曲选集》(1982)、《谭小麟室内乐作品选》(1990)中一窥谭小麟的音乐创作。前者"收入了他的八首歌曲。其中第一、二、三首是留美期间写成的作品，第四、五、六首是回国后的作品，第七、八首是早期作品。"②整个集子中除 1 首三重唱（《清平调》）、1 首合唱曲（《正气歌》据同名独唱曲改编）外，其余 6 首均为艺术歌曲。后者所收则均为其后期作品③，这些室内乐重奏曲是其在美国耶鲁大学留学期间由欣德米特指导创作而成的。而之所以选择《谭小麟歌曲选集》作为本文探讨的核心内容，其缘由如下：其一是中国近代音乐史上，谭小麟虽向以室内乐创作著称，然而涵盖了其创作的各阶段④、且融典雅文化与西方技法为一体的艺术歌曲，无疑也是其重要的创作领域之一。其二是学院派先前的作曲家及他同辈的作曲家创作艺术歌曲的音乐语汇基于传统，而谭小麟的艺术歌曲因融合了中国传统音乐因素及西方 20 世纪现代技法而有着鲜明的个性。

就这一选题，在最初的资料收集阶段，笔者除了阅读了大量的与谭小麟的参考文献外，还参阅了一些关于中国近代艺术歌曲创作的论著。其中比较重要的论文有青主《作曲与填曲》、罗忠镕《谭小麟艺术歌曲的和声》、桑桐《往事琐忆——纪念母校成立八十周年》，重要的专著有赵元任《赵元任音乐论文集》、保罗·欣德米特《作曲技法》、沈知白《沈知白音乐论文集》、梁茂春《百年音乐之声》、于苏贤《20 世纪复调音乐》、秦西弦《欣德米特和声理论的实际运用》、王震亚《中国作曲技法的衍变》。它们无疑给笔者写作此文带来很大帮助，但其中某些论著过于偏重于对谭小麟作品中现代技法的分析，从而忽略了其在中国近代艺术歌曲创作发展史中的应有地位。于是，笔者在对中国近代艺术歌曲发展脉络进行梳理后，尝试从谭小麟对中国近代学院派艺术歌曲创作的继承和对欣德米特理论体系的吸收运用两方面，

---

① 汪毓和、陈聆群分别在他们的《中国近代音乐史》及《中国音乐简史》这样提及。钱仁平则认为应该分为"四个时期"，参见钱仁平《风中的怀念》，载《音乐爱好者》，2002 年第 11 期。

② 引自《谭小麟歌曲选集》中"出版者的话"，人民音乐出版社，1982 年。

③ 《谭小麟室内乐作品选》中收入有《弦乐三重奏》(1945)、《浪漫曲》(1944)、《小提琴与中提琴二重奏》(1943)。

④ 艺术歌曲《春雨春风》作于美国留学初期(1939—1941 年)，《自君之出矣》、《彭浪矶》、《别离》作于随欣德米特学习期间(1941—1946 年)，《小路》、《正气歌》作于回国之后(1946—1948)。

来探索其艺术歌曲的创作技法及风格特征，以期用历史的眼光对谭氏艺术歌曲尽可能作出客观而公正的评价。

一、谭小麟之前的艺术歌曲创作略论

在深入研究谭小麟艺术歌曲创作之前，笔者认为首先有必要对该体裁在中国近代的传入、兴起与发展，做一个脉络清晰的交待。

艺术歌曲，"在德国被称为 Lied，在法国称之 Melodie，是一种结构短小、歌词精美、旋律和伴奏具有高度艺术性的声乐作品"[①]。它是由作曲家为某种艺术表现的目的、根据文学家诗词而创作的歌曲。这种常供音乐会演唱的小型声乐曲多为独唱形式，一般都有精心编配的钢琴伴奏，对演唱技术也有较高的要求。早在 17 世纪，德国开始发展这种歌曲题材，结构多为分节歌或变化分节歌；后来又出现了通篇谱曲的通谱歌曲；在 19 世纪，舒伯特、舒曼、勃拉姆斯、沃尔夫等许多作曲家开创了该体裁创作的黄金时代，使艺术歌曲成为当时浪漫主义音乐最具代表性的体裁之一。

20 世纪初以来，西方音乐文化传入中国最为重要的途径是随着新制学堂建立而产生的学堂乐歌，它对随后的艺术歌曲创作及发展产生了深远影响。启蒙音乐教育家沈心工、李叔同在利用日本、欧美旧曲填词的同时，开始尝试自作词曲的歌曲创作，个别如《春游》等作品中的艺术价值已超越了学堂乐歌的普遍范畴，可以被看作"中国艺术歌曲"的滥觞。

20 年代，留德回国的萧友梅创作了大量学校歌曲，分别收入于《今乐初集》、《新歌初集》、《新学制唱歌教科书》中。其中，除了多声部合唱曲外，还有不少具有艺术歌曲性质的独唱曲，代表作如《问》等。萧友梅的这些艺术歌曲以西方的大小调体系为基础，并常以"大调"作为自己创作的调式核心[②]，在钢琴伴奏的和声配置上较李叔同的创作乐歌相对复杂，多用主—下属—属—主的正格进行，不仅使用了主三和弦，也加入了副三和弦。从听觉上辨析，其旋律写作的效果类似于西方古典主义时期莫扎特的声乐作品，简洁而又谐和。

同一时期的赵元任虽并不以音乐为业，却在艺术歌曲的创作方面有着很高造诣。受到家族传统的影响[③]，他自幼热爱诗歌、文学，这对作曲家后来创作艺术歌

---

① 钱亦平、王丹丹：《西方音乐体裁和形式的演进》，上海音乐学院出版社，2003 年，第248 页。

② 萧友梅在《今乐初集》的"编辑大意"中提及："吾国故有乐曲自来喜用小音阶，故其声多萎靡不振。欲改良吾国音乐非改用大调不可（即大音阶）。以其声音多发扬蹈厉，已令人兴起也，本集即根据此理，纯用大调制谱。"

③ 赵元任的六世祖赵翼，是清代乾隆时期的著名史学家、诗人。

曲有着很大影响。赵元任在1928年出版的《新诗歌集》序言中写道："要比较中西音乐的异同,得要辨清楚哪一部分是不同的不同,哪一部分是不及的不同。"中国音乐的"国性","都是值得保存发展的"。[①] 赵氏认为应当吸纳西方作曲技法中的和声、曲式、复调、配器的手段,融入中国的民族音乐因素,才能创作出新的"国乐"。而作曲家的第一本歌曲集、收录了13首艺术歌曲(外加一首合唱曲《海韵》)的《新诗歌集》[②],正是其音乐创作观的充分体现。"五四"时期,受到胡适、刘半农、刘大白、徐志摩等诗人所尝试倡导的白话新诗的影响,赵元任尤其偏爱以这些现代诗作为歌词。而从语言学家的角度出发,他在歌曲创作时也特别重视诗词与曲调的结合,讲究词的韵律与旋律的对应。根据陈聆群在其《中国音乐简史》所述:在"处理歌词'字音跟乐调'的关系"上,认为《新诗歌集》"存在着两种派别的可能:一种是根据国音的阴阳上去而定歌调'高扬起降'的范围。还有一种照旧式音韵,仍旧把字分为平仄,平声字总是倾向于低音平音,仄声字总是倾向于高音或变度音(也就是一个字唱几个音)"。赵元任偏爱于第二种手法,其《新诗歌集》"'近乎'也是用这种手法谱写的"[③]。于是,他的大量作品是基于白话新诗、五声性旋律的,在此基础上使词曲完美融合,就成为赵氏艺术歌曲的最重要特征之一。和声方面,在一些作品中,作曲家在西方传统大小调体系的基础上,试图通过四、五度叠置,或加用大二、大七、大九度等手法,寻找与五声性旋律相对应的和弦。而在歌曲结构上,赵元任则多用西方艺术歌曲中"通谱歌曲"的写作手法。

　　20、30年代另一位艺术歌曲创作的代表人物,就是曾经"亡命乐坛"的音乐美学家青主。青主艺术歌曲创作是属于"意境派"的,他与赵元任在"声律谱曲"法上产生了争论,认为艺术歌曲的创作应该从诗歌节奏入手,但并非是为了组织语韵四声音调,而是为了更好地表达歌词的意境。青主早在留学期间就尝试运用古典诗词进行艺术歌曲创作,他以苏轼《念奴娇·赤壁怀古》为词创作的《大江东去》(1920)是我国近代最早据古诗词谱成的一首艺术歌曲。此外,他以宋代词人李之仪的《卜算子》写成的艺术歌曲《我住长江头》也不可忽视。受到青主创作的影响,其妻华丽丝[④]对中国音乐及古代诗歌也产生了浓厚的兴趣。她将近代西方技法与中国古代诗歌及五声性曲调融合,以一个西方人的视角创作了中国式的作品。由于她在德国莱比锡音乐学院学习期间受瓦格纳的影响,在其艺术歌曲创作中,和声风格较为复杂,有着较强的半音化的倾向,多用离调的仿正格及仿变格进行,一些不和谐的和弦不再采用解决的方式。在青主、赵元任后,钱君匋、陈啸空、邱望湘等

---

①　赵元任:《赵元任全集第十一卷》,商务出版社,2005年,第7—17页。

②　该曲集的标题《新诗歌集》即以表明其中的作品均是以诗歌作为歌词而创作的歌曲。

③　陈应时、陈聆群:《中国音乐简史》,高等教育出版社,2006年,第268页。

④　华丽丝(Ellinor Valescy,1895—1967),德国作曲家,青主的妻子。

人在 1928 年和 1930 年出版了《摘花》、《金梦》两本歌集。此外,邱望湘的《昭君出塞》、陈厚庵的《离别》、周淑安的《安眠曲》、《纺纱歌》、李惟宁的《偶然》、《渔父》也曾传唱一时。[①]

而在中国第一代作曲家中,对谭小麟创作影响最为深远的是其在国立音乐专科学校的理论作曲导师黄自。艺术歌曲是黄自重要的创作领域。在歌词选择上,他既喜用古代诗词也爱用现代新诗。前者的代表作品有《南乡子》、《卜算子》、《花非花》,后者的代表作品有《春思曲》、《思乡》、《玫瑰三愿》等。这些作品的总体特征是在继承西方浪漫派技法前提下,追求所谓国民乐派的风格,显露出特有的"古典美"。和声的处理上,虽与浪漫主义初期舒伯特、舒曼的作品相仿,但因在三和弦上添加了六、七度音,或在大七和弦中运用了四、五度叠置,而在弱化功能和声倾向的同时,使之具有了中国风味。

自 20 世纪 30 年代至 40 年,随着中日战争的全面爆发,左翼音乐运动也随之开展,许多学院派作曲家也开始自发地创作救亡歌曲及抗战歌曲。在这样的时代背景下,"雅致、精美"的艺术歌曲显然有些不合时宜。尽管如此,在象牙塔中,沉浸于艺术歌曲创作的依然大有人在。在以黄自的"四大弟子"——陈田鹤、江定仙、刘雪庵、贺绿汀为代表的中国近代第二代作曲家中,陈田鹤的艺术歌曲可谓青出于蓝而胜于蓝,其代表作如《江城子》、《采桑曲》等,更重视歌词意蕴的深邃,以及歌唱、伴奏作线条性的复调结合。

继"四大弟子"之后,在中国近代艺术歌曲创作中最值得关注的便是谭小麟。据《谭小麟歌曲选集》中所收入的作品来看,不仅与其师黄自一脉相承,且因同时吸收、运用了欣德米特理论体系而呈现出前所未有的独特风格。

二、谭小麟对中国学院派艺术歌曲的继承

通过对中国近代艺术歌曲发展脉络的初步梳理,我们不难发现,在某种程度上,谭小麟的艺术歌曲首先是建立在继承中国近代学院派作曲传统的基础之上,这包括对于歌词体裁、题材的选择,诗歌与曲调的融合,曲式结构及调式、调性的运用。

1. 歌词体裁与题材

从近代中国艺术歌曲发展看,作曲家大多喜用诗词作为歌词,尽管不同的作曲家对于歌词选择的偏好有所不同,例如,萧友梅常用现代人写作的旧体诗词;赵元任偏爱现代人写作的新体诗词;青主多以古代诗词为歌词;黄自则兼用古代诗词和现代诗词。

---

① 陈应时、陈聆群:《中国音乐简史》,高等教育出版社,2006 年,第 288 页。

受到其师黄自的影响,谭小麟的艺术歌曲除《别离》选用近代诗人郭沫若的诗歌、《小路》运用内蒙民歌的歌词外,其他亦均选用了唐诗宋词(见表一)。

表一:

作品名称	演唱形式	歌词作者	歌词体裁
《春雨春风》	男声独唱	[宋]朱希真	宋词
《自君之出矣》	女声独唱	[唐]张九龄	唐诗
《彭浪矶》	男声独唱	[宋]朱希真	宋词
《别离》	男声独唱	郭沫若	现代人创作的古体诗
《小路》	女声独唱	内蒙古名歌 钢琴编配	/
《正气歌》	男声独唱	[宋]文天祥	宋诗

其中五首诗词的题材内容包括"思乡"、"爱国主义"两种类型。

《自君之出矣》、《别离》写于 1945—1946 年的留美期间,这些歌词正可以体现出身为留学生的谭小麟对于故乡的怀念之情:

"自君之出矣,不复理残机。思君如月满,夜夜减清辉。"

"残月黄金梳,我欲掇之赠彼。彼姝不可见,桥下流泉声如泫。晓日月桂冠,掇之欲上青天难。青天犹可上,生离令我情惆怅。"

以上两首诗歌中,前者为唐代诗人张九龄所作,为四句体,属五言格律诗;后者为近代诗人郭沫若所作的古体诗。两首诗作尽管跨越时空,却表达了"望月思乡"的同一主题。正因为如此,作曲家才得以借用诗歌之意抒发自己的感情。

30、40 年代,身处战乱背景下的谭小麟不但在期刊《战歌》上发表了多首抗战救亡歌曲,而从其艺术歌曲看,《春雨春风》、《彭浪矶》、《正气歌》中也显露出作曲家的爱国主义情怀。

《春雨春风》、《彭浪矶》的歌词均由宋代女词人朱希真所作。《春雨春风》中有一句"燕娇莺巧,只是参军老。今古红尘,愁了人多少!"谭小麟借古喻今,表现对当时的战火交融祖国的担忧之情。《彭浪矶》原是词作者为躲避战乱、背井离乡、乘船去往江南途中的感伤之作。其中"回首中原泪满巾"、"愁损辞乡去国人"等句,点出了作者面对南宋半壁江山而发出的内心伤痛。

《正气歌》是谭小麟根据宋代诗人文天祥同名诗歌的摘句而作的,歌颂了古代文人的风骨、气节,以自己的生命抗拒压迫,号召人民进行反抗。

2. 诗词与曲调的融合

诗歌与曲调协调性的处理是艺术歌曲创作中的一个难题,这涉及到西方古典主义时期所不断争论的一个话题:究竟是歌词从属于音乐,还是音乐从属于歌词。在 20 世纪 30 年代,赵元任与青主同样就这一问题提出了不同的见解。这对黄自及谭小麟的创作也颇有启发。

中国的语言音韵存在着"四声"声调,这是西方语言所不具备的。赵元任认为,如同中国传统的昆剧等戏曲一样,曲的旋律走向应当与词的声韵相一致。换言之,他认为音乐从属于歌词。"中国有一种现象很怪,唱新式歌,常把外国音唱进去,如唱《教我如何不想他》,把清声母的'教''不'等字唱成像外国音的浊音声母字。这类错误应该避免。"[①]

赵元任认为:"关于字调与乐调的配合有三派做法。一是近乎中州派,平声向下或比上一字较下,仄声向上或比上一字较上……二是国音派,大致跟着阴阳上去的高扬起降。我偶尔用这种配调法……差不多跟说话一样。第三派是完全不管四声……"[②]"说到歌词、歌曲配合的问题,我的方式——不能说是标准——或作曲的习惯是:凡是文一些儿或是正经一点儿的歌词,大致是平声低或是往下来,仄声高或是往上走……可是歌词很白或是有幽默性的,就多用音的四声……"[③]

而青主的观点与赵元任的恰好相反。他认为:"声韵就是用来剥丧音乐的生命的一种写法。"[④]"音乐受字句的声韵的束缚,便是音乐的死亡。"[⑤],因为汉字的声韵是不变的,依照歌词声韵做出来的艺术歌曲是大同小异的。在词曲关系中,青主提出两个原则:"1.乐必要能够脱离诗的羁绊,然后才能够成为一种艺术,一如诗必要不受乐的限制,然后才能够成为一种独立的艺术一样;2.诗和乐虽然是各有它的独立生命,但是诗和乐却可以互通消息,并可以交相为用,以不至于戕贼了自己的独立生命为度。"[⑥]相较于赵元任"音乐从属于歌词"的观点,青主更认可"歌词从属于音乐"。尽管在形式上忽略声韵,却从诗歌的情感、意境出发,强调乐曲的节拍与诗词中轻重声调的关系,将诗词中的重音对应旋律中的强拍,诗词中的弱音对应旋律中的弱拍。

黄自艺术歌曲在词曲关系的处理上综合了赵元任和青主的观点,他既注重音韵与曲调的结合(但并未严格遵循赵氏理论),同时也注重旋律的流畅、动听,可以说,他是中国作曲家中最严格注意词、曲结合的人了。[⑦] 以其《花非花》[⑧]为例,在这首作品中,黄自在词曲关系上基本符合"中州韵"的"四声"发音(表二)规律。

① 赵元任:《中国音韵里的规范问题》,载《赵元任音乐论文集》,中国文联出版公司,1994年,第17—18页。

② 同上,第18页。

③ 赵元任:《关于我的歌曲集和配曲问题——答李抱忱来信》,载《赵元任音乐论文集》,第53页。

④ 青主:《作曲与填曲》,载《乐艺》,第一卷第一号,民国十九年四月一日,第58页。

⑤ 同上,第59页。

⑥ 赵元任、青主:"讨论作歌的两封公开的信",载《赵元任音乐论文集》,第60页。

⑦ 梁茂春:《百年音乐之声》,中国经济出版社,2001年,第103页。

⑧ 黄自创作于1933年的作品。白居易词。

表二①:四个声调固定化的程度

	第一声	第二声	第三声	第四声
普通话	55	35	214	51
重庆话	55	11	42	35
"中州韵"	44	11	53 或 55	424 或 24

　　笔者以歌曲首句"花非花,雾非雾;夜半来,天明去。"进行分析(见谱例1)。
"花、非、花"这个三个字的读音为第一声,因此旋律围绕了同一音"la"音旋转,为了
使旋律不显乏味,"非"做了大二度的向下级进(从 si 到 la)。第二个"花"字,向下
小三度。"雾、非、雾"三字的处理与"花、非、花"相同,只是将第三小节的旋律向上
进行纯四度的模进。"夜、半、来"三字中与赵元任的四声"音韵"不符,前两字为第
四声,最后一音为第二声,旋律在"半"向上作纯四度跳进,随后向下小三度(按赵氏
的音韵表应该向上大三度或先向下大三度再向上大三度),第二声的"来"为向下大
二度(按赵氏的音韵表应该同音反复)。最后一句也与赵氏的写作规范有所差异。

谱例 1:《花非花》第 1—7 小节

---

① 　表格引自《赵元任音乐论文集》,第 9 页。

在旋律与节奏的配合上,《花非花》的创作手法与青主所重视乐曲的节拍与诗词中的轻重声调关系(表三)相符。

表三:

小节	第3小节				第4小节				第5小节				第6小节			
节拍4/4	强	弱	次强	次弱	强	弱	次强	次弱	强	弱	次强	次弱	强	弱	次强	次弱
歌词	花	非	花	/	雾	非	雾	/	夜	半	来	/	天	明	去	/
读音	重读	轻读	重读	/	重读	轻读	重读	/	重读	轻读	重读	/	重读	轻读	重读	/

谭小麟的艺术歌曲在词曲关系、声节关系的处理上与黄自基本保持一致,即综合了赵元任和青主的观点,但在词曲关系方面更加自由,只是其大体框架及旋律走向基本符合赵元任的"中州韵"法则。如《正气歌》(谱例2)首句:

谱例2:《正气歌》第1-4小节

"天地有正气,杂然赋流形"中的"天"字为第一声;"地"字第二声,旋律向上纯五度;"有"字第三声,向下小七度;"正气"两字为第一声,同音反复;"杂"字第二声,向上纯四度;"然"字第二声,同音反复(惟该字所配音调不符合赵元任"中州韵"的法则);"赋"字第四声,向上大三度;"流形"两字第二声,同音反复。

声节关系上则完全按青主的创作原则进行处理。仍以《正气歌》的首句(表四)为例:

表四：

小节	第一小节			第二小节			第三小节			第四小节		
节拍 $\frac{3}{4}$	强	弱	弱	强	弱	弱	强	弱	弱	强	弱	弱
	1	2	3	1	2	3	1	2	3	1	2	3
歌词	天	地	有	正	气	/	杂	然	赋	流	形	/
读音	重读	轻读	轻读	重读	轻读	/	重读	轻读	轻读	重读	轻读	/

如上表所示，全曲为 $\frac{3}{4}$ 拍，重读音对应的是强拍，轻读音对应的则是弱拍。《自君之出矣》也是如此，这首艺术歌曲为 $\frac{4}{4}$ 拍，首句"自君之出矣，不复理残机"中的"君"、"出"、"矣"、"复"、"理"、"机"为重读音，分别置于旋律的强拍与次强拍。

3. 曲式结构

谭小麟的艺术歌曲，主要是建立在西方的传统曲式结构之上。这些艺术歌曲由于歌词篇幅所限，多比较短小，因此其曲式结构以乐段为主。以下是各作品的结构框架（表五）：

表五：

作品名称	曲式结构	备　　注
《春雨春风》	四乐句乐段	前奏(1-7)；a(8-20)；b(21-36)；连接(37-40)；c(41-51)；连接(52-54)；d(55-83)。
《自君之出矣》	二乐句乐段	1-4；5-11。(4+6)
《彭浪矶》	三乐句乐段	1-13；14-23；24-30。(13+10+7)
《别离》	四乐句乐段	1-6；7-11；12-16；17-23。(6+5+5+7)
《小路》	二乐句乐段	前奏1-2；3-4；5-6。(2+2)
《正气歌》	无再现对比主题单二	A(1-4；5-8；9-12；13-16)，连接(17-19)，B(20-23；24-29)。

然而，其中《春雨春风》、《自君之出矣》、《别离》三个作品，不仅具有典型的西方艺术歌曲结构特征，同时还融合了中国传统音乐中起承转合的结构因素（表六）。所谓"起"即主题最初的陈述；"承"通过变化或重复对主题进行巩固；"转"为展开部分，具有不稳定性；"和"为结束段。

表六：

作品	起	承	转	合
《春风春雨》	1-20	21-40	41-54	55-83
《自君之出矣》	1-2	3-4	5-6	7-11
《别离》	1-6	7-11	12-16	17-23

4. 调式与调性

赵元任是第一位将中国传统的五声调式成功运用于艺术歌曲创作的作曲家，之后对于这种调式的运用成为了具有中国民族风格的标志之一。然而，谭小麟对于调式的运用情况较为复杂，虽然他跟随欣德米特学习长达四年，但是他从未放弃对于五声性调式的运用，其缘由可能与谭氏自幼学习琵琶、二胡等中国传统民族乐器有着紧密的联系。当他考入上海国立音乐专科学校后，继续跟随朱英学习琵琶，并创作了民乐合奏曲《湖上春光》、《子夜吟》，改编琵琶曲《蜻蜓点水》、《飞花点翠》。因此，他的作品中始终贯穿着强烈的中国民族音乐风格。关于其调式的运用，笔者认为可分为两个不同的时期进行论述：其一为在国立音专跟随黄自学习及留美初的早期创作；其二为跟随欣德米特学习及回国后的晚期创作。

在六首艺术歌曲中，独有《春雨春风》为早期作品，它虽然创作于留美初期的1939 年，我们仍然可以用中国传统的调式分析手法对其进行分析（表七）。

表七：

小节	1-18	19-27	28-40	41-55	56-60	61-67	68-73	74-83
调式	E羽	B羽	A宫	A羽	B羽	G宫	A羽	G宫
调性	G	D	A	C	D	G	C	G

与1935 年创作的民乐合奏曲《湖上春光》等作品相比，《春雨春风》在调性上的处理显然已经复杂了不少，其调性时常处于游离状态。从谱面上分析，作曲家在调性转换时常用Ⅱ、Ⅲ、Ⅳ、Ⅵ级和弦。最值得注意的是Ⅲ级和弦的运用，我们知道在七个和弦中它是最不稳定的一个，通常在传统和声的处理上，我们会尽量去避免使用，它既有属功能，又具有主功能，带有调性不明确的效果。在高潮处对于这个和弦的使用，体现出谭小麟正努力突破传统和声的束缚，营造出现代和声的音响，甚至已经略带有泛调性的倾向。

谭小麟后期的作品一部分是在欣德米特的指导下写作的，一部分写于回国之后，这些作品均基于欣德米特的作曲理论体系。尽管如此，但在这一时期的创作中仍然可以找到他对于民族调式调性的运用，例如《彭浪矶》的主旋律明显为 G 羽调，《小路》运用了五声性的民歌，其旋律为典型的 G 商调。这些受到欣德米特理论体系影响的创作，本文将在下一个部分着重论述。

三、谭小麟艺术歌曲对欣德米特
理论体系的吸收及发扬

黄自先生去世后，1939 年谭小麟赴美深造。他先在欧柏林大学随诺曼·洛克伍德(Norman Lockwood)教授学习了一年,又到耶鲁大学随理查德·唐纳文(Richard Donavan)教授学习了18个月,然后随大作曲家保罗·欣德米特学习了四年。① 跟随欣德米特学习可以视作谭小麟创作生涯的重要转折点,其音乐语汇有了新突破。谭氏在早期就尝试着追求个性化的和声写作,而欣德米特的作曲体系给与其充分的理论依据。在这个部分笔者将围绕着谭小麟艺术歌曲对欣德米特理论体系的吸收及发扬,从调式调性、和声语汇两个方面进行逐一分析。

1. 调式调性

如上文所述,由于谭小麟对中国学院派艺术歌曲的继承,其艺术歌曲创作中运用了中国传统调式调性。而在此基础上,进一步融合欣氏的调性理论,终于形成了新的调性风格。

在欣德米特的理论体系中,传统24个大小调的使用遭到了颠覆。欣德米特认为:"整个音的领域都从属于根源音。因此,把音序关系和根据它构成的一切称之为调性,把音的家族的根源音称之为调性中心。"②换言之,每首作品只需要一个音作为"中心音",也就是所谓的调。例如欣德米特的《调性游戏》钢琴套曲是由前奏、12首赋格、11首间奏及1首后奏组成的,这套作品的调中心为C音,以C及其家族中子音、孙音、重孙音作为12首赋格的调性。③ 当运用了欣德米特的和声理论后,记谱上是不用添加调号的。

而在谭小麟后期创作的5首艺术歌曲中,《自君之出矣》、《别离》、《正气歌》虽然带有五声性的色彩,但是传统调性的因素并不明确,基本是依照欣德米特的调式调性理论创作的。

《自君之出矣》开始调性的建立令人感到迷惑,但经过分析即变得逐渐明晰起来。全曲的调性安排是C-G-A-C,调中心为C。《别离》的第一小节是一特定的和声组合,该段落的钢琴伴奏进行三次反复,而旋律却独立自由进行。这一组合的音级进行是D-A-D-A,调性为D,但主旋律的调性却为G。整曲的调性安排是D-F-C-♭B-♭E-D-A-♯F-F-G,调中心为G。《正气歌》整曲的调性安排是G-E-A-G-G-C-G,调中心为G。④

值得我们关注的是《彭浪矶》、《小路》两部作品的调式调性运用。《彭浪矶》是

① 沈知白:《谭小麟先生传略》,载《沈知白音乐论文集》,上海音乐出版社,1994年,第120页。

② 于苏贤:《20世纪复调音乐》,人民音乐出版社,2003年,第307页。

③ 欣德米特将12个音作音序排列,他将其称作为音序Ⅰ,如果以C音作为根源音(中心音),那么根据泛音的音序,与C音关系最为密切的为五度关系的sol及四度关系fa,之后以此类推是la、mi、降mi、降la、re、降si、降re、si、升fa(降sol)。五度关系最为密切,价值也最高。其次是四度关系。其余的音与根据音的关系远近及价值高低,可按排列以此类推。

④ 罗忠镕:《谭小麟艺术歌曲的和声》,载《音乐艺术》,1989年第3期,第39—46页。

一首带有两个降号的作品,这与欣德米特的理论是相违背的。事实上,在后期的创作中,作曲家并未完全模仿其老师的创作手法进行作品的调性处理,而是将中国传统五声调性与这一现代技法融合在一起。

　　虽然《彭浪矶》的主旋律带有明显的 G 羽调特征(谱例 3),但是我们也可以将它认作为欣德米特理论中的 G 中心调,其中的转调为 G-C-G-F-C。[①]

谱例 3:《彭浪矶》第 25—30 小节

　　除此之外,根据内蒙古民歌改编的《小路》,也是五声性调式旋律与现代和声技巧相结合的成功之作。[②] 尽管其旋律为五声性的民歌,调式为典型的 G 商调,但其钢琴伴奏却是根据欣德米特的技法所创作的,中心调为 G 调,调性安排为 G-C-D-G(谱例 4)。[③]

谱例 4:《小路》全曲

　　① 罗忠镕:《谭小麟艺术歌曲的和声》,载《音乐艺术》,1989 年第 3 期,第 39—46 页。
　　② 于苏贤:《谭小麟创作中的现代技法》,载《音乐研究》,1990 年第 3 期,第 59 页。
　　③ 参见秦西炫:《欣德米特和声理论的实际运用》,人民音乐出版社,2002 年,第 99 页。

这种调性的处理手法,使演唱及钢琴伴奏成为两组独立的旋律线条,从而达到了泛调性及双调性的效果。

2. 和声语汇

在欣德米特德作曲体系中,和弦的构成不再是以三度叠置为基本原则,而是由音序 2[①] 所构成,即和弦是由音程组成。根据构成和弦的音程性质及其价值,将全部和弦分为两大类,被称为 A 组、B 组和弦,其主要区分依据为是否带有三全音,因为三全音具有不确定性,那就必然把三全音的不确定性及其向某个方向运动的倾向性特点带入到和弦中来。[②] 欣德米特建立和弦的方法已完全突破了传统模式,和弦的形式可以由作曲家根据艺术构思去选择所需要的音程来组合,和弦已不再是由三度叠置而成,新理论中和弦根音的确定也是以音序 2 中的音程价值为依据。欣德米特为其建立了一张和弦表,将 A 组、B 组和弦进行细分。不包含三全音的 A 组带有 Ⅰ、Ⅲ、Ⅴ组。B 组带有三全音,包含 Ⅱ、Ⅳ、Ⅵ组。而每个级数的和弦都由固定的音序 2 所组成。

罗忠镕的《谭小麟艺术歌曲的和声》一文对于谭小麟若干首声乐作品中各级数和弦运用进行了统计,结果如下(表八):

---

① 音序 2 显示的是不同音程的价值,它与音序 1 是相一致的。自左至右即是价值递减的顺序,表明除去纯八度音程外,纯五度音程价值最高,其次是纯四度音程,排下去就是大三度、小六度、小三度、大六度、大二度、小七度、小二度、大七度、三全音。

② 于苏贤:《20 世纪复调音乐》,人民音乐出版社,2001 年,第 303 页。

表八①

	彭浪矶	别离	正气歌	自君之出矣	金陵城	小路	春风春雨	总计	百分比
Ⅰ	18	18	30	6	12	2	11	97	25.8
Ⅱ	3	2	2	0	3	0	3	9	2.4
Ⅲ	24	47	39	22	33	16	62	243	64.4
Ⅳ	5	2	4	0	7	1	1	20	5.3
Ⅴ	1	1	0	2	0	0	0	4	1.1
Ⅵ	1	1	0	0	1	0	0	3	0.8
总计	51	70	74	30	55	19	77	376	100

　　如表所示,谭小麟偏爱运用Ⅲ组和Ⅰ组,这两个和弦运用的百分比相加已经达到了全部的90.2％。Ⅰ组(25.8％)为较为传统的和弦,基本三度叠置和弦及其转位。Ⅲ组(64.4％)为含有二度或七度或两者兼具的和弦。它们要不是包含Ⅰ组中的一个和弦,便至少是它们当中有些音非常接近于Ⅰ组的和弦。增加了二度及七度音程三和弦的音响更为尖锐。其余的四种和弦的使用概率为:Ⅳ(5.3％)＞Ⅱ(2.4％)＞Ⅴ(1.1％)＞Ⅵ(0.8％)。Ⅱ组和弦包含有传统和声中的属七及属九和弦,在功能上有着类似传统和声需要解决的倾向,因此谭小麟常常使用加入二度、七度的Ⅳ组和弦代替。因Ⅴ组及Ⅵ组的根音不明确,所以在谭小麟的艺术歌曲中并不常用。②

　　"和声的起伏"是欣德米特体系在和声方面的一个重要内容。一般来说,和声结构越单纯则和声价值③越高,越复杂则越低。从价值较高的和弦进行到价值较低的和弦便形成和声紧张度的增高,反之则降低。这种和声紧张度的升降便叫"和声起伏"。④ 在七组和弦中,第一组和弦为最佳音程,价值最高;从Ⅱ至Ⅵ组,紧张度越来越高,价值性也随之越来越低。

　　对欣德米特作曲体系中的和弦分类及和声起伏有所认识,有助于我们理解谭小麟艺术歌曲中的和声处理。笔者认为,谭氏在艺术歌曲中运用较多的Ⅰ组、

----

　　①　引自罗忠镕:《谭小麟艺术歌曲的和声》。

　　②　保罗·欣德米特:《作曲技法》(第一卷),罗忠镕译,上海音乐出版社,2002年,第101页。

　　③　同上。

　　④　罗忠镕:《谭小麟艺术歌曲的和声》。

Ⅲ组、Ⅳ组,可以按和声起伏加以分类。Ⅰ组是最为平稳、纯净,由三和弦组成。Ⅲ组在三和弦中加入了二、七度,显得较为混浊。谭小麟对于Ⅲ组和弦的使用最多,且其形式最为多样化,这与谭氏运用五声性的调式密切相关。这组和弦在其作品中不仅具有独立意义,而且是其和声的材料主力。[①] Ⅳ组在Ⅲ组的基础上又加入了三全音,是三组中最为不和谐。三组的紧张度为Ⅰ组<Ⅲ组<Ⅳ组,具体为$Ⅰ_1<Ⅰ_2<Ⅲ_1<Ⅲ_2<Ⅳ_1<Ⅳ_2$。谭小麟在艺术歌曲创作中的和声布局与和弦组的紧张度是相符的。在诗歌开始处多用Ⅰ组和弦及Ⅲ组和弦,调性略带游离,到了诗歌的高潮部分逐渐加入Ⅳ组和弦,感情得到强烈的宣泄。先以《正气歌》为例。

《正气歌》的结构为A(1-4;5-8;9-12;13-16),连接(17-19),B(20-23;24-29)。作曲家共运用了三次Ⅳ组和弦,分别是11-12、23、28小节,它们对应的是诗歌的高潮处:

> 沛呼塞苍冥(第11-12小节)
> 凛冽万古存(第22-23小节)
> 生死安足论(第24-29小节)

第一次高潮处,钢琴伴奏转变为曲折向上的三连音进行(谱例5)。第二次高潮同样运用了富于律动感的三连音节奏型(谱例6)。第三次高潮是全曲的尾声,钢琴伴奏部分,右手连续的八度三连音进行衬托着左手八度的上下行跳进,将乐曲推向最终的胜利。

谱例5:《正气歌》第11—12小节

---

① 罗忠镕:《谭小麟艺术歌曲的和声》。

谱例6：《正气歌》第20—29小节

同样的和声起伏处理手法也出现在《彭浪矶》、《别离》中。《彭浪矶》全诗的高潮是在末句"损辞乡去国人！"，在此诗句中，谭小麟的和声处理明显具有现代作品的气息(谱例7)，连续运用了5个IV₁和弦，仅在第27小节穿插了一个II b2和弦，使紧张度略微削弱，但随即又连接了IV₁和弦，全曲走向尾声。

谱例7：《彭浪矶》第25—30小节

如前所述，《别离》的结构符合于中国传统音乐中的起承转合，而该曲的IV级和弦即出现在转句的末节(第16小节)，IV级的紧张性因素与转句的高潮部分完美融合(谱例8)。

谱例 8：《别离》第 15－16 小节

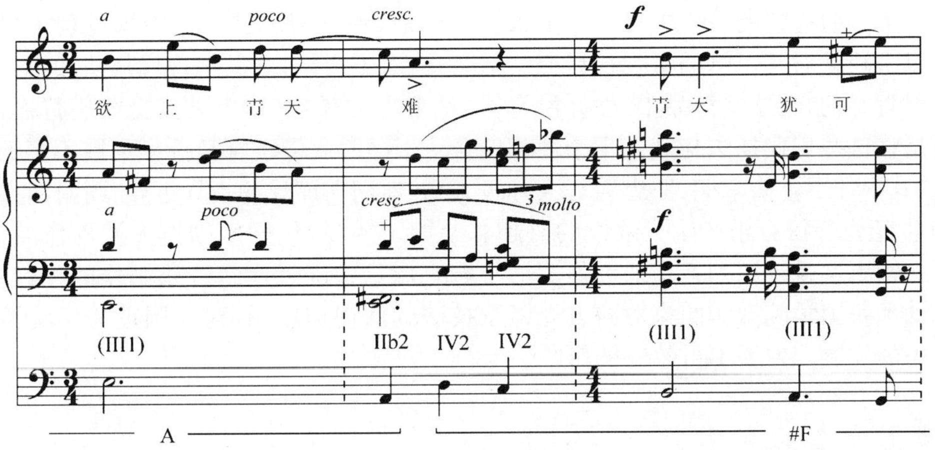

结　　语

通过以上解析，谭小麟的艺术歌曲总体特征可以作如下归纳：

1. 基于"传统"：无论是调性、结构还是词曲关系等，谭小麟都进行了精心的设计，体现了其对中国近代学院派作曲家传统创作模式的继承。在调性上，基于中国的五声音阶；在结构上，一些作品既有西方古典、浪漫时期的曲式创作手法，又带有我国传统的"起承转合"结构；词曲关系上，与黄自基本保持一致，但在歌词与音韵的处理上更加自由，只是大体的框架及走向基本符合赵元任的"中州韵"法则。

2. 引入"现代"：留美后，运用欣德米特作曲体系成为谭小麟一生创作中的重要转折点，他的创作技法在此之后更加成熟。在这些艺术歌曲中，以萧友梅、黄自为代表的作曲家常用的传统三和弦叠置及西方传统大小调体系的运用被打破，取而代之的是泛调性甚至双调性的歌曲片段，以达到情绪上的强烈宣泄；在和声的运用上，出现了二度、四度叠置的和弦，在音效上更具紧张感，而富于现代气息。

3. 形成"自我"：20 世纪 30 年代的作曲家创作的艺术歌曲大多基于传统音乐语汇，而谭小麟的艺术歌曲则有着鲜明的个性。中国作曲家第一次将先锋派音乐语汇与中国传统的诗词歌赋相融合。一些作品的创作虽然以欣氏的作曲体系为基础，却创作出了带有中国民族风格的新音乐。正如他自己所述："欣德米特是个好名字，和他连在一起我只会感到光荣，只怕自己还不够做一个值得的学生……我感谢他，敬爱他。可是我不承认自己是欣德米特派。欣德米特的作品是自由运用半音阶和十二音，虽不是无调性，而是有调性，但我认为他的风格和中国现实离得太远。我自己作的就是调性显著。用中国调式和中国旋法。总之学习不是抄袭。……我应该是我自己，不应该是欣德米特。"①

　　谭小麟短暂的一生中没有留下太多的作品，因此，长久以来，中国近现代史长期以来缺乏对其足够的重视与研究。但是，他对于西方20世纪现代技法的尝试是值得肯定的，在这些作品中，他并没有以"拿来主义"的态度全盘接受或进行模仿，而是将这些现代技法与其艺术个性相融合。回国之后谭小麟教授了为数不多的学生，其中却不乏如桑桐、罗忠镕等大师级人物，他们在谭氏的指导下，纷纷对西方的20世纪先锋派音乐产生了浓厚的兴趣。桑桐于40年代开始创作无调性作品，而罗忠镕更偏爱于序列音乐的创作。谭小麟更像是中国近代新音乐创作的先行者，带动了我国学院派作曲家对西方先锋派技法的认识与应用，对中国近代学院派新音乐的发展产生了不可忽略的影响。

---

① 桑桐：《往事琐忆——纪念母校成立八十周年》，载《音乐艺术》，2007年第3期，第15页。

相关　文献

《谭小麟曲选》序

[德]保罗·欣德米特

就我看来，由于谭小麟之死，中国音乐界已失去了一位极有才华和智慧的音乐家。我因为他是一位杰出的中国乐器演奏高手而钦佩他。但舍此之外，他对西方的音乐文化和作曲技术也钻研得如此之深，以致如果他能有机会把他的大才发展到最充分的程度的话，那么，在他祖国的音乐上，他当会成为一位大更新者；而在中西两种音乐文化之间，他也会成为一位明敏的沟通人。如果他的作品之出版，能激励其他有才华的中国音乐家为他们祖国音乐的利益而继续前进，并能使他们也获得一种象他那样的品德高尚、责任心切的艺术态度的话，那么，这个可爱的人和朋友，他的一生，他的作品，以及他生前所受的苦楚，也就不算枉费了。这样，他的精神当仍会生存于那些音乐家之间而使他们为他的祖国继续他未竟的工作。

保罗·欣德米特于 1948 年 11 月 7 日杨与石译

（原载《音乐艺术》1980 年第 3 期）

谭小麟先生传略

沈知白

　　谭小麟（肇光）先生于一九一一年①生于上海。他七岁时，就能演奏各种中国乐器，十一岁时，即能作曲。一九三二——一九三九年间，他在国立音专学习西洋音乐理论、作曲及琵琶等中国乐器。而当他的作曲教授黄自于一九三八年去世后，他即赴美深造。在美国，他先在欧柏林大学随诺曼·洛克伍德（Norman Lockwood）教授学了一年，又到耶鲁大学随理查·多纳文（Richard Donavan）教授学习十八个月，然后又随大作曲家保罗·欣德米特（Paul Hindemith）学习四年（谭入耶鲁后，曾被一位教授认为"没有才能，不能学音乐"而要他退学。当时，是因耶鲁音乐学院院长欣德米特在审阅了谭的作品后，认为他很有才华，可以培养，才把他保下来并收到他自己班上继续学习的），为欣德米特的得意高足，他的作品常由欣德米特亲自演出。在一九四三年，谭氏的新作《小提琴及中提琴二重奏》上演，因而获得耶鲁大学的奖学金，翌年，该曲又在芝加哥演出，并由欣德米特亲奏中提琴，灌制唱片。一九四四年，谭氏为中提琴及竖琴而写的《罗曼斯》亦由欣德米特亲奏中提琴演出，而在一九四五年欣德米特曾两次指挥上演过谭氏的合唱曲。此外，谭氏的《弦乐三重奏》一曲，曾获得约翰·代·杰克森（John Day Jackson）奖状，誉为"室内乐中的一首杰出的作品"。

　　一九四六年谭氏返国，任国立上海音专理论作曲系教授兼系主任。其学识深博，技巧超越，为人善良、热情，凡事均与多数同学采取同一立场，对同学的关切和

---

① 编者按：根据《国立音专成绩册学生信息表》，谭小麟出生年份为"民国元年"，即公元1912年。

帮助,更是无微不至①。其作品无论在技术上及风格上,都有很高的成就,故深受同学之敬仰及爱戴!

两年来,谭氏对中国音乐之推进,可谓不遗余力,成绩辉煌。不幸终以积劳成疾,于一九四八年八日一日下午病逝于爱文义路上海医院,这真是中国音乐界的一个莫大的损失!

谭氏写作,务求尽善,惨淡经营,煞费苦心,即使写一小歌,有时也要费三、四月的辰光,故其产量不多,唯其后期诸作,均为乐坛珍品,兹将其部分成熟期的重要作品附录如下:

《弦乐二重奏》——小提琴及中提琴

《弦乐三重奏》——小提琴、中提琴及大提琴

《罗曼斯》——中提琴及竖琴

《自君之出矣》(唐:张九龄诗,附有英译唱词)——女声独唱及钢琴

《别离》(郭沫若词,附有英译唱词)——男声独唱及钢琴

《彭浪矶》[采桑子](宋:朱希真词)——男声独唱及钢琴

《Too Solemn for Day》(William S. Walker 诗)译文:《白昼太庄严》(威廉·S·瓦尔克尔诗)——独唱及钢琴

《Drummer Hodge》(Thomas Hardy 诗)译文:《鼓手霍吉》(托马斯·哈代诗)——无伴奏男声四部合唱

《挂挂红灯哦》(英译刘大白诗,亦可用中文原诗演唱)——(《Three Rounds》)《轮唱曲三首》之一

《The Ghost of Tom》(M. Gobb 诗)译文:《托姆的鬼魂》(M. 郭布诗)——《轮唱曲三首》之二

《Nymphs of Norfolk》(C. Barber 诗)译文:《诺尔伏克的山林女神们》(C·巴贝尔诗)——《轮唱曲三首》之三

(以上诸曲,都是在欣德米特指导下写成,并为欣氏认可的。)

《木管三重奏》——长笛、单簧管及大管(1941)(按:此曲是否经欣氏看过,不详)

《小路》(以民谣为素材而创作的艺术歌曲)——女声独唱及钢琴(回国后作品)

----

① 杨与石按:关于谭爱护学生的情况,现举一例以示一斑:有一天晚上,我和同学秦西炫到他家上自由作曲课,从黄昏一直上到后半夜,他见我和秦都支持不住了,便把我们送到楼上去睡觉,而他则仍在钢琴上为我们修改习作,过一会,他又上楼了,说忘了告诉我们厕所在什么地方,故特来告诉一下。此后,他又下去在琴上改曲子,整夜未睡,到天亮时,他又赶上来叫醒我们,怕我们睡熟,错过了搭校车的时间——由此可见,沈文中所说,他"对同学的关切和帮助,更是无微不至"实非滋美之言。

《正气歌》（宋：文天祥《正气歌》之选段）——男声独唱及钢琴（回国后作品）

《正气歌》（依前曲改写的无伴奏混声四部合唱）〔按：在谭氏成熟期的作品中，只有这两首《正气歌》是完全用旧材料（大小三和弦及没有三整音的七和弦）写成，但他处理这些材料的方法是非"传统"的；至于其余诸曲，皆用新材料和新技术写作。〕

（部分较早期的作品）

《金陵城》〔相见欢〕（宋：朱希真词）——男声二重唱及钢琴（1940）

《清平调》（唐：李白诗）——无伴奏女声三重唱（1940）

《春雨春风》〔点绛唇〕（宋：朱希真词）——男声独唱及钢琴伴奏（日期不详）

《江夜》（Chang Kear-Jen 词，附有英文唱词）——无伴奏混声四部合唱（1939）

（原载《音乐艺术》1980 年第 3 期）

追念谭小麟师

一、那幢阴暗的大房子

一九四八年七月盛夏艳阳天,我带着轻松愉快的心情告别江湾,告别学校,告别老师:"再会! 再会";虽然可能是个较长的别离,我们总会再相见——至少在创作上再相见! 在音乐事业上再相见!

没想到八月五日那天,一条黑色的新闻突然在我面前出现! 炎夏为之冰冻,我全身寒颤……死神永远地夺去了我敬爱的先生。报导这噩耗的是杨与石的信:

> "我泪流如雨……我们的老师——谭小麟先生已经在昨天(八月一日)下午三时在爱文义路上海医院病死了。他因为家庭的烦恼,经济的压迫,以及主持我们的毕业作品演奏会的辛苦,积劳成疾:三天前,从脚部开始麻痹,以后一直麻到肺脏心脏,不能呼吸,只有用铁肺才能救危。但上海无此设备,需至南京医治。惟其老母迷信求神,不允前往,及至谭母在傅雷向她下跪流泪哀求下,准许赴京并接洽好飞机的时候,谭先生已经奄奄一息了。他临死时还说,南京回来以后,如能给我们上课,一定尽力而为。怎料他却一去不返——这样一个杰出的音乐家,一个富有真才实学的教授,就这样去世了。这是我们中国音乐界一个巨大的损失。当时我们都泣不成声,但有些人却为争夺他的产业而争吵不休。只有他的老奶妈……我写不下去了"。

一个令人窒息的延长的休止符……呼吸,心跳,凝住了……于是一连串强烈的刺心的不协和和弦……我闭住眼睛咬住自己麻木的手指……一只孤单的中音提琴梦一般地呜咽起来,那样的暗哑……

是威海卫路上的一幢大房子，谭先生的家。大铁门上的绿漆已经剥落退暗。一根草绳从左门栓到右门的铁花枝上。如果按铃打门也许半天不会有人来开，熟悉了，就知道只要把麻绳轻轻一移，就可大踏步进去。但是平常总是走后面的小门。在那里按了铃，也总要等半晌才有个老家人模样的仆人慢慢地把门开了。一只老母狗和几只狼狗像是为小主人守护着这份难以维持的大家产。玉兰，茉莉，玫瑰还是按时开放。那片草地可常常会长得象个懒于理发的年轻人。

无论是大客厅，小客厅，饭厅，甚至三楼谭先生的书房，到处总是给人一种阴暗的感觉——至少对我是如此。特别是我们常坐的小客厅。长着翅膀的大蚂蚁把地板蛀坏了。白布做的沙发套已洗成灰色，打着补丁，露着破洞。琴头上的台灯常常捻不亮。几个大灯只开一个，照着这狭长的不算小的房间，显得多么暗黄无力。

有一次我坐在沙发上，等他先给秦上课。我从铁栏的间隔中向窗外闲眺，无轨电车只露出两条辫子在墙外呜呜驶过（他告诉过我，他最爱坐无轨电车，因为它呜呜得那么好听）。一会儿他的孩子在草地上走过，自言自语地说："又死了一只！"，手里拾着一只淡黄色的小鸭子。我忽然想起在最近一年间这宅子里已死了两个人：他的父亲和妻子。回头偷看一下，他正聚精会神地为秦在钢琴上试了又试地寻找一个适当的和弦。阴暗的光线照例使室内所有的人显得阴暗。我把脸贴在窗户的铁栏上把鼻子伸出去，深深地吸了几口气。

秦走之后，我们开始谈起来，我开头：

"我们常说要接受遗产。可是我就怀疑，无论是艺术上或物质上，难道遗产没有坏处？光说物质上的遗产吧：许多人都认为你家里有产业是你的幸运。但是我总觉得这遗产对你是个负担，是个累赘，而不是个有益的收入。为了维持这所大房子，你要支出许多时间精力。你会有种种顾虑。你要养狗，你要在大门内多装一个铁栏，后门口多加一个木栅……也许这所大房子还束缚了你的想象，阻隔了你和现实的接触。它拖着你，想关注你……为什么不生活得简单些呢？那样对你会好得多……"。

他承认这的确是个负担。但是他又说：

"我也不能把房子卖了。首先，它不是属于我个人的。其次我不能卖掉祖先传下的产业。别人会说这人学音乐，结果把房子都卖了。可是也不能说这是遗产本身不好，应该说是我不会经营的缘故。或者，因为我不配生在这样一个家庭里……再说呢，我不能只顾我一个人，我还有两个孩子……"①

---

① 杨与石按：谭的这些辩解显然难以自圆其说，而瞿同志当时也不了解他难言的苦衷，即：他并不是"谭氏门宗"的嫡亲子孙，他是一个照旧社会不成文的法律无权自由处理遗产的"抱养子"——而那几个真正"谭氏门宗"的人，正是为了要夺那些暂时在名义上划归"抱养子"的产业而采取了各种狠毒的手段（如：在他的病尚未到达绝望地步时就来对他讲："小麟啊，你放心'去'（即死）好了！你的后事我们会照料的"，并故意阻挠接洽飞机等）来把他气死拖死的。

接着我们就谈到艺术遗产的问题。我说,我在怀疑,过去艺术遗产的接受,会不会也成了音乐创作上的束缚?作曲家会太多顾忌,太多考虑,会把衡量的尺度提得过高。这样容易形成眼高手低。而这尺度本身已经是可怀疑的:它是在过去生活方式中产生的尺度,而不是我们现实生活中所需要的尺度。当遗产对人成为负担、成为束缚时,我宁可做个不孝的叛逆子孙。——我毫无顾忌地大发议论,同学们在这位老师面前一向是不必害怕的。

他不同意这看法,他说:

"艺术上的遗产和物质上的大不相同。文化象是接力赛中的火炬。你必须接受过去的,才能再进一步地创造未来的。当然,这接受也是有选择的。眼高手低顾忌太多,是因为表达的技巧不够,接受得不彻底。然而,创作并不等于接受。你还是要会经营,不能像我经营这所房子那样愈来愈糟;而要使它更丰富,更往前发展。"

这些话使我沉思。

但是对于那幢阴暗的大房子,我依旧不怀好感。不,我甚至恨它!因为我们所敬爱的先生就是被这所大房子窒息而死了……

二、"我太不会生活了"

他喜欢用微笑代替叹息。他曾经批评马勒(G. Mahler)说:要难过,就独自放在心里难过好了。何必那么伤感唏嘘?何必去企图赢取别人的同情泪?他也承认过去曾经着迷于马勒的"大地之歌",特别是最后一段,重复着"永远……永远……永远……",真是此恨绵绵无绝期。但是现在他认为自己在感情上已不再那么幼稚了。他说:最深刻的悲哀决不会浮现于外表。

就是这么微笑着,他对我说:"我太不会生活了!"——说这句话时,我们在田野里走,正是雨过天青的时候,半透明的夏日的黄昏。泥路上全是水潭。田里没有一个农人。只有我们两个在赶路。偶尔看到一两个军人用通电的铁丝在小河里捉鱼。为了我们的毕业演奏会,他已接连忙了几天几夜。可是这天又为了排练合唱的时间太久,校车已经先开走,还得拖着疲惫的身子走几里地到五角场去搭交通车。

开始走时,他老是落在我后面,虽然我已先后为他提了他的黄皮包和蓝黑线呢的上衣。

"你累了吧?"我问。

"不管累得怎么样,总要拼出这音乐会来!"

"对这次音乐会,我们几个毕业生本来一点劲都没有,现在可给你打起气来了"。

"本来我已走不动,你这么一说,可把我也打起气来了!"

笑着，加快了脚步。

"或者回家好好休息一夜就会恢复疲劳的。"我说。

"怕在学校睡不好，总想回家。可是回家也不见得能好好休息。一些琐碎的事情常会使人心理上疲劳。"他回答。

"或者因为你的家庭生活中缺少了什么，你为什么不再娶一个太太呢?"我半开玩笑地问他。

"我一个人已经够受罪了，怎能再找个别人来陪我倒霉?"

"听说你太太是肺病死的。你自己有什么病吗? 别真叫这音乐会把你累倒了"。

"我什么病都没有。就是气候太敏感，容易伤风。我想，为这音乐会再拼几天命，也就过了。开完后我总要舒舒服服大睡几天。休息过后，大概去杭州，香港，把些经济上的事务一劳永逸地解决了它"。

原来他在香港也有产业。以前我只知道为了杭州的坟地和产业他常常请假。我有点猜不透这么多产业的人竟会感到经济窘迫。而且一年半来看他越来越节俭了。① 我把心里想的说了出来，并且问他，他的朋友某君不也是继承遗产而自己似乎不太生产吗?（干文化艺术工作的别说赚钱，简直要有本钱可贴）然而，那位先生的生活似乎过得很舒服。

"他的遗产多半是小块土地"，他回答，"所以他就过一个时卖掉一块，非常方便。而我的，有的是共同的，有的是法权到最近才解决了的……再说，他也比我会经营。而我，我太不会生活了"。微微一笑。

"不会生活"，这话怎讲? 从谈话的碎片中可以整理出来：首先，在金元国读了好几年书，回来也只是教书，并没有发洋财，赚金元。这是使一般人很失望的；其次，大户人家总有很多高贵亲戚，少不了的是交际，可是他既不爱打牌，又不善弄股票，难免与人格格不入。因此又使一般人不满意。

"为什么不能单独过你的自己所选择的生活呢?"我惯于向他直率地发问，"你不应该属于这一群人，他们不配！"

"你何必生那么大气呢?"他反而笑了，"也许我受佛家思想的影响太深。我自己知道不太富有反抗精神。压迫来了轻轻让过一边，吃亏就吃亏些。何必去争呢? 一切都大可听其自然。看破些，解脱些，不必那么执着。我受到什么都不在乎，只要在精神领域里我是我自己的主人，在我自己的小天地里，我有我自己的乐趣……"

---

① 杨与石按：谭之经济窘迫实有过于瞿同志所知者。有一次他留我吃饭，不料他家的正餐竟与我们这些公费生的伙食差不多；而他吃的米，竟是连我们也没有吃过的廉价霉米。又有一次，他连由市区去江湾上课的一、二角车票钱也没有了，还要问学生借。

"但是你在艺术创作上、艺术批评上却又那么严肃认真，一丝不苟，为什么在生活上却又妥协逃避至多只是消极抵抗呢？"

"所以我说我太不会生活了！"他又微微一笑。

三、师 生 之 间

说他是校内教授中最受欢迎者之一，就是理论作曲系（以下简称理论系）之外的同学也都会承认的。饭馆里，草地上，他总不会孤独。他下校车时，总有同学候接，他上校车后，就是在最挤的情况下，也有同学让他坐，替他留位，或是替他拿皮包（比较疏远的先生可就没人理睬，上车下车就当他不存在一样）。漫漫长途总可听到他娓娓而谈。从翩然上车起，他就带来了每个同学都熟悉的微笑——潇洒中带着几分飘逸的柔情的笑——就在嘴角上，眼睛里，那微笑建立起了师生间的友情。

对于理论作曲系的同学说来，这友情有着它更丰富的内容。因为有了谭先生做主任，不仅在音乐学习上起了变化，课外活动上也得到了鼓励和帮助。理论系之所以在校中显得特别活跃，系会的所以能成立，得到若干成就，虽然主要是由于理论系同学（及理论系的师友）主观的要求与努力所致，而谭先生的赞助及善意指导，确也给了不少鼓励，甚至是不可或缺的条件。当理论系的活动受到阻难时，他总和同学站在一起。虽然因他性格上的温柔，有时在行为上表现得不够坚强，但在感情上他总是和我们一致的。事实上他也确为我们遭受了好些责难。我永不会忘记那付神情：含着笑，眼珠一转："你看，我又代你们吃亏了！"①

在他的支持下，理论系举行了"民歌及创作歌曲演唱会"（一九四七年十二月）。而在以前，在音专唱民歌是要记过受申斥的。虽然这演奏会有许多缺点。节目的形式和内容或有若干不健康的偏向，但是这尝试本身是有价值的。可以说：它在创作路线的探讨上及民族风格（包括中国风味的、地方色彩的唱法）的追求上，竖起了

---

①　杨与石按：由于谭深受同学爱戴及事事站在进步同学一面与反动校方对立，故常受打击。现补充一、二例如下：为了支持我们不通过校长批准而开"民歌及创作歌曲演唱会"及拒绝送审节目，他至少有两次受到那校长的痛斥。有一次他正在学生食堂和我们一起吃饭，才吃了两口就被传呼到校长室去站着"受审"。尤有甚者，当他与校长对立日益尖锐时，那校长竟对他说："谭先生，下学期你最好带着你这批学生到对面去另办一所音专吧！"因此在我将要毕业时，他曾对我说："下学期我不想再干了，"但稍停一下之后，他又说："我正在考虑——如果还要干下去，那我就要搬到学校里去住跟学生生活在一起"。

一块小小的里程碑,让我们知道已经走到那里,该往何处再前进。① 这演奏会从酝酿计划起,到具体准备工作,演出,会后讨论止,他始终是个热心的参与者。他善于和颜悦色地说服人,也善于在别人气馁时鼓励人。和他合作的人会感到工作是个愉快。特别值得一提的是他的民主作风,虽然他与同学在节目的取舍上意见有所出入,但在开会讨论后他总是尊重大家的意见,同意作必要的更动。许多同学就是由于这次音乐会的接触而开始认识他,敬爱他。②

虽然他不是住校先生,同学的集会如被邀请,他总是欣然参加,无论是学术性的或生活性的,如文艺晚会,圣诞夜通宵联欢,座谈会,演讲会,欢送会,演奏会……和他在一起玩,同学们非但毫不觉得拘束,而且更增加了乐趣。

理论系系会常向他捐钱,特别为了我们的壁报《学习》,他从未拒绝过。最后一次拿钱出来时,他还笑着说:"这是我私人学生付我的一个月学费"。

记得第一期《学习》向他索稿后,他写了两张。但他忽然不好意思,藏在皮包里,不肯拿出来了。结果,把他关在会客室里,不让他上校车,才"搜"了出来。但是他又笑着要求最好别把他名字写上去。

又有一次请他写《学习》题眉。他说带回家去写。结果交来了一张半画半写的显然费了一番工夫的报头来。

有一位低年级理论系同学和他淡起,因为与某先生合不来,上他的课总生气,所以一年来毫无进步。他详细地问了这位先生上课的情形,和蔼地说:"我很抱歉,这是没有办法的……可是他教得不好,固然应由他负责;你一年来没有进步却也要你自己来负责啊。学习应该出于主动。应该自己去追求。先生不好,学生更该加倍努力来补足这缺憾。否则不是更糟糕吗?千万别灰心,多看书,多做练习,多问别人……"——那同学哭了,他假装不见,轻轻接上去说:"譬如你以后也可以多来问我"。

同学杨与石在学习上追随他最久,在私交上关系也最深。杨是位公费生,常常贫病交加。特别在最后一学期因为害病无力诊治,心情很坏。他关心杨,了解杨,

---

①　杨与石按:在那次演唱会结束后,有个西方听者在一张英文报上发表了一篇颇长的评论,现将其中尚有引用价值的少数句段作为一点参考"史料"及讨论的"谈资"摘录如下(这篇文章也是由瞿希贤同志译为中文登在《新民报》上的):"〔这个〕音乐会非常值得注意,因为它显示了中国音乐艺术新风格的重要发展;而这个发展是可能对整个现代音乐作出创造性的贡献的"。"其中有些作品是值得注意的创作;有几个似颇富有创造性;有几个不是直接表达而是微作暗示;……好几个作品给人的印象是理智的而不是情感的。但……几乎全部作曲家都在尝试吸收土生的音乐语言而使之与现代技术相结合"。"〔它〕可以说是一个路标,其决定性的效果是在于:它已用实例把中国作曲家对现代音乐所能贡献的东西显示出来了"。

②　杨与石按:在开那次音乐会的晚上,谭为了怕担任演出职务的同学受冷,还特别老远地从家里用三轮车运了一个烧得炽热的火炉到乐厅后台来给同学取暖,同学们都深受感动。

也在各方面帮助杨,但从未在第三者面前表示过,甚至偷偷为杨交了数百元的住院医疗费也不让杨本人知道。将近暑假时,我对他说,杨毕业后如果找不到职业会很可怕,也许真会象他在信上告诉我的——去自杀! 他说他也在想这问题。介绍职业之类,不敢说有什么把握,因为一向与人少交往。但在我提起以前,他已想过杨可以住在他家里,可是还不敢对杨说,怕触犯了对方的自尊心。每次他要给他以物质上的帮助时,总要考虑半天怎样才能使受者在解决困难之外,不在精神上受到伤害,特别是对于一个敏感的高度自尊的人。之后他告诉我,那夜杨住他家时已把这问题谈了,杨没有回答什么,但他想提过一遍已够,相信听的人该已得到了个深刻的印象。说完他又低头想了一下。①

在最后相处的日子里,有一次我终于惭愧地告诉他:

"真抱歉,曾经那样不了解你,以为你充其量仅是个才子型的公子哥儿……那偏见有一部分是由于初次见面时得到的第一个印象:你喜欢自己做精致菜肴,我想:"这人多无聊!"

"我很抱歉,我现在还是爱做菜!"

我们相视而笑……

四、曲 高 和 寡

音乐会上的掌声不一定能说明一个作品的成败;听众一时的好恶也不一定能决定一个作品的优劣。听众的社会阶层,音乐修养,趣味,心理状态,会场气氛,演奏的表达艺术……都错综复杂地影响了作曲者与欣赏者之间的心的交往。我厌恶低级趣味的掌声甚于最麻木冷淡。与其被病态地轻薄地喜爱,不如被健康地郑重地拒绝。然而我也最信任通过听众的考验——假如能透过浮面的现象深入地去掌握听众反应的本质,理智地去分析它的原因,然后给以公正的评价,相对之下到底还是有绝对的。

然而,作曲者的心就象个热情的求爱者,被误解时,被冷落时,还是免不了会感到寂寞。

"谭先生是寂寞的"我想。

在"民歌及创作歌曲演奏会"上,除了由他写作伴奏的《送情郎》及《小路》两首民歌外,还有五个创作歌曲:《别离》、《金陵城》、《自君之出矣》、《彭浪矶》和《春雨春

---

① 杨与石按:在白色恐怖日益增剧时,谭还对我说过下列的话:"现在外面风声很紧,你们、瞿希贤们、你们随便哪个同学,要是有危险,都可以到我家里来躲避。我这里房间又多,又没有人跟我来往,很安全。"我当时心乱如麻,没有作声。于是,他又说:"培养一个人才不容易,不要轻易让他们(指国民党特务)摧残掉"。

风》。《春雨春风》受到了热烈的欢迎，两次会上都被鼓掌叫重唱，别的一些创作歌曲则多数听众似乎不敢说什么。说"好"吧？它们并没有打动他们的感情或触动他们的感觉。说"坏"吧？可又不同凡响，不落俗套，也抓不到毛病。因此只能说太深不容易懂。或者说，作曲者的意境和普通人太不相同；作曲者的表现手法太新，和一般音乐爱好者之间的距离还远，因此无法取得共鸣。至于《春雨春风》，则似乎明快洒脱，那种"醉向花间倒"的名士风的狂放，还比较容易为人领略。而旋律中民族风味的浓郁，曲调起伏线的秀美，音韵处理的肯切，以及节奏较单纯而热闹的钢琴伴奏，形成了一气呵成的律动，恐也是在音乐上使人易于接受的原因。

然而他认为《春雨春风》是他歌曲中最差的一个。在创作年代上说，这曲完成较早。从创作过程上说，他认为此曲近乎粗制滥造。然而此曲会受欢迎，也在他的意料之中，因为在他的经验中，以前给人听的时候，也是如此。

《送情郎》以原有的民歌旋律，配上了双重二胡伴奏。在他的处理之下，二胡缠绵地诉说着无限的儿女之情，细腻温柔。那姑娘显然被衬托得颇有大家闺秀的风度。然而当时的听众似乎更欣赏赤裸裸的村姑式的打情骂俏。有些人对一切艺术上的谈情说爱都没有太深的好感。所以如此对比地提出，只是为帮助说明当时的情况而已。

《小路》是绥远民歌，也曾有人谱过伴奏。可是他在钢琴上，通过钢琴部分之间的，钢琴部分与曲调之间的"交错节奏"（Cross rhythm）及现代和声而带来了忐忑的心情和细碎的脚步声，使简单朴素的民歌变成了一首经过雕琢而不着斧痕的意味深长的艺术歌曲。当时，在《天天刮风》及《送大哥》之后的哄动的会场中，《小路》的"雅"，多数听众在心理上显然还没有接受的准备。

事实上他的几个节目都有超逸的意境。象"自君之出矣"的晶莹完整，可说是我们乐坛上罕见的珍品。然而整个说来，在风格上是那样的含蓄、隐约，一面是轻描淡写，一面是深不见底，须要细细咀嚼，慢慢回味。在音乐会的场合中自然不易讨好。①

可是他从未轻视过听众。也没有因为未被立即热烈接受而气馁或怨怼。这些反应虽然早在他意料之中，但他还是愿意诚恳地听取别人的评论，参加同学的讨论会，甚至请了一些人到他家去吃晚饭，专诚征询他们的意见。他永远是那么和善地

---

① 杨与石按：谭所有的成熟期的作品，也许除了《正气歌》以外，就连独唱曲甚至大合唱曲，就性质上说都是室内乐。在某次音乐会前，他自己就对我说过："这几首作品，只有在演奏室内乐的场合及懂得室内乐的听众前演奏才有效果，若在大音乐厅里对"非室内乐听众"演出是要吃亏的。这次你们坚持要演我的这几首作品，但我已预先知道一定要失败，它们会被我那首价值不高的早期作品《春雨春风》打倒。我的《自君之出矣》在国外演唱时，站在钢琴旁听的那几个人，包括欣德米特在内，都一致说好；但在大场所演出时，听众都无动于衷。"

倾听着别人的话,从来不打断人家,纵然说错了,他也是要听完了,然后才发表他的见解。

之后在别处(如上海一所美国中学)也曾几次演奏过他的作品。我问过一些音乐圈中的内行音乐家,最普通的回答是:"也许很有道理","至少值得一听",但是,"不敢作什么批评"。

五、高 雅 之 外

理论系五年级有指挥课,由谭先生教,实习材料由他指定。作为第一课,他要我们预备《义勇军进行曲》。在学院里以聂耳的作品作上课教材,在他之前似乎还没有过。

我曾经问他对群众性的作品的看法如何。他认为艺术性的作品与群众性的作品都应该有。作为作曲者,在音乐园地荒芜的现在,只有努力多生产。但是谁做哪一类,则要看各人的兴趣和气质了。

他愿意回答我们各种问题,也喜欢随意地向我们发问。有一次,他和我、杨与石,三人坐在他家小客厅里闲谈。他要我们批评他的作品。我大胆地回答说:

"像一杯清茶——一杯品质极高的清茶。没有牛奶那么甜蜜,也没有咖啡那样刺激,但是冲穆淡远,欣赏的人要会'品'。简单些说,只一个'雅'字便够。我想大概是由于出身门第、教养、生活所造成的气质使然,这气质就是才子气!"

他把头一侧,眼睛一闪,好象不愿被称为"雅",被称为有"才子气";很不以然地问我"《正气歌》算不算雅呢?"

我以为《正气歌》十足地表现一种士大夫的感情。士大夫与才子原是一类人物,只是在朝在野在公在私的不同而已。

他不服气到极点,急忙说:"但是我也做过另一类歌!"说着便走到钢琴前去,揭开琴盖说:"我可以唱给你们听! 那是刘大白的词,描写农民的痛苦……"低着头想了一下便把那歌词背了个大概,我和杨相视而笑。他真的在琴前一面弹一面唱起来了。

"怎么样? 你还说我雅吗?"他得意地问? 笑得那么天真!

我不忍扫他的兴。事实上那首诗本身所表现的只是知识分子对农民的隔靴搔痒的怜悯。而他的曲调也还是书房里悲天悯人的低唱,离开人民尚远,更谈不上起战斗作用,但是作者主观的努力是可敬可爱的。①

----

① 杨与石按:瞿同志忘了;谭当时还以他那首曾经欣德米特亲自演奏过,艺术、技术水平很高,中国风味浓郁,而又强健有力的《小提琴与中提琴二重奏》为例来证明他并非"有曲必雅"。

　　一天中午,在校门外的小茶馆里,许多"普老"们①忽然异想天开把"不自由毋宁死"语各谱旋律一句。结果各人各样,各有意想不到的妙处。这些不同的形式,除了表现出各人对"不自由毋宁死"的不同了解之外,还充分地表现着作者的气质性格,其中有群众性的怒吼,有革命者的热情的呼喊,有冲锋突击的气势,有低声绝望的独白。谭先生也参加我们这"比赛"了:他把大卤面搁在一边,一心一意地想、写。结果他的旋律最长,最曲折,最缠绵,最柔情,最细腻!

　　生活决定着艺术。

　　但是他是愿意走到高雅之外的。②

　　这是知识分子的悲哀,也是知识分子新生的希望。

六、不应该象欣德米特

　　假如我能把和他在校车上的谈片全部记录下来,也许可以供给后人不少研究资料。可是在当时又怎能料到这一切只能凝结于破碎的回忆中,而不会再有机会随着生活的进展而互相作新的交流。

　　当校车驶进重庆路时,我常不禁向前注视,希望他不要到杭州去,希望他不要睡得太熟而脱了班……只要他踏上校车,我就知道在课程表之外的一小时车上闲谈课准不会少。事实上,在闲谈中我所得到的更多于正式的上课。

　　有一次他坐在我旁边,可是背过身子不理我,我几乎伤心了。他才告诉我:他不能往倒身的方向看,会头晕作呕,为了要向前看就没有和我交谈。自此以后,每逢他坐在我前面,我就赶忙和他对换位置。换好位置,他多半会摸出一个烟斗来,不一定抽,就是拿在手里玩。

　　下面便是在校车上随便谈到的话题之一:

　　他很敬爱他的老师欣德米特。他常谈起欣德米特怎样上课,怎样写作,生活上怎样可亲,学术上怎样广博而深入等等。可是敬爱并不等于盲目的无原则的跟从,虽然他也承认,在作曲的理论与实践之外,在其他方面也很受他老师的影响,特别是在生活上和学生打成一片这一点上。

　　有一次我带着挑战的神气问他:

　　"许多人一听说谭小麟这名字,就说:喔,他是欣德米特的学生,是欣德米特派。

---

　　①　理论系同学自称为 Prout。"普老"为其音译,上冠以姓,如"朱普老","陈普老"……卧室就命名为"普公馆"——按普氏为音乐理论家,著有关作曲书籍颇多。

　　②　杨与石按:他回国后,有一次曾去问秦西炫同学:"我常听你们讲起新音乐运动(指党所领导的革命音乐运动)"——这是怎么回事?"而当秦把新音乐运动之目的及作用解释给他听后,他竟出乎我们意料地说:"这很对啊! 是应当这样。"

至于作品怎样呢？欣德米特的学生总不会错，尤其他的作品中，有两首是由欣德米特拉中音提琴部分自己灌成唱片了的，于是不管懂不懂就带着对欣德米特大师的敬仰来听他学生的作品。好象没有想到过谭小麟其人及其作品也可以独立存在，而非得和欣德米特联在一起不可——你听了作何感想？”

他照例微微一笑，但又把眉毛轻轻一扬：

“欣德米特是个好名字，和他连在一起我只会感到光荣，只怕自己还不够做一个值得的学生。事实上我也的确受他的教益最多最深。甚至可以说在跟随他之前，我没有找到过好先生，没有学到过什么。我感谢他，敬爱他。可是我不承认自己是欣德米特派。首先这所谓欣德米特派就不存在。他果然有他自己的理论体系，可是这体系是从科学的原理以及音乐史的发展中提炼出来的。他自己就从未标榜过什么派。只是当音乐的发展突破了传统的侄梏而驰骋在一个自由的新天地时，当陈旧的理论已不能解释崭新的现实时，当许多学说假设尚在摸索中酝酿中而不能自圆其说时，他融会古今形成了一个完整的理论系统，其中的原理可以解释巴赫（Bach），也可以解释斯特拉文斯基（Stravinsky）（除了对短和弦中小三度的形成尚未能在音响学上找到充分根据外，其他方面简直可说是无懈可击），他的理论是用来解释一切的。他从不用教条及人为的约束加诸学生。相反地，他总是鼓励大家发展自己的个性。所以在作曲的实践上并没有什么欣德米特派。再说，即使有此一派我也不原意做，因为我觉得我不应该象欣德米特。首先，我是中国人，不是西洋人。我应该有我自己的民族性。其次，我是我，不是他，也不是任何别人，我应该有我自己的个性。举例说：欣德米特的作品是自由运用半音阶的十二个音，虽不是无调性，而是有调性，但我认为他的风格和中国现实离得太远。我自己作的就是调性很显著，用中国调式和中国旋法。总之学习不是抄袭。假如我的作品居然和欣德米特的一模一样，且不说这是如何荒谬地不可能，即使在技术上是怎样的至善至美，我仍认为这是我的失败而不是我的成功。”

顿了一下，他又加强语气地说：

“我应该是我自己，不应该象欣德米特！”

七、有所为和有所不为

毕业演奏会的前夜，我在他家晚餐，因为约了独唱者来合伴奏给他听。从江湾赶回时已是万家灯火。还记得那夜有微雨。想起明天就要演出，又兴奋，又惶恐。伸直了两只泥脚，他斜倚在沙发上愉快地吐大气。我们都高兴节目单印得还漂亮。肚子饿了，可是没有得吃。他边笑边咕噜，怪管家的没给他留好菜。一条鱼尾巴，一小块带皮的肉，几片青菜叶，别说两个人，一个人都不够吃。于是，一会闹着要开罐头，一会闹着要出外买熟菜，又嚷着累死了，又想跳起来寻找自己心爱的罐头。

他不爱用沙丁鱼送饭,挂念那已经吃完了的红烧牛肉。正在说懒得站起来时,又偏偏来了电话,而且说了老半天。

吃了一半饭,他忽然要我猜刚才是谁来的电话。可是他自己也忘了那人姓甚名谁。他就称之为一个怪电话! 总之,是一个不太认识的人要他做一个歌。起先,他听了半天都没听懂是个什么歌,之后就说把歌词送来看看吧。至于是个什么团体,他又有点说不清楚。这团体近年来相当走运,可是他似乎还只第一次听到。呷着嘴吃了几筷子菜后,他忽然想起什么似地问我:"那团体好不好啊? 是怎么样的?"——这些事,我也不大懂,能够告诉他的是听说他们的名誉不好。他假装呵责的神气说:"冤枉人要伤阴德的! 别乱说人家的……",可是又喜欢听下去。还好,那位练唱的同学也来了,他说的和我说的差不多。我们就联合起来逗他说:"谭先生的名字和他们联在一起可真美了! 他们要说和你志同道合啦!"这下他可急了,赶忙申辩:"我还没有答应他们,这么说来当然不给他们做!"之后又说:"对时事,我太外行了。今后也该懂一点,至少该知道谁好谁坏,否则真会上当!"

暑假后不久,上海下了好几场大雨,他天天说要去杭州,结果天天不去;我就希望天天下雨。

一天下午,在大雨滂沱中,我陪着 K 同学去看他。K 是个学习很认真而又含蓄寡言的女孩子。很出乎她自己及一般同学意料之外,她的主科钢琴分数竟会不及格,比她不如的同学反而通过了,何况她的大考总平均分数也是及格的,其他各科也在一般之上。但是主科竟会不及格,那就是变相的退学。要继续读下去,唯一的办法是转主科。她本以理论为付科,成绩也还好,因此想找谭先生谈谈。

我还记得那天他穿着深蓝的衬衫、深蓝的工作裤,又有点伤风,关心地倾听着 K 的诉说,外面雨声很大,K 因为害羞也因为激动,声音竟越说越低。但他的关注,可以看出,也随着越来越深。他温和地提出问题问她,体贴地为她在多方面考虑,又耐烦地帮她想有否其他更好的解决办法。我们的最后结论还是转主科至理论系。既然系主任接受这学生,其他方面该没有问题。但是谁去说呢? K 害羞又胆小,怕给嗑住了说不出话来,就要求谭先生代为说项。但是谭先生一向怕和人打交道,我们也知道他在这种场合确是不善辞令。暑假里校车又常常不准时开,而且他也很需要在家多事休息,我们也不好意思过分使他为难,还是让 K 自己去说。

但是第二天他竟去了江湾,和学校方交涉了这事。虽然结果还是不能园满解决,但是这举动给了我一个深刻的印象:正义感使一个柔顺的人勇敢地行动了!

尾　声

苦难的现实剥落了书香世家大门上的绿漆。开窗啊开窗,让阳光照进那幢阴暗的大房子! 既然时代的车轮已载着你驶进江湾的青年生活,年轻人的热爱该温暖了那颗寻求知音的心。天地无限的广阔，别再留恋那芳草，那露珠，只要再一展翅，再一展翅……

是谁折断了那拍动着的翅膀？——就是那想拖着他、窒息他的！然而没有东西能够遮住那纯洁善良的灵魂在未及完成的蜕变中闪烁出的美丽的火花。

我愿时光倒流，为了再走一遍这一年来的生活，去追寻那半明半暗的飘逸的笑……

但我更愿时光前进，因为未完成的工作要由我们这一代来完成。

后　　记

《追念谭小麟师》一文，原发表于解放前的上海《新民报晚刊》，从一九四八年十月五日起分七次连载，用了笔名"霍坡"。在反动统治下，有些话不能直说，读者可从曲折的笔法中。体会到当时的政治气氛。这次重新发表，为了保持原来的面貌，只作了些技术性的小修改。文中有些观点现在看来未必妥当，但却是当时青年学生真实思想感情的流露。为了"存真"，未加改动，希望读者能按照当时的历史背景来理解它。

作为一个专业音乐工作者，我对自己的老师们（尤其是如谭小麟、沈知白这样的好老师）给我的教益是终身铭感于心的。现在母校的学报要发表这篇文章，我犹豫了一下：时过境迁，文章又写得很幼稚，值得发表吗？但又一想：许多人不知道解放前的上音有谭小麟这样一位杰出的作曲家和教授，加上他在反动统治下和进步学生站在一起作了力所能及的配合工作，是一位有正义感的音乐家，难道不值得我们纪念吗？同时，我愿借此机会向音乐教育家们、向音乐老师们致敬，你们的辛勤劳动将永远受到称颂赞扬。

1980 年 3 月于北京
（原载《音乐艺术》1980 年第 3 期）

纪 念 谭 小 麟

—— 在谭小麟教授逝世 40 周年纪念音乐会上的讲话

桑　桐

今天,我们隆重举行谭小麟先生逝世四十周年的纪念音乐会。

对于谭小麟先生,由于长期来缺乏介绍,他的作品也很少有机会演出,因此,许多年轻的教师和同学们,大都不知其名,或虽知其名而不甚了解。所以请允许我先向各位概要介绍谭小麟先生的简历和他的历史贡献。

谭小麟先生 1911 年生于上海,年幼时即演奏各种中国乐器,并喜爱作曲。曾在沪江大学音乐系攻读,1932 年进上海国立音专学习,主科琵琶,副科作曲,师从朱英和黄自两位先生,创作了中国管弦乐曲《湖上春光》等作品,又曾自己组织了国乐队,演奏创作和改编的民乐作品。他还资助建立由同学所组成的室内乐小组等,进行演出活动。黄自先生逝世后,他于 1939 年赴美深造作曲,在黄自先生曾留学过的两所大学中攻读。在欧伯林大学学习一年,转至耶鲁大学,先随李却德·杜那文教授,后为耶鲁大学音乐学院院长欣德米特所赏识而成为兴氏得意的中国门生,在兴氏班上学习了四年。欣德米特对谭氏极为关心,他的中提琴作品或作品中的中提琴部份均由兴氏亲自演奏,他的合唱作品亦由欣德米特亲自指挥演出。谭先生的《弦乐三重奏》,曾获约翰·台·杰克逊奖状,被誉为“室内乐中的一首杰出作品”。1946 年回国前,在美举行了中国乐器的独奏会,纽约报纸称之为“一次东方征服西方的壮举”。

1946 年谭先生回国,即应聘任上海国立音专理论作曲系教授兼系主任。他风度儒雅,学识渊博,待人诚恳亲切,在学业和生活方面热情关怀学生,因而博得了同学们的广泛爱戴。去世时,谭氏遗体旁不少同学,包括非理论作曲学生,痛哭流涕,即此足见一斑。

谭先生除主持系务并担任高年级的作曲课外,还开设了欣德米特《作曲技法》

的写作课程班,并任指挥课的教学。其教学细致认真,作曲课上常为改一音而反复推敲,因此在教学上化费了极大的时间和精力。

谭先生虽出身于富有家庭,但热心于发展音乐事业,乐于助人。思想上民主开明,对学生的政治与学术上的进步活动,都竭力予以支持。平等地与学生讨论学术上的不同见解。

谭先生回国任教时间虽因其不幸早逝而甚为短暂,但他为我们的作曲理论教学带来了新鲜的空气,新的音乐创作思想和新的作曲理论体系——欣德米特的作曲理论体系。在此之前,音专的作曲理论教学大都以英国音乐理论家普劳特的著作为主要教材,因而作曲系学生自我嘲讽为"普老",我们几名作曲系学生的宿舍亦"命名"为"普公馆"。当时,不少学生渴望于创作新的民族风格的音乐,学习新的创作手法,了解近现代音乐。在这方面,上海国立音专在四十年代中,有两位作曲理论教师为作曲理论教学引进了新的教学内容,一位是1941年来校任教的德籍教授弗朗克尔,他采用了勋伯格的和声学教本和恩斯特·柯尔特的《巴赫的线条对位》作为和声与自由对位的教材,介绍了从瓦格纳开始的后期浪漫派和新维也纳乐派的音乐与十二音技法;另一位即谭小麟先生,他介绍了另一种作曲理论体系,就是欣德米特的作曲理论体系,他不赞成新维也纳乐派的十二音体系和美学思想,他强调清新的民族风格与新的调性体系和声手法的结合。他的作品意味隽永,色彩淡雅,富于古典的民族神韵,创作手法富有新意而不落俗套。他的创作和他的理论都曾给学生以深刻的影响,因此谭小麟先生也是中国现代音乐的一位先驱者。

令人不胜惋惜的是谭小麟先生壮年有为之时,不幸为病魔夺去了他宝贵的生命,死时年仅三十有七。他的死是中国音乐界和我们上海音乐学院的一个重大损失。对于他的死,他的老师欣德米特曾这样说过:"由于谭小麟之死,中国音乐界已失去了一位极有才华和智慧的音乐家。我因为他是一位杰出的中国乐器演奏高手而钦佩他。除此之外,他对西方音乐文化和作曲技术也钻研得如此之深,以致如果他能有机会把他的天才发展到最充分程度的话,那么,在他祖国的音乐方面,他当会成为一位大更新者";"如果他的作品之出版,能激励其他有才华的中国音乐家为他们祖国音乐的利益而继续前进,并能使他们也获得一种像他那样的品德高尚、责任心切的艺术态度的话,那么……他的精神当仍会生存于那些音乐家之间而使他们为他的祖国继续未竟的工作。"这是欣德米特于1948年11月,谭小麟逝世后三个月写的。谭小麟先生的作品当时未能出版,直至三十多年之后,谭先生的歌曲选才获正式出版。他的器乐曲也正准备出版。现在欣德米特本人也已去世二十五年了。他当时所提出的希望,我想是实现了。我们谭小麟先生的学生一代和他的后辈,继续了谭小麟先生未竟的工作,为祖国的音乐事业作出了我们的努力。

今天,我们在谭小麟先生逝世四十周年的时候,第一次举行纪念会,虽然是迟了,但亦可告慰于谭先生在天之灵。谭先生的部分作品在今天的纪念会上演出,也可使大家了解谭先生创作的一个概貌。我们永远不忘前人的业绩,不忘谭先生在短促的两年时间里所给予我们的教诲和指引。我们要学习谭先生高尚的品德、艺术责任心和一心追求创造新的民族风格的精神,愿谭小麟先生在天之灵永远微笑地俯视着我们音乐事业上的每一步前进。

(原载《音乐艺术》1988 年第 3 期)

谭小麟及其音乐创作

汪毓和

在我国近代音乐发展过程中，有一位杰出的音乐家，在他短暂的一生中，他是如此的热爱自己的创作事业，从不满足于自己所取得的成就。他孜孜不倦地为艺术上的创新而刻意求精，深受他的老师、著名音乐大师欣德米特的赏识；他又是如此地忠诚自己的教学工作，为了培养下一代音乐人材而不惜贡献自己的一切，深受学生们的崇敬。可惜，羸弱的体质、过度的疲劳，在他刚刚开始从事自己所热爱的教育事业不久，却被病魔夺去了生命，所有认识他的朋友和学生都无不为之感到婉惜！这位音乐家就是国立上海音乐专科学校的年轻教授兼作曲组主任谭小麟先生。

谭小麟，原名肇光，原籍广东。1911年出生于上海一个颇有家产的封建大家庭，他是父母唯一的"抱养子"。由于家庭的影响，谭小麟自幼受到较好的传统文化的熏陶和正规的学校教育；同时，他还酷爱我国传统古乐和各种民间音乐。他七岁开始学习二胡、琵琶等民族乐器，十一岁时就开始作曲。1932年他考入上海国立音乐专科学校，师从浦东派琵琶大师朱英，主修琵琶，他的学习成绩在该学科中始终名列前矛。第二年他兼学作曲理论及作曲，师从黄自。他在"音专"先后学习了七年，直到黄自逝世。

1939年谭小麟赴美深造，先在欧伯林大学音乐学院随诺曼·洛克伍德教授学习曲，1940年又转到耶鲁大学音乐学院随 Richard Donavan 教授学习了十八个月。1942年起，谭小麟随欣德米特学习了四年，并被视为欣氏得意门生。1943年，谭小麟的作品《小提琴与中提琴二重奏》演出成功，获得了耶鲁大学奖学金。1944年，该曲在芝加哥再次演出，由欣德米特亲自演奏中提琴并灌制了唱片。欣德米特还演奏了谭小麟为中提琴和竖琴所写的《浪漫曲》，并先后两次指挥演出了他的合唱作品。谭小麟另一部作品《弦乐三重奏》于1945年获得著名的杰克森（J. D. Jackson)奖,被誉为"一部杰出的室内乐作品"。1946 年 4 月底,在欣德米特的鼓励下,谭小麟在纽海文举行了中国乐器独奏会,当地及纽约的报纸热情地报导了这场音乐会并认为是一次"东方征服西方"的壮举。

1946 年秋,谭小麟学成返国,任国立上海音乐专科学校作曲教授兼理论作曲系主任。由于他学识渊博,在教学中能细心体察每个学生创作中的独特气质、风格和艺术倾向,并循循善诱、不辞辛劳地给以悉心教导,深受学生们的爱戴。他还积极支持、参加学生们所组织的活动,并主动为这些活动捐款,为支持学生们的正义行动,他曾多次与校方发生冲突。除此之外,他还无微不至地关心学生的生活,经常在经济上帮助家境清贫的同学。当时谭小麟自己在生活上也有很多难处,他的父亲和妻子先后病逝,他要负担老母和两个孩子的生活,还面临一大堆家庭内部争夺遗产的矛盾。为此他不得不靠教私人学生增加收入,以维持全家的生活。就是在这种情况下,他还为一位家境贫困而又经常生病的学生付了几百元住院医疗费。在白色恐怖日益严重的国统区,他总是担心自己的学生被国民党特务抓走,并嘱咐学生,要是遇到危险,可随时到他家躲避。

可是,谭小麟自己却在家庭的烦恼、经济的拮据以及长年不知疲倦的工作等等重压下,身体被拖垮了,1948 年 8 月 1 日病逝于上海医院。这时他才三十七岁,在"上海音专"仅执教了两年。

对谭小麟过早的离开人生,他的学生和友人都感到无比痛惜,当时曾决定集资出版《谭小麟曲选》以就纪念。为此,谭小麟的老师保罗·欣德米特于同年 11 月 7 日曾为之写了一篇充满深情和高度评价的"序","……我因为他是一位杰出的中国乐器演奏高手而钦佩他。……他对西方的音乐文化和作曲技术也钻研得如此之深,以至如果他能有机会把他的天才发展到极限的话,那么在他祖国的乐坛上,他当会成为一位优异的更新者,而在中西两种音乐文化之间,他也会成为一位明敏的沟通者。如果他的作品之出版能激励其他有才华的中国音乐家为他们祖国音乐的利益而继续前进,并使他们也获得一种象他那样的品德高尚、责任心切的艺术态度的话,那么这个可爱的人和朋友,他的一生,他的作品,以及他生前所受的苦楚,也就不算枉费了。……"(根据杨与石的译文摘选)但是这个曲集当时没能如愿出版,直到 1982 年人民音乐出版社才出版了一本《谭小麟歌曲选集》,而他的一些室内器乐的代表作则至今还未出版。

作为一位作曲家,谭小麟从 1932 年入"音专"到 1948 年病逝的十六年间,他留下的音乐作品为数不多(有些早期的创作手稿可能散失)。他的创作大体可分为前后两个时期。在前期的十年间,他曾在"音专"创作有民乐曲《湖上春光》,其余则主要是在美国学习初期所写的一些声乐作品,其中有根据宋代诗人朱希真词所写的男声二重唱《金陵城》和男声独唱《春雨春风》,根据唐代李白的诗所写的无伴奏女声三重唱《清平调》以及无伴奏混声四部合唱《江夜》等。在后期的六年间,他的艺术创作逐渐趋于成熟,其代表作品有著名的《小提琴与中提琴的二重奏》、《弦乐三重奏》、为中提琴与竖琴而写的《浪漫曲》以及为长笛、单簧管及大管所写的《木管三重奏》，还有艺术歌曲《自君之出矣》（唐·张九龄诗）、《彭浪矶》（宋·朱希真词）、《别离》（郭沫若词）、《正气歌》（宋·文天样词）和以民谣为素材所写的艺术歌曲《小路》和《送情郎》（以双重二胡伴奏），以及合唱、轮唱曲《鼓手霍吉》（哈代诗）、《挂挂红灯哦》（刘大白诗）和无伴奏合唱《正气歌》等等。

　　从谭小麟早期的音乐创作中，可以看出他对我国传统音乐的深厚感情，他除了直接从事民族器乐的创作外（这在当时的专业作曲家来讲是难能可贵的）在他所写的声乐作品中也大多采取以古代诗词为题材，并力求探索具有民族特点的多声音乐风格。如在无伴奏女声合唱《清平调》中运用的自由模仿复调手法可以看出黄自的清唱剧《长恨歌》对他的影响，但也可以看出他力图在保持作品清淡、古朴风格的前提下，更大胆地以调式和声的思维来突破大小调功能和声体系的影响。

例1：

　　《春雨春风》是谭小麟早期声乐作品中演出效果较强的一首作品，从创作技法上看，这首作品有着现代印象派音乐那种优美、灵巧、富于律动感的风格特点。但是作者自己后来对这首作品并不满意，认为不仅在技法上不够洗炼，作品感情的深度也不够，从而使全曲的音乐风格跟原词所要求的韵味和性格存在较明显的差距。由此可知，谭小麟对自己创作的要求是相当严格的。

　　谭小麟后期的音乐作品大多是在跟随欣德米特学习、并融会贯通欣德米特的现代作曲理论与体系后所创作的。这些作品（无论是器乐、声乐，无论是独唱、合唱）都带有明显的力图突破浪漫派与印象派过分强调感情和色彩的风格影响、以及欧洲传统音乐以大小调（包括其五声调式）功能和声体系为主的调式格局的束缚，以达到根据内容的要求自由运用乐音（全音或半音）、节拍、节奏以及各种层次不同的线条的结合（包括传统和现代意义的各种和弦、复调）使音乐的各因素都能按作者所要求的逻辑结构和表现，形成一个极其严密、精练的艺术整体。此外，谭小麟还一再强调"我应该是我自己，不应该象欣德米特"和"我是中国人，不是西洋人，我应该有我自己的民族性"。他把自己最大的努力倾注于运用二十世纪现代音乐创作的新材料（非传统的和声语言和节奏等等）和新技术，力图写出具有中国民族神韵和风貌的、内涵丰富又神骨清秀的新型的室内器乐和室内声乐作品。为此他不惜在每一首创作中反复推敲、刻意求精，而决不去追求音响的华丽甜美和艺术情趣的所谓"剧场效果"，那怕他的作品不能为多数音乐听众所接受他也在所不惜。如艺术歌曲《自君之出矣》就是一首代表作。

　　这首作品中，几乎每个音符的运用都经过作者认真细致的推敲，以朴素无华的手法，生动地刻画出一位普通妇女对其外出远行的亲人的深厚情感和悲痛思念。作品的结构既前后一贯、丝丝入扣，又层次分明、起伏有致；作品的和声语言非常新颖统一，基本上确立在省略七音和十一音的 C 十三和弦为核心的基础之上。因此，这是一首调性很明确的作品，但它与传统功能和声的概念很不相同，它是根据第一句旋律的音所构成的。全曲的和声布局也是依据这个核心并随着旋律的展开和情感的要求而加以改变的。

　　独唱曲《彭浪矶》是一首逻辑结构非常严密的代表作。全曲的调性主音是 G，核心的和弦即 G 的十一和弦（也可说是 Sol-Re，Fa-Do 两个三和弦的叠置）。这个和声核心也与第一句的旋律有直接的联系（参见例 2 开始 5 小节）。同时，作者对声乐旋律的进行，伴奏织体的写作以及和声的布局都依照欣德米特的作曲理论作出了由凝静到紧张的多层次的精心设计。歌曲的两个情感高潮都安排在前后两个乐段的最后，出现了大音程的跳进，同时在第二乐段最后一句还配以紧张的不协和音程，这也正是歌词"回首中原泪满巾！"和"愁损辞乡去国人！"所要求的。点出了作者触景生情所透发出对当时南宋半壁江山的内心伤痛。

例 2：

类似的手法从谭小麟以民歌为素材所写的艺术歌曲里均可看到,例如以内蒙民歌为素材创作的《小路》(见例3)。作者在保持原民歌的曲调和歌词的基础上,主要通过新颖别致的钢琴伴奏织体把歌曲旋律的亲切、含蓄的激情作了恰当的渲染。这里作者还有意运用了曲调和伴奏的"交错节奏",使歌曲的音乐增加了深长的意味。

例 3:

谭小麟后期的声乐创作,只有在《正气歌》中又恢复运用了大小三和弦和七和弦的和声语言,这可能是歌词要求和声具有较为丰满、宏伟的音响效果。但作者对这些三度叠置的和弦的处理仍大大突破了传统的规范,并且在结构上也采取了多层次相结合的原则,整首作品使人感到蕴藏着一种气贯冲天的坚贞与豪情(见下页例4)。

谭小麟在欣德米特的直接指导下曾创作了几部室内器乐重奏曲。其中《小提琴与中提琴二重奏》和《弦乐三重奏》曾得到欣德米特本人及美国音乐界的高度赞赏。这两首作品除了表现出作者在复调创作技法上的纯熟精深外,也以其曲调和多声风格上鲜明的民族特色而为人们所瞩目。他的这些作品也是在我国近代室内乐发展史过程中,力图摆脱传统欧洲风格的影响,开始走上一条真正艺术创新之路的标志。

综上所述,谭小麟是我国近代音乐史上以二十世纪现代创作技术同我国传统文化有机地相结合的一位突出的先行者。从他所留下的为数不多的作品中,我们可以看出他自始至终贯穿着一种对待艺术创作的非常可贵的创新精神和严肃态度,以及对人民、对祖国文化和音乐艺术创作的近乎赤诚的深厚感情。因此在他的这些作品中体现出一种远远超过他的前辈(如萧友梅、赵元任、黄自等)的强烈的个性和新颖独特的民族风格,同时也为后人在音乐创作上积累了不少富于启发性的、值得深入探讨的宝贵经验。

例 4:

谭小麟艺术歌曲的和声

罗忠镕

谭先生的作品首先给人的印象便是鲜明的民族风格。的确,在他的作品中真是无处不表现出一种中华民族所特有的神韵。其次,只要稍加观察,又可发现他的作品每一首都写得异常精致和洗练,从整体的构思到细节的处理都是深思熟虑和精雕细刻。据说他写作品写得非常慢,有时一首歌竟推敲数月之久。以他那样高的学力和深厚的民族音乐功底,再加上如此严肃认真的创作态度,他的作品在艺术上能达到这样高的境界,那当然是意料中事了。谭先生的作品还有个突出的特点就是创新精神。但他的创新都完全不表现在表面的新奇上,相反地,他倒总是在追求一种自然、平易、朴素、含蓄的风格。因之,他的作品初看之下,也许不会觉得有什么特别的地方,但仔细一研究,就会发现这里面原来充满了前所未发的新意。这一切即使置诸今天的创造行列,那也不落人后,而这一切却产生在差不多半个世纪以前。考虑到这点,它的创新就更令人叹服了。

谭先生的作品全都是室内乐性质的。重奏和艺术歌曲自不待言,合唱也都是无伴奏合唱。这些形式,对谭先生那种细腻、内在、典雅的风格确实非常适合。正由于谭先生的创作从不追求表面效果,在他的作品中看不见花梢的织体,斑烂的色彩,也没有甘美的旋律,狂放的节奏,手法的运用十分节制,感情的表达极有分寸,因而欣赏和分析他的作品自然就必须从深处着眼,决不像有些作品那样,只消感受感受,用几句轰轰烈烈的言词便可道尽一切。于是,作为音乐作品较深层结构因素的和声,在谭先生的艺术创造中自然就扮演着一个极其重要的角色。

谭先生的和声处理是非常考究的。看得出来,无论从大的布局还是小的细节,无处不经过深思熟虑、仔细推敲。顺便说说,这固然和严肃的创作态度有关,但和学力也不无关系,如若无此学力,就是想这样严肃也是严肃不起来的。

　　谭先生的声乐和器乐创作虽说表现方式各不相同，但总的思维方法却是完全一致的，在和声处理上当然也不例外。不过，有一点必须指出，即我以为谭先生的器乐创作也许是在线条处理上给予了更大的注意，因而在和声处理上似乎就不象艺术歌曲中那样，在表现上占着如此突出的地位。这也是极自然的，参预艺术表现的众多因素往往是这方面有所得，在另方面就必定同时又有所失，这绝非是考虑不周而顾此失彼。基于此种看法，所以本文把考察的范围限制在艺术歌曲上。我想，对于想了解谭先生和声处理的读者来说，窥此一斑，当亦大致能想见全豹。

　　我所收集到的艺术歌曲共有七首独唱曲和一首重唱曲。其中《自君之出矣》、《彭浪矶》、《别离》和《Too Solemn for Day》是在美国时期的作品，《春雨春风》是早期作品，后来可能修订过，《正气歌》和《小路》则是回国后的作品，也是谭先生最后两首作品。男声二重唱《金陵城》也可能是早期作品。（因谭先生在谈到这首作品的和声时，似乎认为有些"火爆"，也就是说不像后来的作品那样炉火纯青。据此推测，当系早期作品。）作品虽然不多，但我认为都是我们民族音乐创作的精华，它不仅继承了我们传统声乐曲的许多优秀成果，而且在创作上，不论在精神方面还是技术方面都踏入了一个新的天地。因而这些歌曲确实深具继往开来的意义。

　　前面已经提到，谭先生的创作无不洋溢着中华民族的神韵，而在他的歌曲上表现得尤为突出。在借鉴西欧技法来创作民族音乐这个范畴的创作中，谭先生的歌曲创作，如果说在传达诗的意境上还"前有古人"的话，那么在语言的表现上，就真可说是前无古人了。这不能不说是在歌曲创作上的一个继承和发展的重大贡献。这方面的问题虽然不属本文考察范围，但由于太突出了，所以也在此提及。

　　谭先生的和声处理，在他前辈的基础上确实有很大突破，而更值得注意的是他的和声无不以完成某种特定艺术意图为目的，决不是漫无目的地仅仅使音响有所"丰富"而已。由于谭先生是保罗·欣德米特的一传弟子，所以欣德米特作曲理论体系对他的和声思维无疑有着很大影响，因而在研究谭先生的和声时便不能不牵涉到欣德米特体系关于和声的一些概念和观点。下面我就想干脆以欣德米特体系关于和声处理的几个问题为依据来观察谭先生的和声处理。当然，这并不是说谭先生对欣德米特就亦步亦趋，一切都按兴氏理论行事。事实上，谭先生完全有他自己的想法，完全是以我为主来运用兴氏的一些原则和方法，他作品的每一页都可证明此点。我这里借用欣德米特关于和声处理的几个问题作依据来观察谭先生的和声纯全是为了有个线索可循，为了方便起见。更何况欣德米特这些问题都是和声处理中的一些基本问题，其实任何和声体系都存在这些问题，只不过说法和操重点不同而已。只是这样作有个麻烦，因为欣德米特理论并不象传统和声理论那样广为人知，所以牵涉到其中一些观点时，便不得不节外生枝地作一些解释，否则，不了解这个体系的读者读起来就不知所云了。当然，这里也只能就牵涉到的问题极粗浅地谈谈，如果想了解这个体系的读者，请看看拙译欣德米特《作曲技法》。下面即分几个问题来谈：

一、和弦结构

这是构成和声时使用什么材料的问题。在音乐创作中，材料虽然不能对风格起决定性作用，但一定的材料和一定的风格却有着密切的关系。谭先生使用的和声材料和他的前辈有很大不同，更正确地说是大大地扩展了。不仅如此，事实上他所使用的和声材料也超出了西欧古典派和浪漫派和声的范围。比如说，谭先生的作品虽然看起来并不复杂，但如果用传统和声的观点和方法来分析，便总有一定的困难，即可说明此点。

许多理论家都很赞赏欣德米特的和弦分类法简明扼要。我想，在此用这种分类法来考察谭先生的和声材料是适宜的。欣德米特的和弦定义是：三个以上不同的音同时发音即和弦。他把所有和弦分为 AB 两类。A 类不含三全音音程，B 类含有三全音音程。这两类再分成六组，A 类包括 I、III、V 组，B 类包括 II、IV、VI组。为了以后论述方便起见，再简单地列表如下：

表 1：

A 类(无三全音)	B 类(含三全音)
I:无二度	II:无小二度
III:含二度	IV:含小二度
V:大三度和纯四度叠置的和弦	VI:小三度叠置的和弦

关于和弦分类，详见《作曲技法》第 96－106 页

为了明确而具体地说明问题，在此把谭先生的几首歌曲所用各组和弦作个统计，从中便可一目了然地看出他的和弦材料的情况。不过，由于音乐中哪些音算一个和弦，各人的看法都不尽相同，所以这里的数字也只能是个近似值。在谭先生的七首歌曲中，根据我这次分析的看法，一共用了 376 个和弦。其中各组和弦的数目、总数和百分比如下：

表 2：

	彭浪矶	别离	正气歌	自君之出矣	金陵城	小路	春雨春风	总数	百分比
I	18	18	30	6	12	2	11	97	25.8
II	2	1	1	0	2	0	3	9	2.4
III	24	47	39	22	33	16	62	245	64.6
IV	5	2	4	0	7	1	1	20	5.3
V	1	1	0	2	0	0	0	4	1.1
VI	1	1	0	0	1	0	0	3	0.8
总数	51	70	74	30	55	19	77	376	100

从中可以看出,在谭先生的作品中虽然 I 组和弦(三和弦)仍占着相当大的比例,但用得最多的却是 III 组和弦,可说占绝对优势。而在用得很少的其余四组中,IV 组和弦却是其中用得最多的一组。这一事实清楚地说明谭先生所用和声材料和他的前辈乃至和西欧古典、浪漫派都很不相同。因为他的前辈和西欧古典、浪漫派和声中,I、IV 组和弦恰好是用得最少的,或几乎不用。为了作个证明,也为了做个对比,这里再从他的前辈黄自先生的歌曲中选出六首来作个同样的统计。

表3:

	春思曲	玫瑰三愿	思乡	点绛唇	踏雪寻梅	花非花	总数	百分比
I	27	22	16	14	19	19	117	60.9
II	5	7	11	11	3	2	39	20.3
III	10	7	1	6	3	1	28	14.6
IV	0	1	0	0	0	0	1	0.5
V	0	0	0	0	0	0	0	0
VI	3	1	0	1	0	2	7	3.7
总数	45	38	28	32	25	24	192	100

从中可以看出黄自先生用得最多的是 I 组和弦,其次是 II 组。但有一点值得注意,即黄自先生 III 组和弦虽然用得较少,但比起西欧古典、浪漫派作曲家来却用得要多。我想这至少也是黄自先生的和声和西欧传统和声不同的表现之一吧。

从总的方面还可说明一个情况就是:如果说 I、II、IV 组和弦都是三度迭置(仅 II 组中有少数例外)III、IV、V 组主要是非三度迭置的话,那么,谭先生所用的和声材料主要就是非三度迭置的和弦了。因为在那七首歌的 376 个和弦中 I、II、VI 组共 109 个,仅占 19.1%,而 III、IV、V 组共 266 个,则占 70.9%。至于黄自先生那六首歌中所用 192 个和弦,I、II、VI 组共 163 个,已占 84.9%,而 III、IV 组共 29 个(V 组无),仅占 15.1%。还有,黄自先生所用 III 组和弦其实也是三度迭置和弦,因为用的都是小七和弦。在谭先生的 III 组和弦中虽然也有小七和弦,但却仅占一小部分,其余都是非三度迭置的。关于这点还将在下面分别讨论。这也具体地说明谭先生的和声材料有别于他的前辈,至于和西欧古典、浪漫派和声就更加不同了。

二、各组和弦的处理

不管什么时代的作曲家,为了使和声获得新意,总不外乎采用下列两种办法:一是使用新的材料,一是把旧材料作新的处理。关于前者,上一节已大致谈过了。下面再看看谭先生对各种新旧和声材料的处理情况。

I 组和弦(三和弦)没有什么特别的地方。II 组和弦谭先生用得很少(在 376 个和弦中只用了 9 个!)我想,恐怕是因为这组和弦中最主要的一种形式,V₇ 形式的音响,特别是 $V_7 - I$ 的进行,带着太浓的西欧古典、浪漫派和声色彩的缘故吧!因此在谭先生的作品中不仅找不到 $V_7 - I$ 的进行,甚至连 V_7 结构的和弦也避而不用。请看下面一些 II 组和弦:

例 1:

以上四例的 II 组和弦都不是 V_7 形式。如果按三度迭置看,a、b 两例可说是"属九和弦"形式,但九度音却在低音,这在传统和声中是一种极不寻常的排列。(欣德米特《传统和声学》中不用这种排列。)而且这两个和弦都没有解决。后两例就很难说是三度迭置的和弦了。如果勉强算,C 例也只能说是省去十一度音的属十三和弦,d 例是省去根音的属十一和弦(保证大二度和小七度音不省。)但即便这样解释,它的和声进行也是不正规的。谭先生所用 9 个 II 组和弦的其余 5 个和这也差不多,这就不一一列举了。

下面再从黄自先生的作品中摘引数例:

例 2:

从上面数例即可看出，黄自先生所用的 II 组和弦全是 V7 的形式，而且和声进行也完全按传统的正规进行处理。比较之下就可非常清楚地看到这两位前辈在和声语言上的差异了。

谭先生在使用含三全音的和弦时倒宁可使用更为复杂的 IV 组和弦。这当然是一方面为了避免典型的传统和声音响，一方面为了创造自己的音响的缘故。在传统和声中虽然也能找到这组和弦的音响，但通常作为独立和弦使用的却只有一个属小九和弦和一个大调中的属十三和弦（其中含有三全音和小二度，黄自先生所用唯一的一个 IV 组和弦即《玫瑰三愿》倒数第 4 小节中的属十三和弦。）其余都是依附于别的和弦的临时结合。下面顺便从布拉姆斯一首作品中摘引数例以见一斑。

例 3：

不用说，这当然都是的倚音或留音构成的临时结合，不具有任何独立意义。但谭先生所用的 IV 组和弦却完全是独立和弦。如下例：

例 4：

　　从上例即可看出，其中的 IV 组和弦，即使牵强附会地也很难把它们解释成由和弦外音构成的临时结合。既然如此，当然应承认它的独立地位。不仅如此，而且这些和弦还都处于相当关键性的地位（如下面即将分析的《正气歌》片段），这就进一步说明了它的独立性还非常之强。

　　III 组和弦（无三全音，含二度）在谭先生作品中占着最突出的地位（在 376 个和弦中竟用了 243 个！），甚至可以说是形成谭先生和声风格的一个最重要的因素。在西欧古典、浪漫派和声中，III 组和弦象 IV 组一样，也是由和弦外音构成的临时结合，不具有独立的意义，甚至其中三度迭置的大、小七和弦也用得很少，也没有什么独立意义。在黄自先生的作品中小七和弦倒用得较多，而且有足够的独立意义。这是黄自先生的和声不同于西方传统和声的地方之一。这当然和我们五声调式有关，因小七和弦的声可尽数容纳于五声调式，也是其中唯一的一个完整的七和弦。谭先生使用的 III 组和弦则多样化得多，各种各样的音程组合都用。这组和弦在谭先生的作品中不仅具有足够的独立意义，而且还是他和声材料的主力。另外，谭先生在使用的意义上和黄自先生也有所不同。如果说黄自先生的使用纯全是为了色彩关系的话，那么，谭先生的使用，固然也为了色彩关系，但还有一个更重要的意义，那就是为了和声的紧张度。关于这点将在下一节讨论。

　　V 组和弦在谭先生的作品中用得不多，其使用的意义大致和 III 组和弦差不多，VI 组和弦（减三、减七和弦）可说是基本不用。这大概因为这种和弦的音响太典型化了，以致不但在谭先生的和声中，就是在西欧二十世纪以降的和声中也差不多消失了。

三、和 声 起 伏

　　对和声起伏的观察和运用是欣德米特体系在和声方面的一个重要内容。这在传统和声中当然也存在，不过由于传统和声中所用和声材料有限，这个问题不那么突出就是，因为构成和声起伏必须用结构不同的和弦。一般说来，和弦结构愈单纯则和声价值愈高，愈复杂则愈低。从价值较高的和弦进行到价值较低的和弦便形成和声紧张度的增高，反之则降低。这种和声紧张度的升降便叫"和声起伏"。兴氏和弦组从 I 到 VI 便大致反映出和声价值从高到低，亦即和声紧张度从低到高的情况。（详见《作曲技法》第一卷，第 116－122 页。）这是构成和声表现力的一种重要手段。谭先生在他的和声中便很好地利用了这个手段。

　　谭先生对和声起伏的运用一是表现在局部上，一是表现在整体上。在局部上的表现虽然不是任何地方都十分清楚，但在许多地方，特别是关键性的地方却表现得异常明确而突出。象下面的例子：

例 5:《别离》

例 5 中随着声部进行的趋势,和声紧张度也在逐渐增大。这里正是心情十分复杂的地方,和声紧张度的增大,很好地加强了这种情绪和气氛。后面三个和弦从 II 组到 IV 组是和声价值的降低,相应地便是紧张度的增高。后两个和弦虽然同是 IV 组,但从这两个和弦所含音程的价值来看,后一个是低于前一个的,因此仍然是紧张度的增高。在兴氏理论中,音程价值由高到低的次序是:纯五度——大三度——小三度——大二度——小二度——[三全音]。转位音程则排在各相应音程之后。这个次序当然是任何人都能接受的。如果把那三个和弦,再加上前面一个和弦,所含音程研究一下,就可看出谭先生在音程价值的安排上,真是作得太精确了。(不管有意无意那也是客观的存在。)请看这四个和弦的音程涵量:

| | 小二 | 大二 | 小三 | 大三 | 纯五 | 三全音 |
	大七	小七	大六	小六	纯四	
①	0	2	1	0	2	0
②	0	3	2	2	2	1
③	1	4	3	2	4	1
④	4	4	4	3	4	2

上表的数字是各和弦所含音程的数目。如第④个和弦中含有 4 个小二度、4 个大二度、4 个小三度、3 个大三度、4 个纯五度,2 个三全音,全类推。按照兴氏理论,音程价值从小二度到纯五愈来愈高,和声紧张度则和音程价值的增减成反比。三全音和这些音程虽然性质不同,但一般说来,到三全音是和声价值的降低,因而是紧张度的增高。按照这个原理,一看上表,这四个和弦从①到④紧张度的增高就目了然了。

下面再看《正气歌》中一个较长的片段:

例 6：《正气歌》

这是《正气歌》末尾几个小节，情绪非常壮烈。和声起伏在这里起着很大的作用，这增加了一种内在的力，它大大地支持了这段音乐的旋律和织体的表现。"生死安足论"是本曲所表现的精神的焦点，也是情绪的顶点，作者在这里用高昂、悲壮的旋律，用澎湃、激荡的钢琴织体很好地表现了这种情绪，而和声在这里则作了有力的支持。如仔细研究一下和声起伏，便可看到作者为了这一段的艺术塑造作了何等精确的设计。本例即使从直观上也可感到发展的线索。从句法和钢琴织体上看，明显地分为三个阶段。第一阶段（第 22 小节），旋律起伏尚不大，此处比前面来似乎还有些低落，这是欲扬先抑。钢琴织体承接前面开始激动起来的三连音，但似乎还在酝酿，尚未爆发出来。第二阶级（第 23－24 小节），旋律到了激动人心的高潮。钢琴右手还保持原来的织体，左手则开始了一个新的线条，好像一股力，最初还比较缓慢，然后急剧向上冲激。最后到第三阶段（第 25 小节以后）似乎冲出了地面，完全显露出来了，这在原地激荡一小节后，再更加急剧地向上冲激而达到顶点。请注意：左手急剧下行使这股力量显得更加雄浑、沉稳。还有，前面停留的一小节也十分重要，这的确起到一种蓄势的作用，使后面的增涨更加激烈。旋律在这里作了有力的肯定，这是在生死悠关的肯定，慷慨、悲壮达于顶点。在这段的艺术塑造中，和声起伏确实发挥了很大作用。和这三次增涨的同时，和声紧张度也作了三次增高，而且第一次增涨还主要表现在和声紧张度的增涨上。第三次虽然有些曲折，但总的趋势还是增高，象这样长的片断，完全直线上升不仅很难，而且也缺乏情致。这三次增涨不仅结构的规模一次比一次长大，情绪一次比一次强烈，而且和声紧张度，所达顶点也一次比一次高。这里把三个顶点上的 IV 组和弦象前面那样列个音程涵量表，一眼便可看出它们之间的关系了。

第一次的 IV： 1 2 1 3 2 1
第二次的 IV： 1 4 3 2 4 1
第三次的 IV： 3 2 2 2 4 2

这三个顶点确实作了很好的呼应。这里还要指出一点：旋律、织体和声起伏的顶点出现的不完全一致，这不仅没有削弱这一切所蕴含的力量，而且反而增加了这段音乐的活力。这段独具匠心的音乐设计得如此精确，配合得如此巧妙，而这一切又无不以感情的表现为出发点和最终目的。象这样来创造艺术和这样的艺术创造怎不令人叹服呢！

又如《自君之出矣》，这是一个和声起伏规模更大的例子，差不多可说是"整体的和声起伏"了。这个手段对诗意作了非常贴切的表现。前两句没有明显的上下起伏，只围绕着 III 组和弦在原地上下波动，因为这两句还只是诉说，诉说她深沉的思念和缭乱的心情。从"思君"开始，和声紧张度逐渐增涨，到"满"字达到顶点，这从和弦组的安排即可看出。其实，单从左手的音程安排，纯五——大六——小七，便可看出。这里和弦组由第 5 小节的 I — III₂ 到第 6 小节的 III₂。后面虽然同是两个 III₂，但从它们的音程涵量上看，后一个 III₂ 比前一个 III₂ 明显地紧张度要高。（前者为[032140]后者为[143250]）然后，从"夜夜"开始，和声紧张度配合着缓缓下降的旋律和钢琴声部而缓缓下降。从第 6 小节后半的 V，经过第 7-8 小节一连串的 III₂，到后面一连串的 III₁。这里面虽然有小小的上下起伏，但总的趋势却是明显的下降。这非常好地配合了诗意——自从你走后，我的生活就象满月一样，一夜地暗淡下去。

最后再举一个配合整体构思的和声起伏的例子——《澎浪矶》。全曲分三个部分。第一部分从开始到第 13 小节，第二部分从第 4 小节到第 23 小节，第三部分从第 24 小节到结束。本曲不仅在局部很好地利用了和声起伏的表现力（如开始第 1-3 小节的 I₁ - III₁ - III₂ - IV₂，这不仅是"引入"，甚至可看成是一个全曲和声起伏的缩影），而且还在总体设计上对和声紧张度的等级作了有计划的安排。如第一部分主要使用 I 组和弦，第二部分主要使用 III 组，第三部分主要使用含三全音的和弦（IV、II 组）。请看这几组和弦在各部分中所占比例：

歌曲部分：	一	二	三
和弦总数：	25	18	7
主要和弦组：	I(16)	III(16)	IV(4)II(2)
百分比：	64	88.9	85.7

和声紧张度好象是在分阶段地增涨。当然,这也可说是和声色彩变换的问题。但不管怎么说这总是为了艺术表现。这首歌的第一部分诗人的感情还未爆发出来,这里和声也控制在低紧张度上起伏。第二部分,III组和弦占绝对优势。III比I组和弦在色彩上要多样化得多,而这里正是诗人暂时忘情于烟波浩渺的景象之中。这段词的心理描写真是妙到毫颠,而音乐的刻画又不知增加了多少妙处。大自然虽然呈现出各种色彩,但却是一片萧瑟的景象,这固然是秋天的萧瑟,但更主要的恐怕还是诗人心情的萧瑟。钢琴中零落的音、冷漠的音响,错落的节奏,再加上断断续续的歌声,把这幅图画刻画得淋漓尽致。这不能不说和那既不象I组和弦那样温和,又不象IV组那样刺激、紧张的III组和弦的音响有着密切的关系。最后一部分,被压抑着的情绪终于爆发出来了。作者又调动了所有各种音乐手段来表现词中所抒发的感情:如大跳的旋律、宽广的音域,交错的节奏,还有高紧张度的和声。在和声上,这里使用的和弦除最后一个I组外,全部都是含三全音的,特别是IV组和弦。不用说,这种音响尖锐的高紧张度不稳定和弦用来表现这种爆发出来的激动情绪是再适合不过了。

从以上数例就可想见谭先生在创作上,构思何等严密,计算何等精确。也许有人会提出疑问:"难道真是这样吗?"虽然我不敢武断地说谭先生在创作时"就是这样想的",但不管怎样,这些写在纸上的音符所反映出来的一切却是客观存在的事实。而且有一点我也敢肯定,那就是严肃的音乐创作,决不是象某些"天才"的电影镜头所描写的那样,发一阵疯,嘴上哼哼,琴上摸摸,再慌慌张张地往乐谱上点几点就可点出一首"杰作"来。

四、调性和调式

谭先生的作品,在调性和调式上也表现得比他的前辈更为复杂多变,而且在作品的艺术表现中也发挥着更大的作用。在他的作品中调性决不只是消极地作为一首乐曲统一的基础和变化的手段,而是积极地参与着整个的艺术塑造。它的建立、放松、转换以及它本身存在的形态都服从于一定的艺术表现目的。同时,更由于谭先生和弦结构和和声进行的多样化和"非传统",当然也导致了调性结构的多样化。比如他的作品,听起来调性总是清楚的,但分析起来,却往往又有许多使人迷惑的地方,这也正是他构成调性中心的曲折之处,也正是其本身的魅力之所在。请看下面几个例子。

例 7 :《彭浪矶》

毫无疑问,调性中心是 G。这看起来虽然十分简单,但仔细追究起来,却又颇有耐人寻味的地方。首先,这个片段完全没有传统和声那种普遍运用的赖以建调的和声进行,如 IV - V - I 之类。这一段很象线性写法,音乐由四个线条构成。每个线虽然都按各自的逻辑进行,但都强调的是 G 音。第一线条是从属音(d^2)缓缓下行到主音(g^1)的歌声,第二线条是主要由上下二度围绕 g^1 的音型,第三线条是以 g 为根音的持续反复的五度,第四线条是从 g 到 G 的四度模进。由此可见调性中心的建立在这里主要靠的是主音的强调,而不是和声的功能关系。另外,我感到有个细节也很值得提提,即第 5 小节,这里是几个线条集中的焦点,在这种地方,人们也许会不假思索地把 G 作为和弦的根音,但这里的根音却是 C,这种意外的进行又给调性组织带来了一定的曲折性,同时还预示了下一个调性中心(C)。

又如《别离》的第 1 到第 4 小节。这个例子的调性结构就不象上例那样明显了。这里也同样是四个线条,但各个线条所强调的音却不尽相同。因之就不可能象上例那样简单地作出决定了。旋律的调性中心明显地是 D。钢琴是固定反复(Ostinato)式的四次反复,但和旋律结合起来,每次都产生稍微不同的和声意义。这里没有明显的三和弦或七和弦之类结构,当然也没有传统的终止式之类和声进行。低音是持续音 A,但这个音却并非主音而是属音,因为从总的音级进行看,这段音乐的调性中心是 D。

例 8 :《别离》

从以上两例也许可约略窥见谭先生在建调上的某些特点。这即使不能说有多么特别,但至少也不是单靠 I－IV－V－I 之类进行来完成,而这却是他的前辈,甚至直到今天的许多创作普遍采用的方法。

下一个例子《自君之出矣》,虽然看起来比上两例简单,但在调性结构上却更为复杂。如第一句,旋律是非常明显的 G 徵调,但下面的和声却对不上号。如果说第 1 小节上下还可统一在属音 D 上,但第二小节的 G 却不是根音。(按兴米德特的方法看,这里的和弦根音是 F)。所以说,这个旋律上的主音并未得到和声上的支持。第 4 小节也是同样的情况,旋律上的主音 F 也未得到和声上的支持。以后每一句差不多都是这样,而且就这样阴差阳错地一直到结束。总之,整个和声音级进行所显示的调性和旋律表明的调性很不一致。但又并未形成双调性,因为第二线条(钢琴)并未形成足以和旋律抗衡的另一调性中心,它仍是从属的。既是从属,但在各个局部(甚至关键地方)却又不支持调性中心,这就是问题复杂的地方,也是有意思的地方。不过,从较大范围的总的音级进行来看,全曲的调性仍是非常清楚的(听者的感觉也是这样)。象这个例子,在如此短小的篇幅中,使用如此简单的音的材料,却构成了如此曲折、如此丰富的调性,这真可说是匠心独运了。

例 9:《自君之出矣》

从这些例子我们还可体会到,调性的处理决不只是消极地按某种方法把主音强调出来并稳定下来就成了,其实在这强调与稳定的过程中是大有文章可作的。应该说,这也是艺术表现的重要手段之一。如上面那首歌的调性结构不是又在深处大大地加强了诗中的思妇那种不可排解的思念和紊乱心情吗?(顺便说说,这首歌的节奏也是这样。因这不属本文范围就不赘述了。)

关于调性布局人们倒注意得较多。谭先生在这力面也表现得比他的前辈更为复杂。为了作个对比,让我们先看看黄自先生的几首歌的调性布局:

例 10:

《春思曲》   《思乡》   《登楼赋》

白符头为大调
黑符头为小调

《玫瑰三愿》：E 大调，仅有几处离调，没有转调，（例中未录。）

《春思曲》：F 大调，有大、小调交替，当中有未稳定下来的♯C 小调和大调。

《思乡》：♭E 大调，当中有两处经过调，g 小调和♭B 大调。

《登楼赋》：D 大调，先转到 A 大调，再转到 B 小调，A 大调，然后回到 D 大调。

例 11：下面再看看谭先生的几首歌：

《自君之出矣》　　《彭浪矶》　　　《正气歌》　　　《别离》

《自君之出矣》：C 调，虽然简单，但却有点特别。这从这几个调中和主调关系最远一个开始，然后回到主调。主调由于有属调的支持，所以相当稳固。

《澎浪矶》：G 调，骨架是主－下属－属－主，但最后的主之前却插入了一个关系较远的调，这打破了直通通的功能进行。

《正气歌》：G 调，虽然没有属调的支持，但主调出现三次，得到了明确的强调。

《别离》：G 调，这是调性布局最复杂的一首。主调也在最后才出现。在属一主的骨架间插入了四个关系较远的调，特别是在最后的主调之前插入了一个关系最远的调。这个调和主调的关系虽远，但作为它的异音调，却也有一定的支持力，而且可以想见，对比是相当强烈的。这正好和该处的激烈气氛相应。

以上四例说明谭先生的调性布局是相当多样化的。如果说黄自先生在调性布局上主要是利用关系最密切的调，那么谭先生除关系密切的调而外还利用了一些关系不太密切，甚至相当疏远的调，而且关系密切的调还往往不直接连接在一起，而是作为全曲调性骨架，它当中总是插有一些关系不密切的。这当然就使得调性对比更加多样化，色彩更加丰富。

调式对谭先生的创作来说似乎不是一个很重要的问题，虽说在这方面也表现得很有特点。他的前辈大都是用大、小调式。和西欧不同的地方是往往总带上或多或少的五声色彩。谭先生则基本不用大、小调式，所有作品用的都是五声性调式，不过变化总是特别多，甚至很难找到一个占统治地位的"中心调式。"其原因，看来是谭先生在创作时并不着眼于某个特定的调式，而只着眼于五声色彩的关系吧，这和欣德米特理论体系当然有关。因为兴氏理论就不是以某个自然音调式为基础，而是以半音阶的十二个半音为基础（所以有些理论家称兴氏体系为"扩张调性"，也就是说他的"调性"包括半音阶的十二个音，而不是只包括某个自然音调式的音）。基于此点，看来谭先生在构思旋律和和声时也不是从某个传统调式出发，而是以十二个半音来作为他的音乐材料。不用说，由于材料的增多，在处理上当然会增加许多困难，不过选择的自由却大得多。也正因为这样，不限于某个调式，只注意五声色彩，这就自然而然地导致成调式的多变。我想，这就是谭先生的作品虽然五声色彩极浓,但却很难归纳在某个传统调式内的缘故。更正确地说,在大的片断内虽然也表现出某种传统调式,但却找不出一个在全曲起主导作用的调式。对于这个特点,杨与石先生说他"杜撰"了一个词,"泛调式"(Panmodality)。我觉得用这个"词"来概括谭先生的调式特征倒真是再贴切不过了。这个"词"即使出于"杜撰",但我相信也会象泛调性(Pantonality)一样,一定会被人普遍接受并且推而广之的。

最后,根据我们的"国情",我想郑重地说明几句:前面我几次提到黄自先生,并且说谭先生在某些方面比黄自先生又多迈了一步,这我丝毫也没有贬低黄自先生的意思。黄自先生在我们民族音乐创作上的成就功绩是谁也贬低不了,他崇高的历史地位是谁也动摇不了的。作为黄自先生后辈的谭先生,在某些方面超过他老师,那也是极自然的。就总的趋势说,学生超过老师,晚辈超过前辈那是天经地义的。试想,如果一代不如一代,不说我们人类文化,恐怕连人类本身也将退化到不复存在了。我们从来就说"青出于蓝而胜于蓝"。谭先生也是要被超过,而且大大地超过的。事实上,今天的创作,不是在许多方面比谭先生已大大地进了一步吗!?

(原载《音乐艺术》1989 年第 3 期)

回忆谭小麟先生讲授的对位课纪要

陈铭志

1947 年作曲系二年级开设的对位课,由当时从美国回来的谭小麟教授担任,时间为一年。他采用的教材是丹麦音乐家克诺德·杰普生(Knud Jeppeson)所著的对位法,该书全面地讲述了 16 世纪声乐形式的复调,其中分为两个部分。

第一部分,对位理论的历史提纲以及早期记谱法、中古调式、旋律、和声等方面的技术特色(这个部分谭先生作一些概况的介绍,细节部分由学生自己阅读)。

第二部分,对位练习。内容的编排主要借鉴了约翰·约瑟夫·福克思(John Joseph Fux)于 1725 年出版的名著,Gradus ad Parnassum(《通往诗国之路》)中关于分类法的原则,加上他本人的精辟见解。习题均采用中古调式 Dorian, Phrygian, Mixolydian, Aeolian, Ionian 五种写作。

谭先生讲课语言简练,重点突出,分类清晰,明确易懂,从不照本宣科。习题写作也有两种形式。

1. 课外题目:规定数目按时完成

2. 课内题目:学生被教师调到黑板上写作,一种是个人完成一题,一种是接力式,几个人完成一个题。

二 部 对 位

一、第一类 全音对全音,两个声部的旋律均为全音符。

规定的题目称固定调(cantus firmus),标记为 C. F.

按固定调写成的旋律称对位(counterpoint),标记为 C. P.

写作要求:

I. 旋律

a. 一个音大跳前,先有一个反向的较小音程跳进,反之亦然,这样可使音调进行得到平衡。

b. 旋律中,高、低点的音均在一个位置上徘徊,音调进行就缺乏方向。

c. 几个音形成一个被感到是一个分散的二和弦的音群,只能是偶然性的,不宜多用。

d. 同音反复是禁止的。

e. 导音在结束前升高。

II. 对位

a. 开始与结束用主音(八度或同度),对位在上方时,也可用属音。

b. 音对音的结合中只用协和音程。

c. 平行三、六度的进行不宜太长。

d. 平行五、八度禁用。

e. 隐伏五、八度的用法。

谭先生在谈到隐伏五、八度时,是按欣德米特和声集中的方法进行处理的,即"小于五或八度向上进入五度或八度者,需要避免,因其效果是从紧张到放松,下行自由运用"。文字简短,但解说合情合理。

例题:

二、第二类 对位声部采用二分音符的连续进行,与固定调结合。

I. 旋律

a. 旋律声部开始用主音,从弱拍进入,对位在上方声部进入时,也可用属音。

b. 旋律结束前的一音,可改变时值用全音。

c. 旋律进行中,偶尔也可出现切分音的节奏。

II. 对位

a. 五、八度不宜过多出现。

b. 同度不宜放在重音上。

c. 避免 2－1,7－8 的留音。

d. 弱拍上出现的不协和音,作级进行。

例题：

Aeolian

三、第三类 对位声部采用四分音符的连续进行,与固定调结合。

I. 旋律

a. 开始时,旋律音可从第二拍进入。

b. 旋律音的新鲜感,常通过跳进达到。

c. 结束前也可改换时值。

d. 四分音符的连续进行要流畅自然。

II. 对位

不协和音 Cambiata 在 Palestrina 的作品中尤为多见,福克斯第一次明确地写入他的理论著作中,本教材也作了详细的解说(其他对位书中较少见)。

Cambiata(称骈枝音)由四个四分音组成,并固定调的关系是：

第一个音　　　　　　　　　　协和

第二个音由第一音下行二度　　不协和(Cambiata 主要指此音)

第三个音由第二音再下行三度　协和

第四个音由第三音向上二度　　协和

Cambiata 中的不协和音可以产生在第二拍或第四拍,但四分音符不变。

例题：

四、第四类　对位声部中出现的二分音符连续进行均采用切分形式，与固定调结合一起。

I. 旋律

a. 开始第一拍休止，二分音符从第二拍起即作切分进行。

b. 切分音也可暂时停顿一下，让旋律线作自由进行。

II. 对位

a. 切分音的纵向关系可以是不协和的留音，也可作跳进的协和音进行。

b. 切分音中产生的 2-1，7-8 或 9-8 的留音，像第二类中的处理一样。

例题：

五、第五类　混合类，即是将前几类对位的形态混合应用。

I. 旋律

a. 上行进行的时值可以快到慢，下行可作相反的处理。

b. 切分中的时值先长（或相等）后短较好，反之较差。

c. 时值可经常改变，加强旋律进行的变化性。

II. 对位

a. 留音可延迟解决。

b. 留音与解决音的关系与第四类相同,要松紧得当。

c. 采用 Camibiata 的形式时,第二音的时值保持不变,仍为四分音符,而其他三个音可以变换时值。 如:

例题:

以上五类杰普生的对位法,均是参照福克斯理论中分类法的程序编排的。 此外,在二部中,杰普生又加写了两个部分,在声部的结合上起着丰富、变化的作用,加在第五部分之后。

六、自由二部对位,指两个自由节奏写作的结合。

写作要求:

a. 两个声部同步进行不宜太长。

b. 两个四分音符同时进入不协和音程时,其中一个作外音处理。

c. 两个声部可以交叉,但须协和。

d. 用简单的经文词句写成二部声乐曲。

谭先生很重视这个章节的内容，他提出应从创作的角度来写作习题。

要注意：1. 两个线条的进行要此起彼伏。

2. 节奏的安排要疏密相间。

3. 纵向结合要清晰、协调，要充分显示出二声部写作中对位的艺术效果。

七、简单模仿（Imitation）

先出现的声部为开始声部，后出现的声部为模仿声部，模仿声部重复开始声部旋律的一个片断，然后即转为自由对位，称为简单模仿。

谭先生说，模仿通过横向进行获得乐曲的统一，纵向进行又构成声部的对比，具有较高的艺术价值。

简单模仿可分为：

1. 严格模仿，模仿音程要准确。

2. 自由模仿，模仿音程较自由。

3. 调性模访，主音开始对模仿声部从属音等进入。

4. 非调性简单模仿的变化形式有：

a. 倒影模仿

b. 扩大模仿

c. 扩大倒影模仿

d. 缩小模仿

e. 缩小倒影模仿。等等

例题：

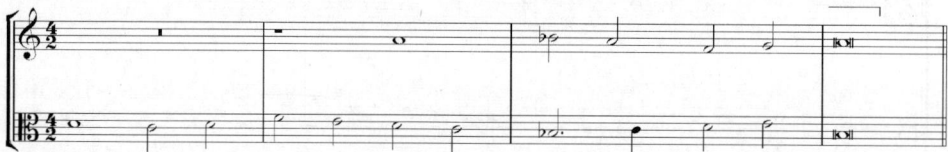

三 部 对 位

三声部对位中,纵向关系丰富了,其中可出现很多完整的三和弦,用中古调式写作,更可看出其中所含的和声数量,要比大、小调式多,下面是谭先生上课时,专门将杰氏对位中 Dorian 与 d 小调中各自所含有的和声数量图示出来作一比较:

此外,三声部写作中,其织体形式也有所变化,为不同类型的旋律放在一起所产生的"叠合法"的组织,加多了纵向的层次。

下面是三部对位的内容

一、第一类,在一个固定调上,写作两个对位声部,三者均用全音符写作。

写作要求:

1. 开始与结束用主和弦,最后一个和弦多为大三和弦(小三和弦升高三度音)。

2. 在中间的进行中,完整的大、小、增、减三和弦可自由应用。

3. 对位声部结束前,含导音的声部应升高。

4. 声部间产生交叉时,其和声关系要协和。

5. 隐伏五、八度,按二声部的处理系列应用。

例题:

二、第二类,在固定调上写作的二个对位声部中,一个用全音进行,一个用连续的二分音符进行。

写作要求：

1. 开始与结束仍建立在主和弦上。

2. 采用二分音符连续的对位声部，在进行中可作以下的处理：

a. 开始可从弱拍进入。

b. 结束前可采取留音处理，解决后进入最后的主和弦。

c. 导音在结束前要升高。

3. 用全音写作的对位进行中偶而也可出现的同音反复，用连线连接，以变换节奏。

例题：

三、第三类，有两种写法：

第一种　两个对位中，一种为全音进行，另一种是四分音符的连续进行，属于单一形式。

第二种　两个对位中，一种用四分音符连续进行，另一种是用二分音符进行，属于叠合形式。

写作要求：

1. 开始时，对位声部（包括这两种形式）均从弱拍进入。

2. 结束的处理：

a. 单一形式中，可改变时值。

b. 叠合形式中，二分音符可作留音处理。

3. 中间的进行，要注意和弦的结合，外音的使用要明确合理，清晰协调。

例题：

四、第四类，也有两种写法：

第一种，两个对位中，一个为全音，一个为二分音符连续切分进行，称单一形式。

第二种，两个对位中，一个为二分音符的连续切分进行，另一个用四分音符的连续进行，形成叠合形式。

写作要求：

1. 开始与结束的处理同前。

2. Cambiata 的第二音与其他声部：

3. 采用协和的切分音可扩大旋律的起伏线。

例题：

　　五、第五类,两个对位声部均采取混合型的写法(如二声部中第五类的写法)。
　　此外谭先生在布置习题时,还要求三个声部均采取混合型的写法,借以加强多旋律结合一起的锻炼,因为三声部中无自由对位的内容。
　　写作要求:
　　第五类中声部结合上的处理,大体与前面几类相同,故不再讲述。但有一种形式倒是第五类中特有,称之为协和四度(consonant fourth),指纯四度音程,但在早期作品中任何声部与低音构成四度时应该作为不协和音看待,只有一个例外,特别是产生在终止处,并与六度结合在一起(实际是一个带倚音式的六四和弦),凡产生这样的情况,在当时即称之为协和四度(其他对位书中较少见)。

例题:

　　三声部中,无自由三部对位的内容,可能是有些章节中,增添了不同类别的叠合写法,但是,谭先生布置三声部第五类的习题中,仍加进了三个自由旋律结合的练习,他认为这样练习更富有创作的意味,下例即是自由三部对位的写法。

六、简单模仿，有固定调的简单模仿，只产生在两个对位声部，固定音只起着协调和声的作用。

例题：

谭先生在布置习题时，还要求三个声部都参加简单模仿，其要素如下：

1. 模仿音程，五度或八度等。
2. 进入时间，自由。
3. 模仿的乐句简短。
4. 不再继续模仿的声部，转入自由对位的写作。

四 部 对 位

四部对位中所包括的内容与三部对位相同,仍分为六个部分,每类只是多了一个对位声部。

一、第一类　在一个固定调上建立三个对位声部,均用全音符写作。

二、第二类　一个对位声部用二分音符连续进行,其他用全音符。

三、第三类　1. 一个对位声部用四分音符的连续进行,其他用全音符。

2. 在四分音符连续进行的上方或下方声部再加上二分音符的连续进行,形成第三类与第二类的叠合形式。

四、第四类　1. 一个对位用二分音符的切分进行。

2. 加上一个四分音符的连续进行形成第四类与第三类的叠合形式。

五、第五类　1. 一个对位作混合节奏。

2. 其他对位声部均作混合节奏。

六、简单模仿

谭先生认为,二部和三部的写作最富有对位效果,三部尤甚,因为旋律清晰、明朗、层次分明,纵向具有丰满的效果。四部的和声效果加强了,旋律易被遮盖。他要求四部对位按以下的步骤写作。

1. 第一类,全音对全音,和声基础锻炼。

2. 第五类,加强多层旋律的锻炼。

3. 第六类,锻炼多层的简单模仿。

四部以上的对位和曲式因学期行将结束，均省略。

（原载《音乐艺术》2007 年第 3 期）

谭小麟《小提琴及中提琴二重奏》的创作特征

徐玺宝　杨春晖

　　谭小麟(肇光),1911 年生于上海,七岁能演奏多种中国乐器,十一岁即能作曲。1931—1938 年①,在上海国立音专师从朱英学习琵琶,师从黄自学习作曲。1939 年赴美国深造,在欧柏林大学、耶鲁大学学习西洋音乐理论和作曲,特别是随作曲家保罗·欣德米特(Paul-Hinemith)的四年学习,给他的音乐创作奠定了深厚的理论基础。1946 年归国后在上海音专教授作曲,并担任作曲系主任,成为我国将现代作曲技法引入教学和创作领域的先行者。在他短暂的一生中创作了《自君之出矣》和《彭浪矶》等 18 部声乐作品、《蜻蜓点水》和《湖上春光》等 7 部民族器乐作品、《小提琴与中提琴二重奏》和《弦乐三重奏》等 4 部室内乐作品。他的"作品中体现出一种远远超过他的前辈(如萧友梅、赵元任、黄自等)的强烈的个性和新颖独特的民族风格,同时也为后人在音乐创作上积累了不少富于启发性的、值得深入探讨的宝贵经验。"②

　　近年来,我国对于谭小麟的研究已取得了一定成绩,有瞿希贤的《追念谭小麟师》和沈知白的《谭小麟传略》等以生平为主线的研究文献,也有秦西炫的《谭小麟歌曲浅析》、罗忠镕的《谭小麟艺术歌曲的和声》、于苏贤的《谭小麟创作中的现代技法》等以作品和技法为主线的研究文献。然而,对于谭小麟的研究还存在着一定的缺陷,如在作品研究方面大多涉及到他的艺术歌曲,而关于其器乐作

---

　　① 钱仁平:《谭小麟研究之研究(上)》,载《黄钟(武汉音乐学院学报)》,2004 年第 2 期,第 29 页,依据《上海音乐学院大事记·名人录》的记载,认为"关于谭小麟入该院读书的时间长期被误为 1932 年,该书则明确指出为 1931 年"。

　　② 汪毓和:《谭小麟及其音乐创作》,载《中央音乐学院学报》,1988 年第 3 期,第 81 页。

品的研究则寥寥无几。本文试图对谭小麟《小提琴及中提琴二重奏》的结构、和声、旋律等进行分析和研究,从中总结和探讨作曲家在器乐创作方面的艺术特征及创作理念。

一、作品的结构特征

《小提琴及中提琴二重奏》是谭小麟创作于 1943 年的室内乐作品,因该作品在美国的上演,谭小麟获得了耶鲁大学的奖学金,后又在芝加哥演出,由欣德米特亲自演奏中提琴,并灌制了唱片,得到美国音乐界的高度赞赏。作品传承了西方多乐章套曲的结构形式,但各乐章的内部结构却富有极强的个性特征。全曲共四个乐章,通过第一乐章强烈的动力性发展,中间两个乐章的哲理性思考和第四乐章的热烈情绪,形成了"快、慢、快"的整体格局。

第一乐章(Allegro Vivace,b 调),复三部曲式。第一部分为再现单二部曲式,主要主题中短促的同音反复与级进相结合,跳音与连音相并置,运用丰富的小提琴演奏技法,生动地表现了热情、积极音乐形象,仿佛阳光照耀大地,万物竞相争辉;第二部分是一个具有特殊意义的重复性乐段,主题在 A 调和 C 调上并列呈示后,经过六小节的连接乐句引出又一遍的重复,使音乐得到比较充分的发挥;第三部分是压缩性再现,音乐停顿在不稳定的 D 调上,引出一个由主要主题经过节奏重新组合而成的慢板尾声,充满了表情色彩,极具感染力。第一乐章可用以下图表概括其基本结构特征和素材、调性以及音响布局的基本轮廓:

	第一部分 A	第二部分 B	第三部分 A	尾声
材料	$a+a^1$	$b+a^2$	$c+c^1+c^2$	a^3	a^4
小节	1－18	19－39	40－77	78－94	95－111
调性	b	$^{\sharp}$f－b	a－c－a	b－d	b
力度	*mf/f*	*f/mp*	*mf/f/ff*	*mf/f*	*mp*

第二乐章(Andante,d 调 －$^{\sharp}$f 调),复三部曲式与谐谑曲的组合。由于第一个复三部曲式的主要主题采用了对比复调的织体,与和声织体的并置性乐段构成一个单二部曲式,通过节拍的变化和音乐不断展开性的中部后,小提琴与中提琴交换声部形成八度复对位的变化再现。将谐谑曲作为第二部分巧妙的结合起来是本乐章的重要特征,体现了作曲家追求艺术个性的创新精神。乐章以完全再现复三部曲式的谐谑曲结束。

第二乐章可用以下图表概括其基本结构特征和素材、调性以及音响布局的基本轮廓:

表1：

材料	第一部分					第二部分（谐谑曲）	
	复三部曲式					复三部曲式	
材料	引子 A (a＋b)	B	A¹ a¹＋b¹	尾声 引子材料	C(fine) c＋d＋c¹	D(C. D) e＋e¹	
小节	1－8	9－16(a) 17－23(b)	24－34	35－42(a¹) 43－49(b¹)	50－57	58－68(c) 69－82(d) 83－102(c¹)	103－112 (e) 113－123(e¹)
调性	d	c－ᵇb	a－ᵇE	c－ᵇb	d	a－♯c－a	g－c－d
力度	*mp*	*p/f*	*f*	*mp/f*	*mp*	*mf/f*	*mp/mf/ff*

第三乐章（Lento. g 调），由乐段构成的慢板乐章，共 16 小节。在小提琴十分轻柔而透亮的泛音和音伴奏下，加弱音器的中提琴奏出两个长大的对比性乐句，自由松散的节奏给音乐提供了广阔的表现空间。强烈的音色对比也极大的为本乐章增光添彩，如乐章收束时中提琴紧接三十二分音符后 G 弦上如醉如痴的七度大跳旋律，仿佛大型管弦乐交响后的人声吟唱，强大的感染力扣人心弦。

第四乐章（Allegro ma non troppo，d 调），非常规的二部曲式，由小赋格性质的变格模仿段落和复乐段组成。第一部分小提琴演奏一个连绵不断、富有活力的主题旋律，中提琴相隔三拍以 F 为轴音构成严格的倒影模仿：主题旋律通过声部交换后，两声部相隔两拍构成严格的八度模仿，模仿节奏随即紧凑起来；当主题旋律以 A 为轴音，由小提琴用蟹行复对位的方式与中提琴的原形主题旋律竞奏时，两声部相隔一拍，模仿节奏更加急促，音乐情绪达到高潮。第二部分由宽广的旋律和密集的六连音构成对比声部，是一个结构方整，调性清晰的复乐段。以和声织体为主的尾声不仅是本乐章的收束部分，而且为全曲划上了圆满的句号。第四乐章可用以下图表概括其基本结构特征和素材、调性以及音响布局的基本轮廓：

	第一部分			第二部分		
材料	A	A¹	A²	B	B¹	尾声
小节	1－8	9－16	17－24	25－32	22－40	41－52
调性	d	f	g－e	D	d	D
力度	*f*	*mf*	*f*	*mf*	*f*	*ff*

　　《小提琴及中提琴二重奏》保持了传统室内乐多乐章套曲形式的结构特征，但对传统曲式结构的运用和组合原则进行了大胆的拓展。音乐结构以音乐表现和音乐情绪的起伏为依据，创造性的应用和改造传统曲式结构是这部作品个性特征的一个重要方面。

二、作品的和声特征

　　作为欣德米特的得意门生，谭小麟全面掌握了欣德米特创立的作曲技术理论体系，并有着深刻的理解。欣德米特作曲技术理论的核心就是和声体系，"可以说是最有价值的理论贡献。他在否定了传统和声理论中关于和弦构成的基本原则是三度叠置与和弦是可转位的以及和弦可做不同解释等原则之后，提出了一套完整的、逻辑严谨的和声理论体系。这一新的和声体系表现出了鲜明的现代特征及广泛的实用性价值。"①欣德米特认为和弦是由音程组成的，而音程的性质和使用价值则由音序2（Series2）决定。音序2是结合音（combination tone）产生的一个音程的自然排列次序，它表明了音程价值由高到低的排列顺序为纯五度、纯四度、大三度、小六度、小三度、大六度、大二度、小七度、小二度、大七度和三全音。与此同时，欣德米特提出了一个"和弦分类表"，将所有的和弦按照其使用价值的高低分为两大类，包括六个组，即A类不含三全音的Ⅰ、Ⅲ、Ⅴ组和弦，B类含三全音的Ⅱ、Ⅳ、Ⅵ组。②和弦中以音序2为衡量标准的最佳音程是起支持作用的和弦根音，与和弦根音、和弦结构以及声部关系相联系的"和声起伏"、"两部骨架"在合乎逻辑的和声发展中相互作用，成为推动音乐发展的重要因素。

　　谭小麟的《小提琴及中提琴二重奏》是在欣德米特的直接指导下创作的室内乐作品，其和声发展技巧正是建立在欣德米特和声体系的基础之上。如第一乐章主要主题的呈示中，使用了价值较高的和弦序进，既保持了调性上的稳定性，又有一定的和声起伏效果，同时，两部骨架的平行纯五度和纯四度音程的进行也吻合了中国民族民间音乐的审美习惯。谱例1为第一乐章主要主题的和声、调性与声部形态。

---

　　①　于苏贤：《论欣德米特的作曲理论体系（上）》，载《中央音乐学院学报》，1991年第2期，第19页。

　　②　见罗忠镕翻译的欣德米特《作曲技法》第1卷理论篇，上海音乐出版社，2002年1月第1版，第232页的"和弦分类表"和第100—106页关于"和弦类的分组"的论述。

谱例 1：

欣德米特提出的和声理论中，和弦的结构选择与排列方式由作曲家依据个人的审美情趣、艺术追求和作品的内容、风格等需要而设计。因此，可供选择的和声材料得到了极大的扩展，作曲家的创作可以按照作品所需要的和声音响效果摆脱传统和声观念的束缚而自由处理。谭小麟将中国民族乐器擅长演奏的五声性和音融入欣德米特和声技巧之中，体现了他在现代和声技术运用上富有创造性的个性特征。

谱例 2：

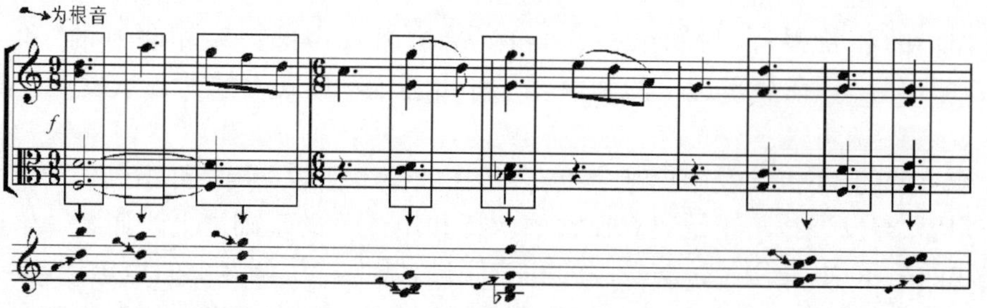

谱例 2 是对第二乐章复三部曲式中部片段的和弦分析图表。为了形成音乐上的强烈对比，中部将原来对位化的复调织体转变为坚实有力的和声织体，使得音乐以音响的色彩和紧张度为重要的表现要素。同时，在和弦的构成上与中国民族民间音乐的特征取得了密切的联系。图表中第一个和弦属于 B 类Ⅱb-2 组和弦，其中 F 音和 B 音之间的增四度是价值最低的音程，和弦的根音是价值相对较高的大六度音程转位后小三度音程的根音 D，这个和弦音响尖锐，有较强的紧张度；随后是一个属于 A 类 I2 组和弦，由于具有 D 音与 A 音之间价值很高的纯五度音程，这个和弦的音响饱满，比较稳定；第三个和弦属于 A 类Ⅲ2 组和弦，包含一个纯四度音程和大二度音程，紧张度有所增加；第四个和弦属于 A 类Ⅲ1 组和弦，紧张

度减弱；第五、六个和弦也属于 A 类 III 2 组和弦，紧张度保持，第七个和弦属于 A 类 III 1 组和弦，紧张度减弱。这些和弦中纯四度、纯五度音程与大二度音程的结合，具有鲜明的中国五声性和音特征，这也正是谭小麟将现代和声技术灵活运用于民族特色和个人风格音乐创作中的创新之举。

三、作品的旋律特征

欣德米特在强调纯八度和纯五度音程的基础上，根据泛音原理，按照泛音列的比例精确地计算出一个包含有十二音的半音阶，并将这十二个音作为音乐创作的基本材料。半音阶中的每个音都与产生该半音阶的根源音有着亲属关系，十二个音都是本质音级，并且同属于一个调性家族，任何两个音之间可以建立连接关系。但是，各音受根源音的制约所赋予的地位和价值还是有差异的，这种差异反映在音序 1（Series 1）中，如以 C 为根源音的音序 1 的次序是 C、G、F、A、E、降 E、降 A、D、降 B、降 D、B、升 F（降 G），其中，从 G 开始依次与根源音构成的纯五度、纯四度、大六度、大三度、小三度、小六度音是子音；从 D 开始依次与根源音构成的大二度、小七度、小二度和大七度音则是孙子音；升 F 音（或降 G）与根源音 C 构成三全音，是重孙子音，关系最远，价值也最低。因此，根源音是具有组织意义的调性中心，其余十一个音按照音序 1 中的排列次序有着各不相同的使用价值，成为造成旋律运动中紧张度和力度变化的重要因素。谭小麟在吸收运用欣德米特现代作曲技法时，不是生搬硬套，而是将中国传统的民族风格与具有现代特征的旋律材料与调性结构有机地结合起来，形成了自己的创作风格。

《小提琴及中提琴二重奏》的旋律写作严格遵循了欣德米特理论体系，运用纯五度、纯四度、三度等旋律音程加强旋律的内在联系，突出旋律发展中调性构成与调性组织的逻辑关系。因此，调性便成为作品结构组织和音乐表现的重要因素。下面以第二乐章谐谑曲的主要主题旋律片段为例，说明调性在作品中的表现作用。

谱例 3：

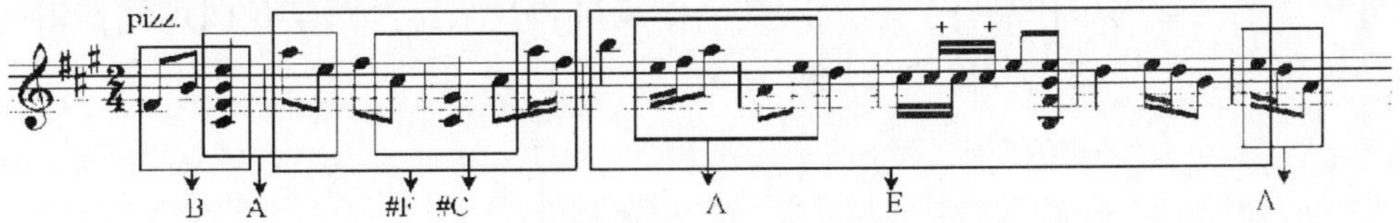

谱例 3 中的前三小节里连续运用了七个纯四度音程的连接，一方面，由于该音程具有较高的价值而加强了旋律的稳定感和协和程度，另一方面，由于该音程转位后为纯五度，既减弱了旋律的流动性，加强了和声功能，又有着鲜明的调性作用而

突出了旋律局部的调性色彩和调性的表现力度。如第一拍的升 F 与 B 两个音的上行四度进行,就强调了 B 的根音作用和调性中心作用,第二拍的和弦中包含了三个纯四度,由于中间一个纯四度与第一拍的调性相一致,故其调性可以随第一拍,又因其低音和冠音属于第二小节第一拍的调性,故也可以属于后面的调性,从而体现了调性的二重性和旋律横向发展中的多调性特征。从谱例 3 中的调性变换形态和调性关系可以看出,谭小麟将调性发展作为旋律展开的重要技术手段,将调性发展作为音乐表现的重要因素,充分展示了鲜明的现代作曲技术特征,充分体现了欣德米特的音级进行理论和调性理论在个性化音乐创作中的运用。

　　在欣德米特现代作曲技术理论中,"整个音的领域都从属于根源音。因此,把音序关系和根据它构成的一切称之为调性,把音的家族的根源音称之为调性中心。"①他强调了调性中心的控制作用和凝聚力,否定无调性理论的存在。在音乐发展中,尽管每个音都有成为一个根源音的需求,但原调性中心音和新的调性中心音的稳固地位控制着各音之间相对稳定的关系,这里,没有调式的概念。谭小麟创造性地运用老师的理论体系,将中国民族民间音乐中的五声性旋法与新的调性理论相结合,在作品中显露出中国的五声性调式特征。他认为欣德米特"是自由运用半音阶的十二个音,虽不是无调性,而是有调性,但我认为他的风格和中国现实离得太远。我自己作的就是调性很显著,用中国调式和中国旋法。"②如谱例 1 小提琴一开始演奏的升 F、E、D 旋律进行,就是典型的五声性调式旋律的"三音组"音调(大二度加大二度),在此基础上,前三小节构成了五声性羽调式;第四小节第二拍的 E、升 C、B 旋律进行,是小三度加大二度的"三音组"音调,同时,第四小节到第七小节的第一拍构成了五声徵调式;后面的升 G、B、升 F 旋律进行,也是一个小三度加大二度的"三音组"音调,构成了五声商调式。由此可见,谭小麟的音乐创作没有受现代作曲理论的束缚,而是以发挥自己的创作个性、继承中国民族音乐的文化特征为创作理念,与我国的现代艺术创作观"洋为中用、古为今用"不谋而合。

　　谭小麟的《小提琴及中提琴二重奏》写作手法精致洗练、风格清新典雅,其富有个性化的曲式结构、极具现代性的和声结构和强烈民族特色的旋律发展,以及纯熟精深的复调创作技法,使音乐具有很强的艺术感染力和浓厚的民族情感。作为我国近代早期的室内乐作品,时至今日,其创作风格和音乐思维对于我国现代音乐创作来说仍具有很高的参考价值和现实意义。

　　　　　　　　　　　　　　　　　　　　　　　　　　　(原载《黄钟》2009 年第 1 期)

---

　　①　于苏贤:《论欣德米特的作曲理论体系(上)》,载《中央音乐学院学报》,1991 年第 2 期,第 23 页。

　　②　瞿希贤:《追念谭小麟师》,载《音乐艺术》,1980 年第 3 期,第 16 页。

作品 选辑

弦乐三重奏

I

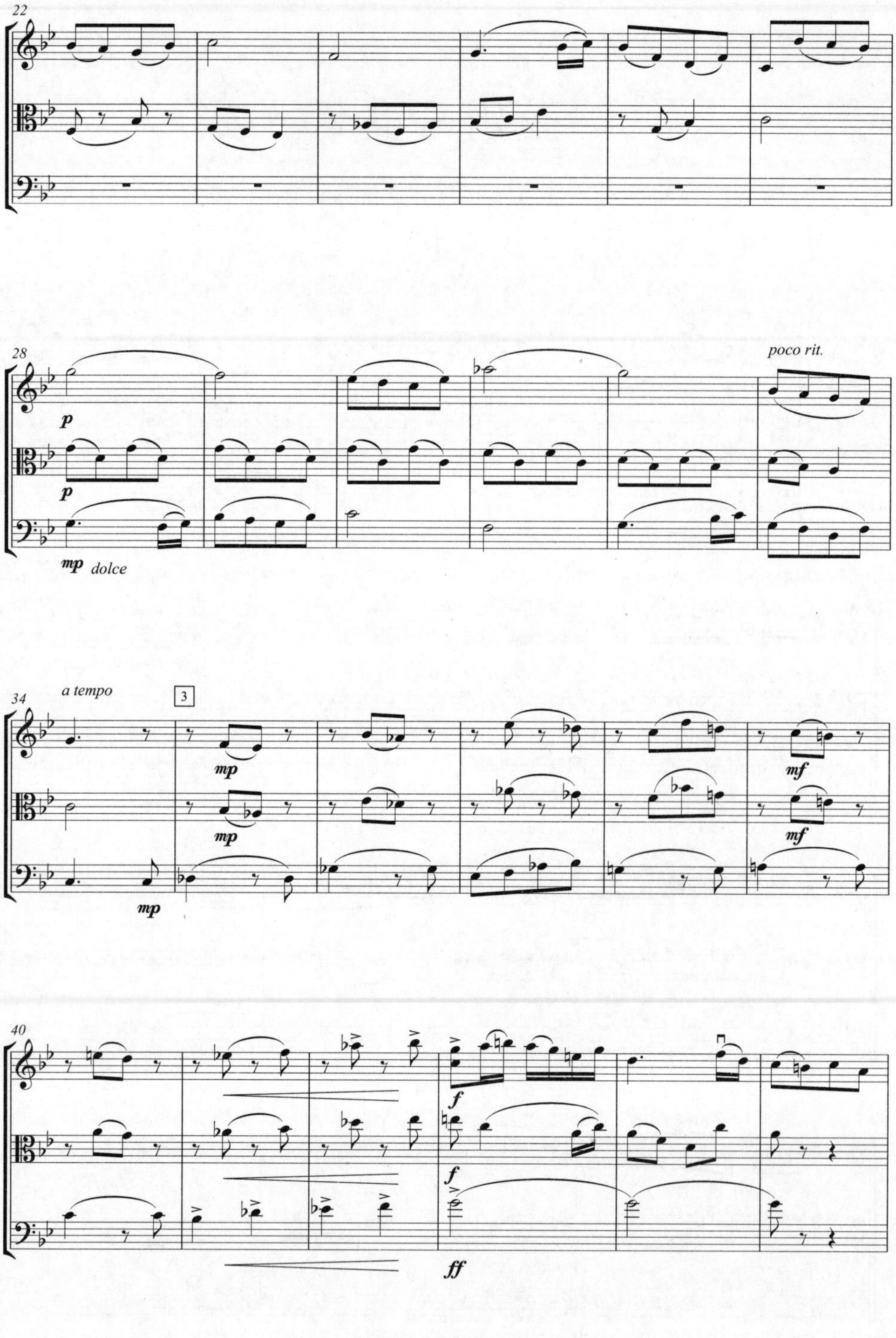
22
28
p
p
mp dolce
poco rit.
a tempo
34
3
mp
mp
mp
mf
mf
40
f
f
ff

46
4
poco dim.
p
p
mf
52
pp
pp
58
mp
mp
p
mp
64
5
p
subito
p
subito
pp
mp
p
subito
mp

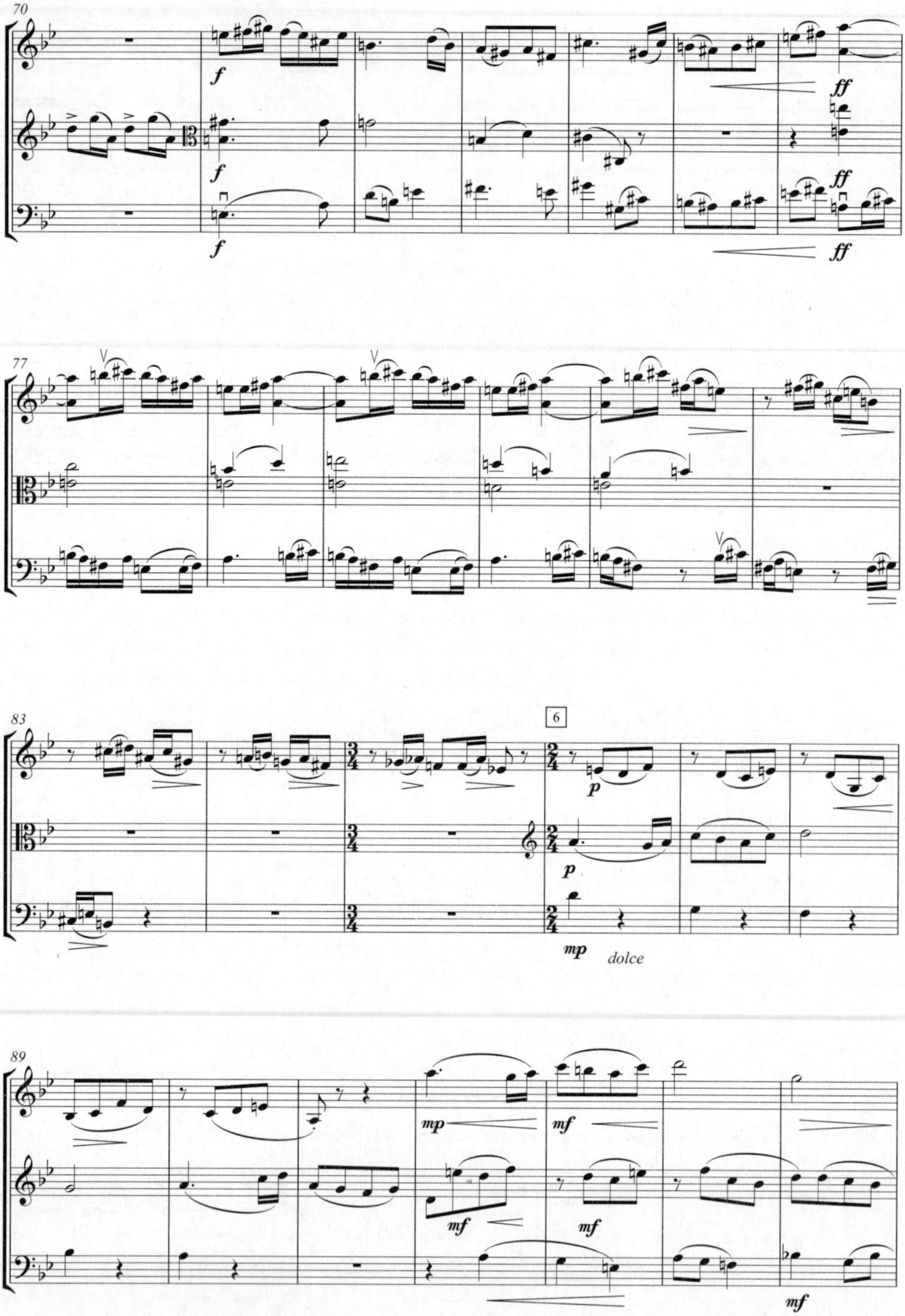
70
f
f
f
ff
ff
ff
77
83
6
p
p
mp
dolce
89
mp
mf
mf
mf
mf

96
rit.
7
a tempo
dim.
dim.
cresc.
dim.
dim.
cresc.
dim.
cresc.
103
mf
mf
f
110
mf
f
mf
f
mf
mf
ff
117
sf
sf
sf
sf
fff

II

13
arco
pizz.
arco
pizz.
pp
pp
mf
mp
16
arco
espress.
mf
2
arco
mf
mf
19
f
p
esc.
p
p
22
rit.
3
a tempo
mp
mp
25
tr
tr
mp
mp
p
p
mp
mp
p

28
4
mp
cresc.
31
cresc.
cresc.
broad
broad
broad
ff
ff
ff
34
Tempo
I
fp
fp
fp
mp
mp
mp
37
p
p
p
40
rit.
pp
pp
pp

III

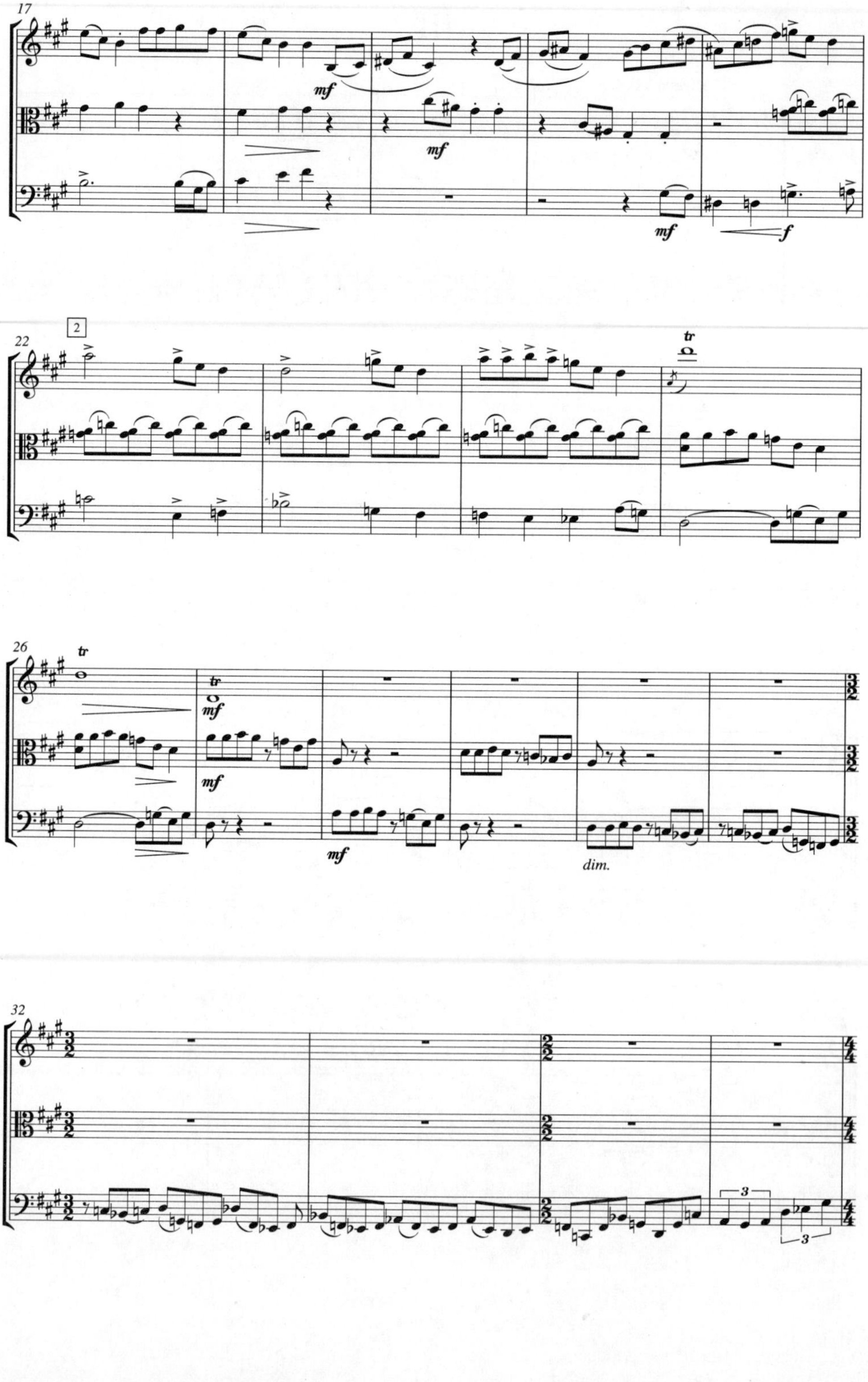
17
mf
mf
mf
f
2
22
tr
26
tr
tr
mf
mf
mf
dim.
32
3
3

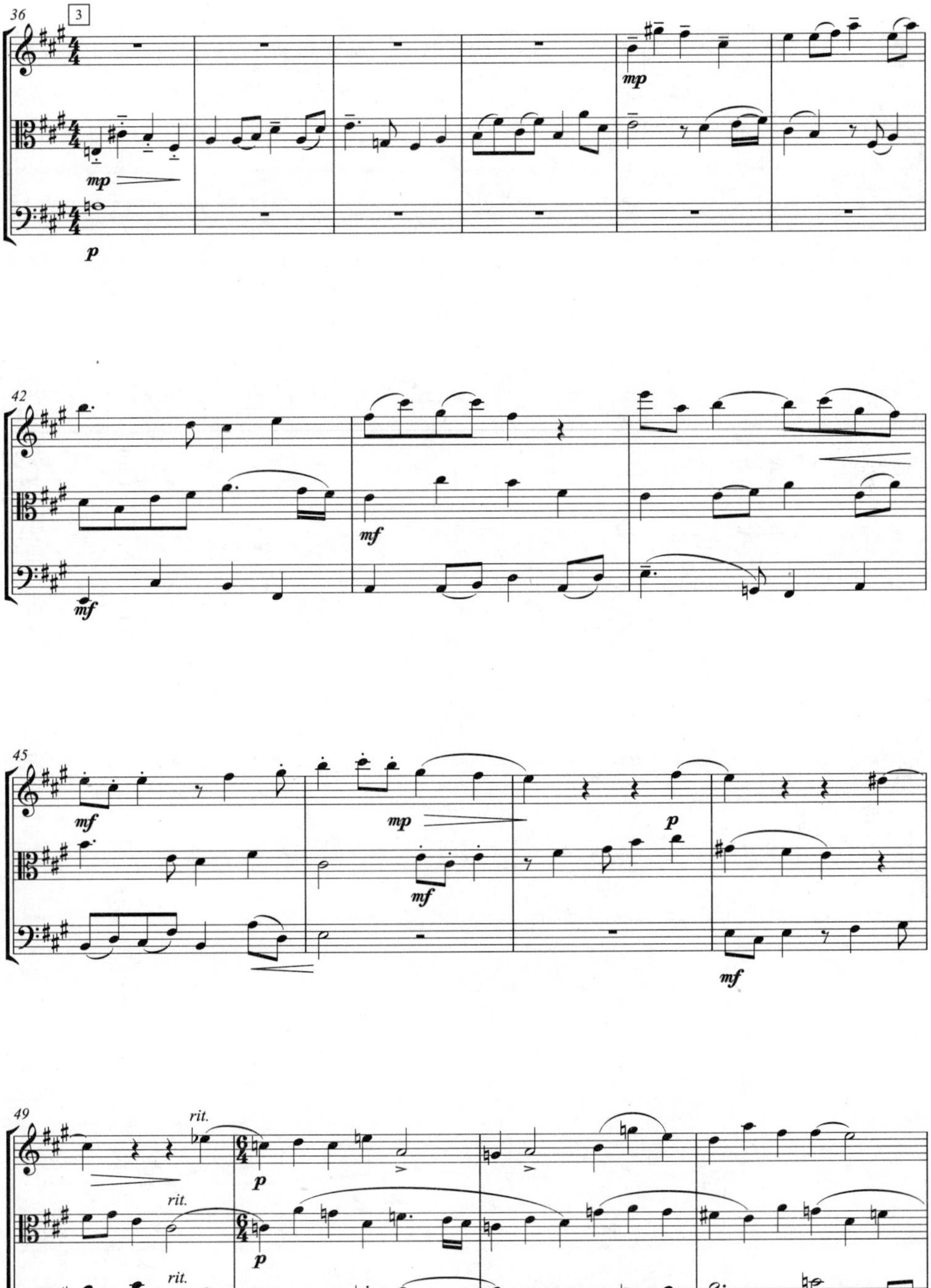
36
3
mp
p
42
mf
45
49
rit.

53
rit.
mp
57
a tempo
pp
pp
pp
61
4
Tempo I
p cresc.
p cresc.
p cresc.
66
pizz.
f
f
pizz.
f

71
5
accel
arco
ff
arco
ff
ff
77
ff
ff
ff
ff
Più mosso
p
p
82
p
6
87
Allegro molto
mf cresc.
mf cresc.
mf cresc.
f
f
f
f

92
96
f
cresc.
broad
cresc.
broad
cresc.
broad
cresc.
100
presto
ff
f
ff
f
ff
105
sf
ff

浪 漫 曲

16
Vla.
Hp.
f
cresc.
accel.
ff
ff
19
f
ff
22
rit.
Slower and quiet
mf
doloce
mp
5
mp
5
25
mf

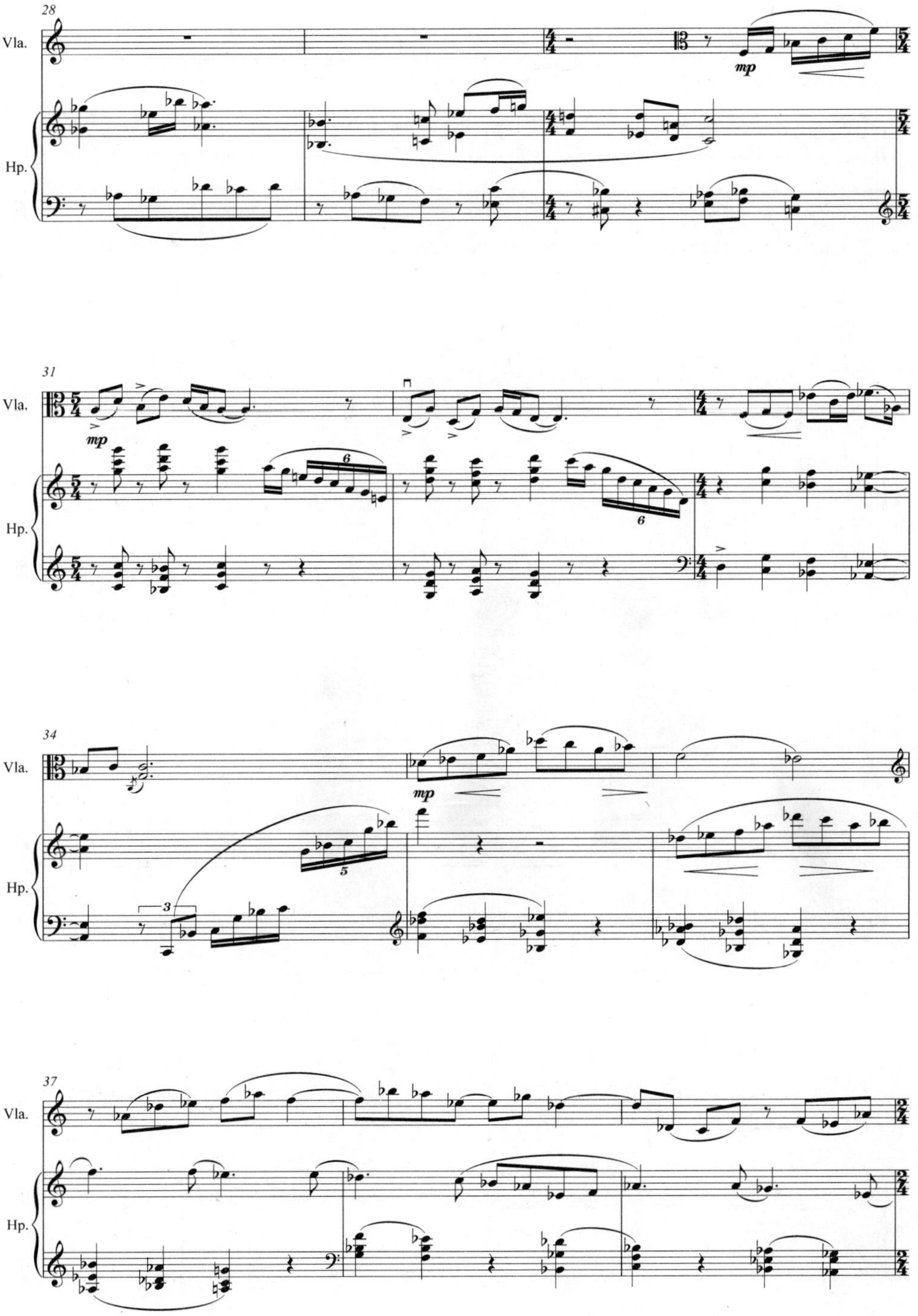
28
Vla.
mp
Hp.
31
Vla.
mp
Hp.
6
6
34
Vla.
mp
Hp.
3
5
37
Vla.
Hp.

40
poco accel.
Vla.
mp
Hp.
p
p
43
rit.
stringendo
espressivo.
pp
47
50
mf

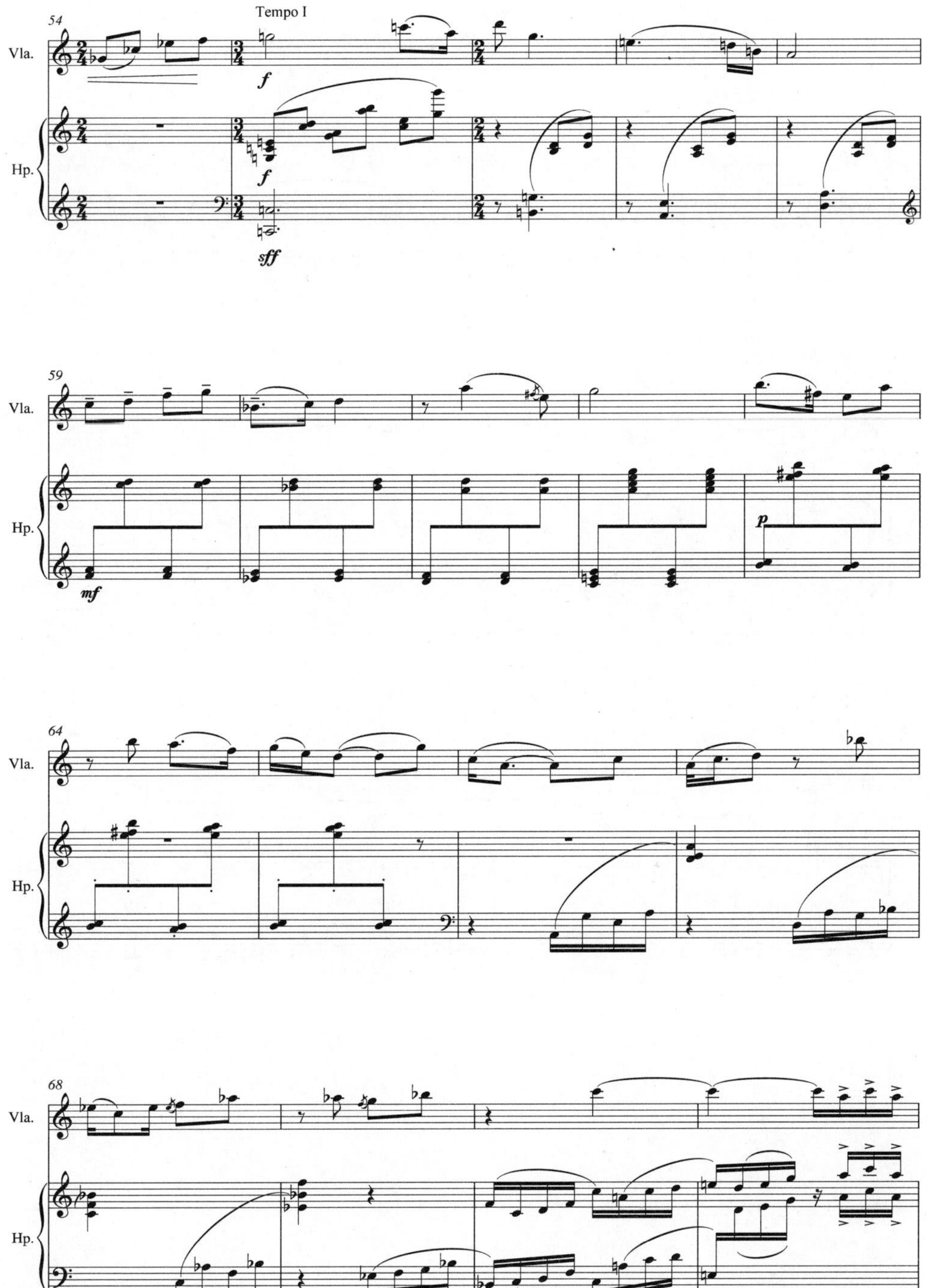
54
Tempo I
Vla.
Hp.
f
f
sff
59
Vla.
Hp.
mf
p
64
Vla.
Hp.
68
Vla.
Hp.

72
Presto
Vla.
Hp.
ff
mf
mf
8vb
77
Vla.
Hp.
ff
f
8vb
8vb
82
Vla.
Hp.
sf
ff
ff
sff

小提琴与中提琴二重奏
Duet for Violin and Viola

I

29
dim.
mp
mp
35
mf
cresc.
pizz.
40
arco
pizz.
arco
pizz.
p subito
cresc.
46
pizz.
mf
arco
cresc.
p
52
Marcato
subito
f
mp
arco
cresc.

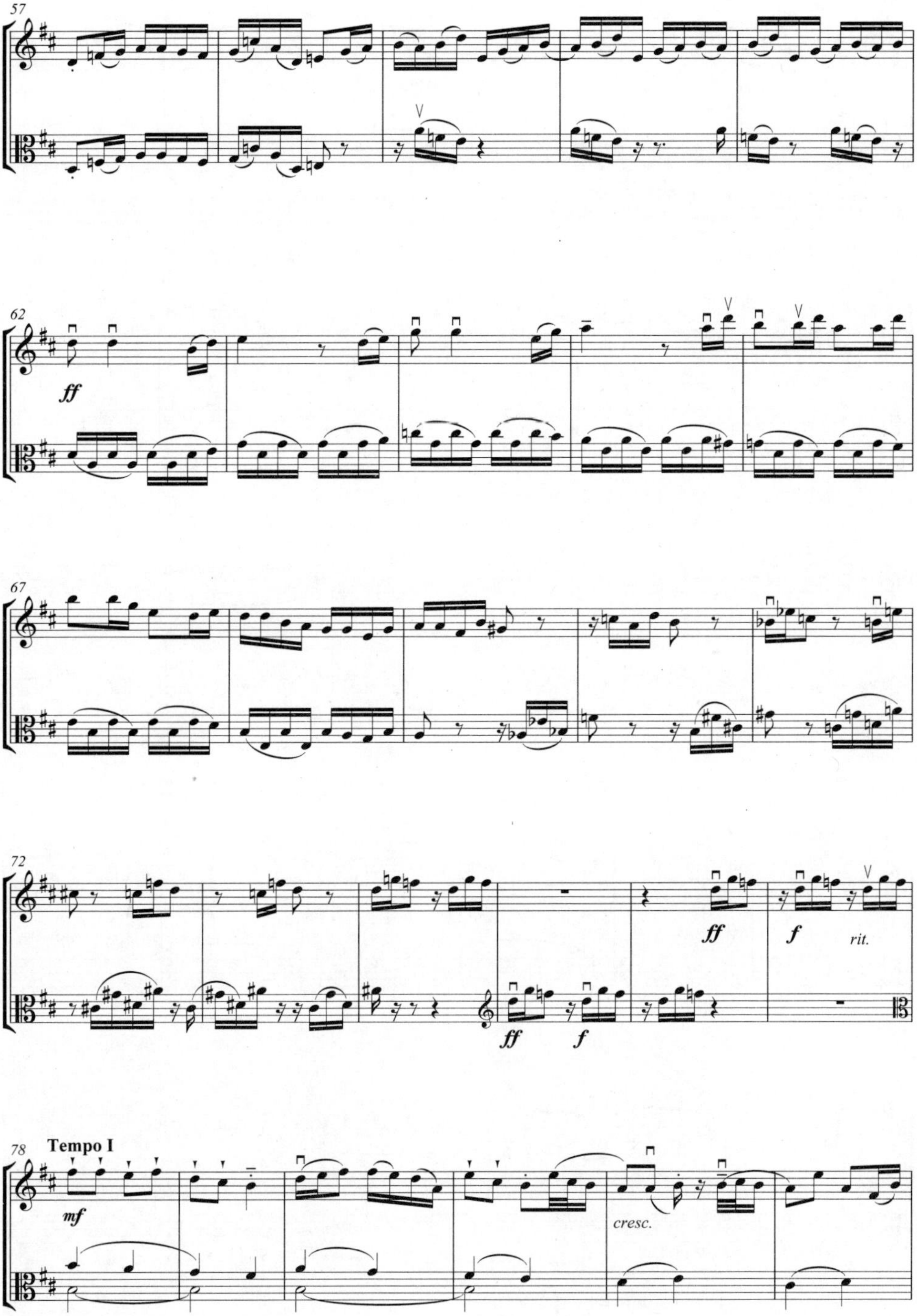
57
62
ff
67
72
ff
f
rit.
ff
f
78
Tempo I
mf
cresc.

*编者注：罗忠镕先生所抄谱的油印本中，此音为"#g"。

II

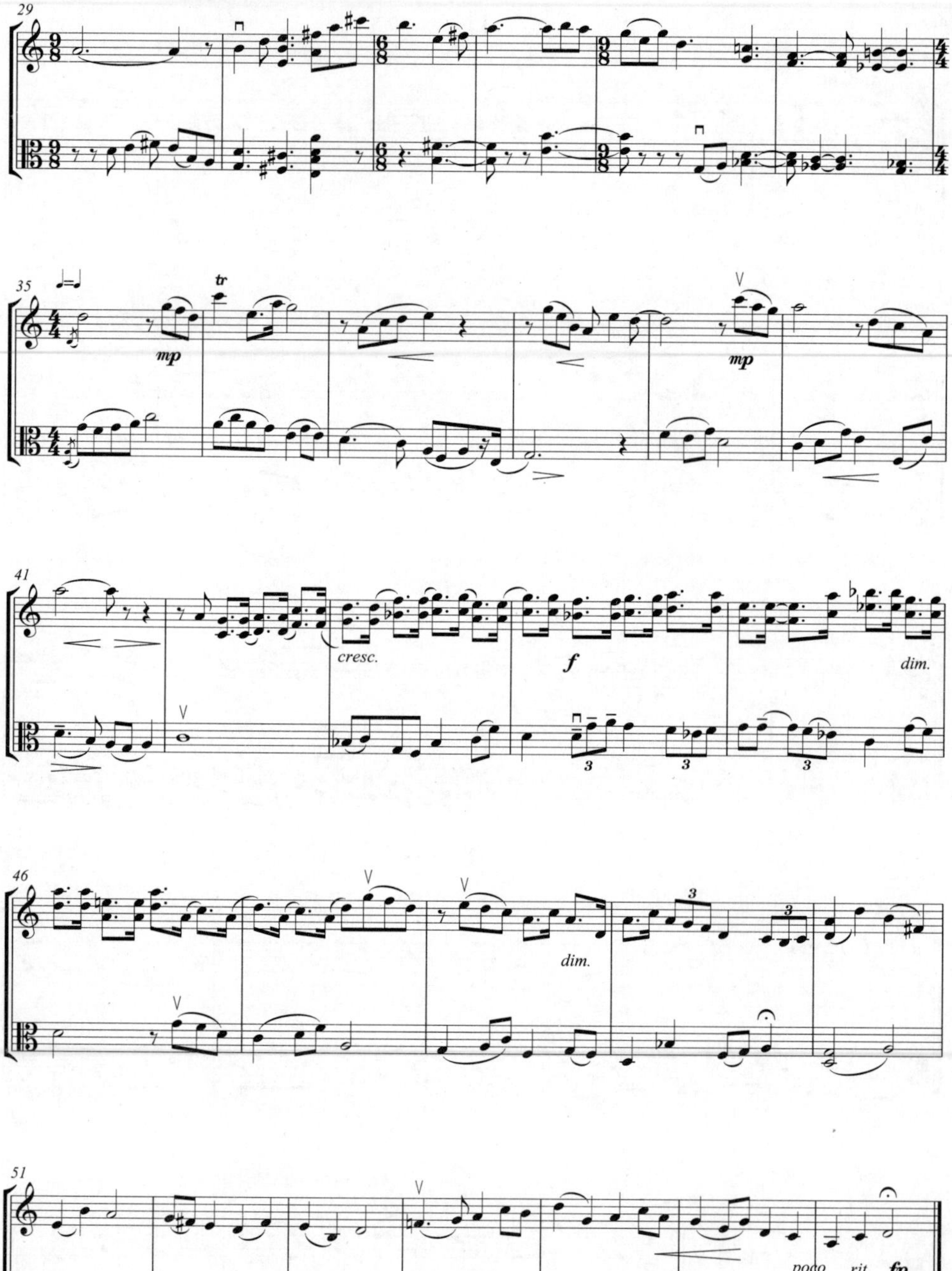
29
35
mp
tr
mp
41
cresc.
f
dim.
46
dim.
51
poco rit.
fp

III *

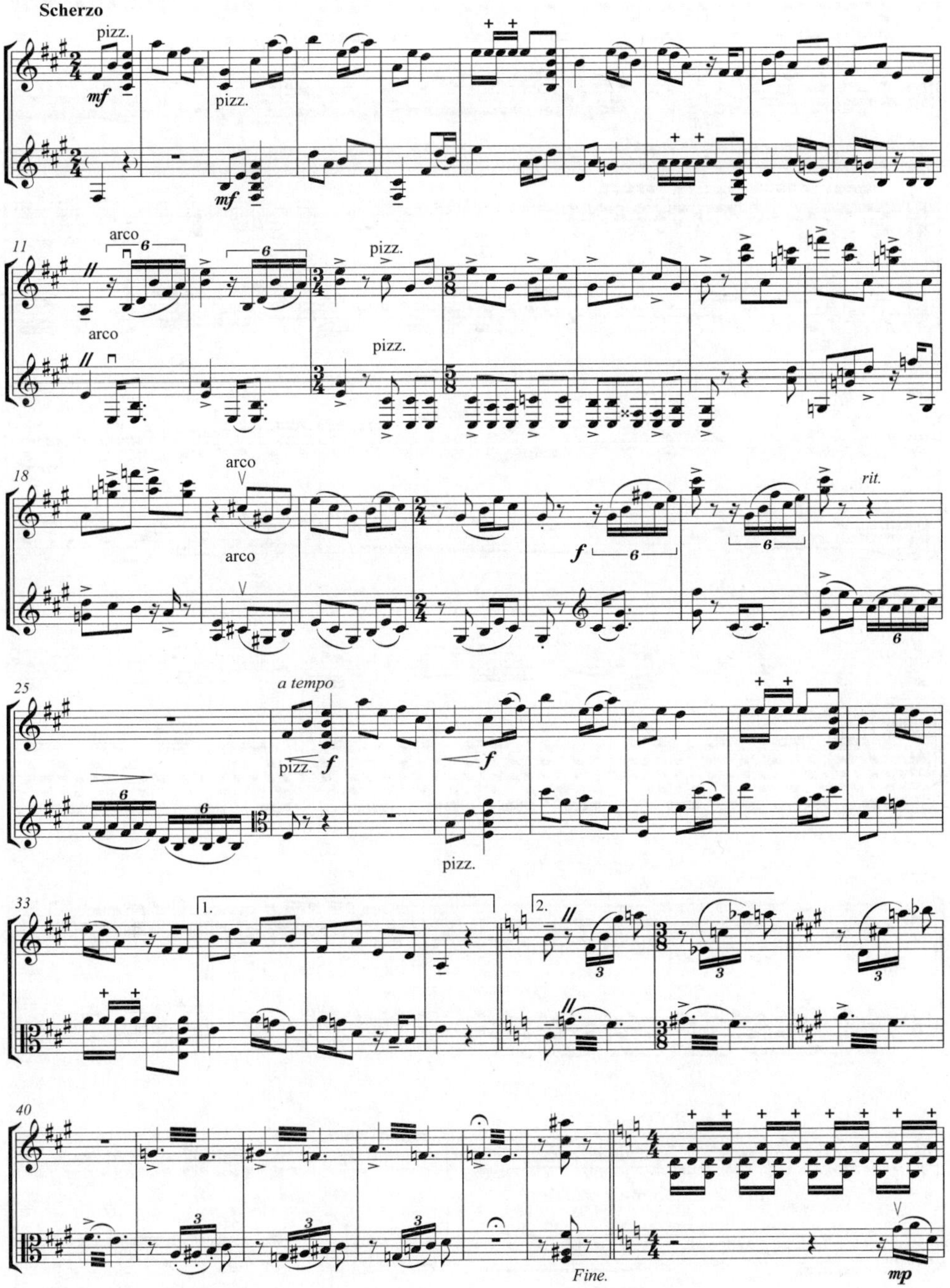

* 编者注:根据罗忠镕先生所抄稿油印本，此处标为第三乐章。

47
pizz.
mf
50
f
53
rit.
dim.
56
arco
fp
59
Legato
mf
f
pizz.
arco
63
cresc.
f
cresc.
mp
ff
ff
D.C. Al. Fine

IV

V

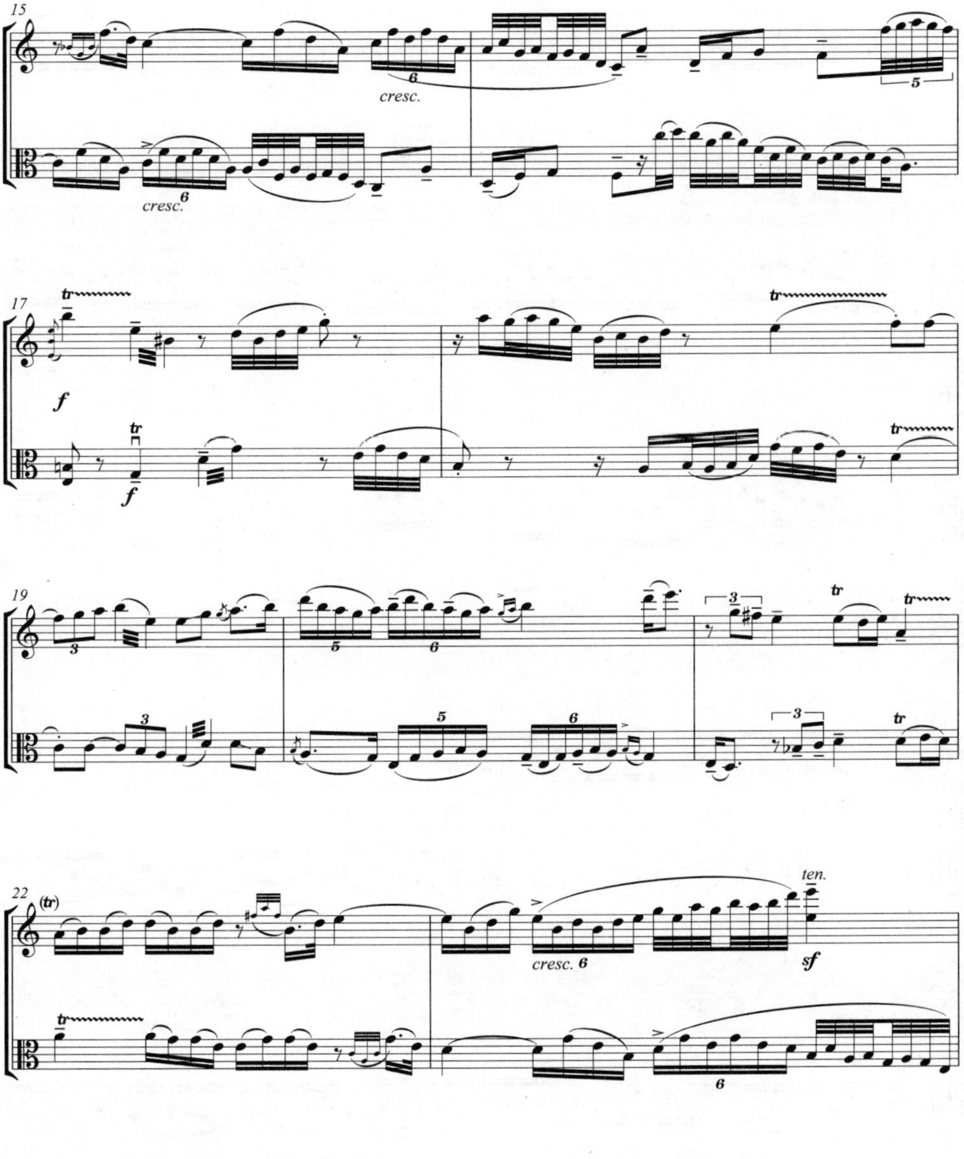
15
cresc.
cresc.
17
f
f
19
22
(tr)
cresc.
ten.
sf
24
mf

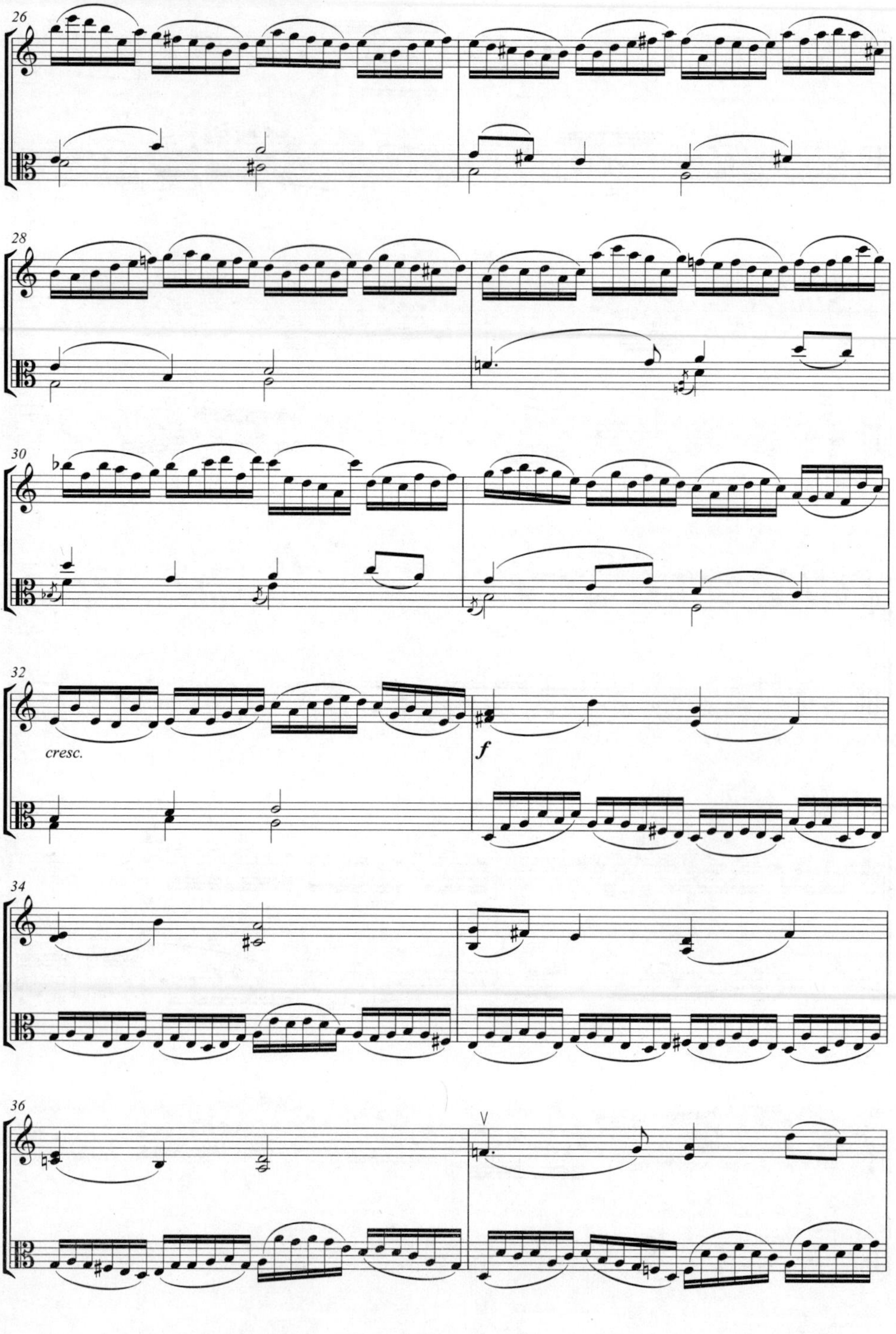
26
28
30
32
cresc.
f
34
36

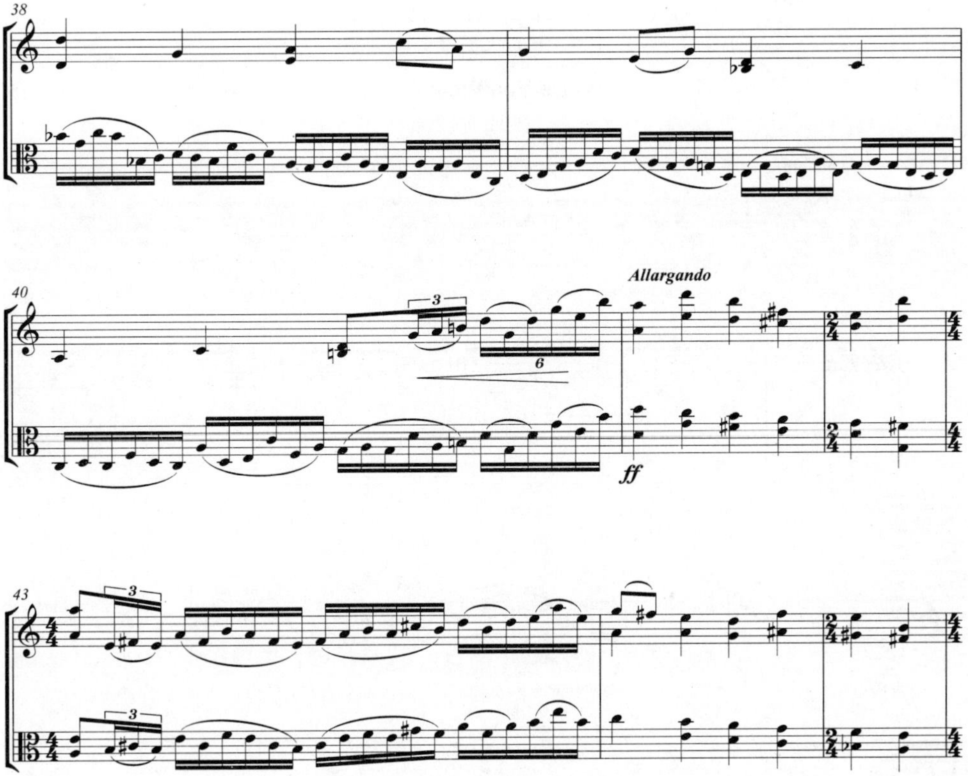
38
40
Allargando
6
ff
43
46
49

自君之出矣 ①

Since You Went Away

（独唱）

[唐] 张九龄诗

*编者注：① 这支歌及“别离”曾在美国以英文演唱，有一定影响，因此，保留英文歌词。

② 唱英文歌词时，用括号内的音符。

别 离

郭沫若词

残月 黄金梳，
The moon's a gold - en comb,

我 欲掇之 赠彼 姝。
Wish to pick it and give to my love.

彼姝 不 可见，
My love can't be seen,

桥下
Mur - murs the

mp rit.
a tempo
mp crescen-
流 泉 声 如 泫。
cold stream weep - ing - ly.
晓 日
The sun's a
rit.
a tempo
p
mp
pp crescen-
Ped.
do poco a poco cresc.
月 桂 冠，
laur - eate wreath,
掇 之 欲 上 青 天 难，
pick it, but it's hard to climb the sky.
poco a poco cresc. molto
do
f
mf mp
青 天 犹 可 上，
To climb there's yet a way,
生 离 令
But part - ing makes
ff p
mp
我 情 惆 怅。
my heart full of dole.
rit.
mf
p
mp poco cresc.
mp

彭浪矶

(独 唱)

[宋] 宋希真词

扁 舟 去 作 江 南 客， 旅 雁 孤

云， 万 里 烟 尘， 回 首 中 原

泪 满 巾！ 碧 山 相 映 汀 洲

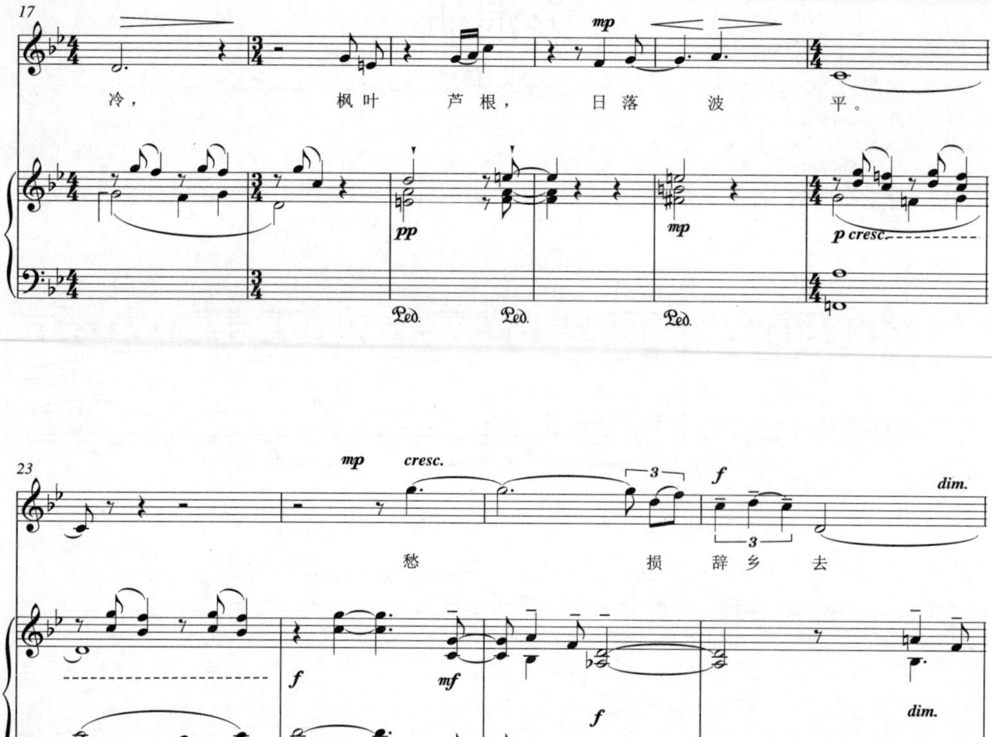
冷，
枫叶
芦根，
日落
波
平。
愁
损
辞
乡
去
园
人！

小 路①

（独 唱）

内蒙古民歌

房 前 的 大 路， 哎， 亲亲，你 莫 走；

房 后 边 走 下， 哎， 亲亲，一 条 小 路。

*编者注：① 这支内蒙古民歌，谭小麟改换了原来的拍子并为之写了钢琴部分。
② 根据杨与石先生所作的勘误。

正 气 歌

（独 唱）

[宋] 文天祥诗摘句

天地有正气，　杂然赋流形。

下则为河岳，　上则为日星。

于人曰浩然，　沛乎塞苍冥。

*编者注：根据杨与石先生所作的勘误。此处音符符干朝上，与前一小节形成一条旋律线。

(rit.- - - - - - - - - - - - - - - - -)
13
时穷节乃见，一一垂丹青。
rit.
mp
mf
f
mf
17
♩=84
是气所
♩=84
strin-gen-do poco a poco
f
21
磅礴，凛烈万古存。当其贯
ff
Tempo I ♩=66
25
sff
f
日月，生死安足论！
8va
sff
f
marcato
fff

正 气 歌

(无伴奏混声合唱)

[宋] 文天祥诗摘句

Maestoso ♩ = 66

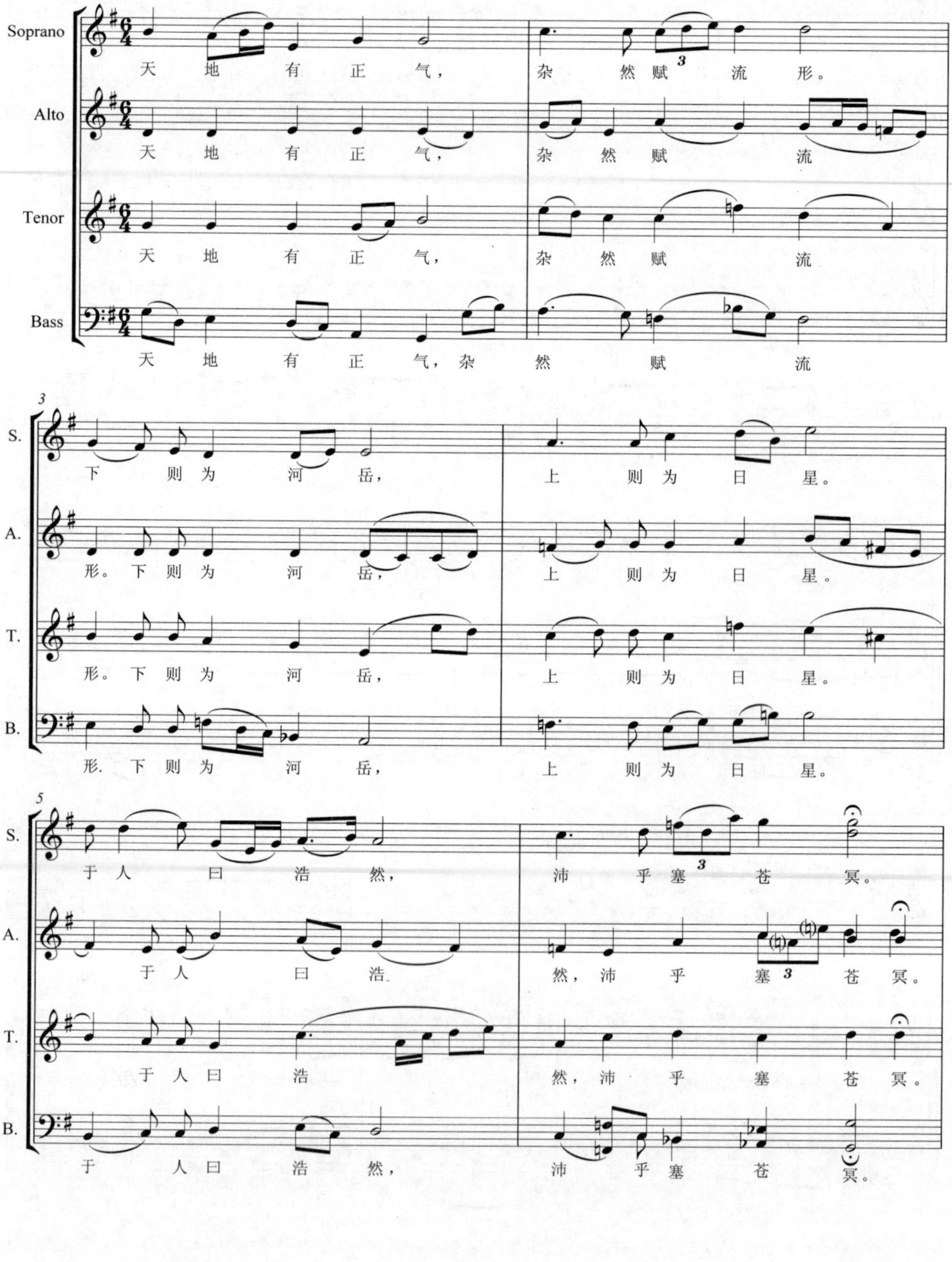

7
S.
时穷节乃见，一一垂丹青。
A.
时穷节乃见，一一垂丹青。
T.
时穷节乃见，一一垂丹青。
B.
时穷节乃见，一一垂丹青。
9
S.
是气所磅礴，凛烈万古存。
A.
是气所磅礴，凛烈万古存。
T.
是气所磅礴，凛烈万古存。
B.
是气所磅礴，凛烈万
11
S.
当其贯日月，生死安足论！
A.
当其贯日月，生死安足论！
T.
当其贯日月，生死安足论！
B.
古存。当其贯日月，生死安足论！

春雨春风

(独唱)

[宋] 朱希真词

燕 娇 莺

巧， 只 是 参 军

老。 ao ao

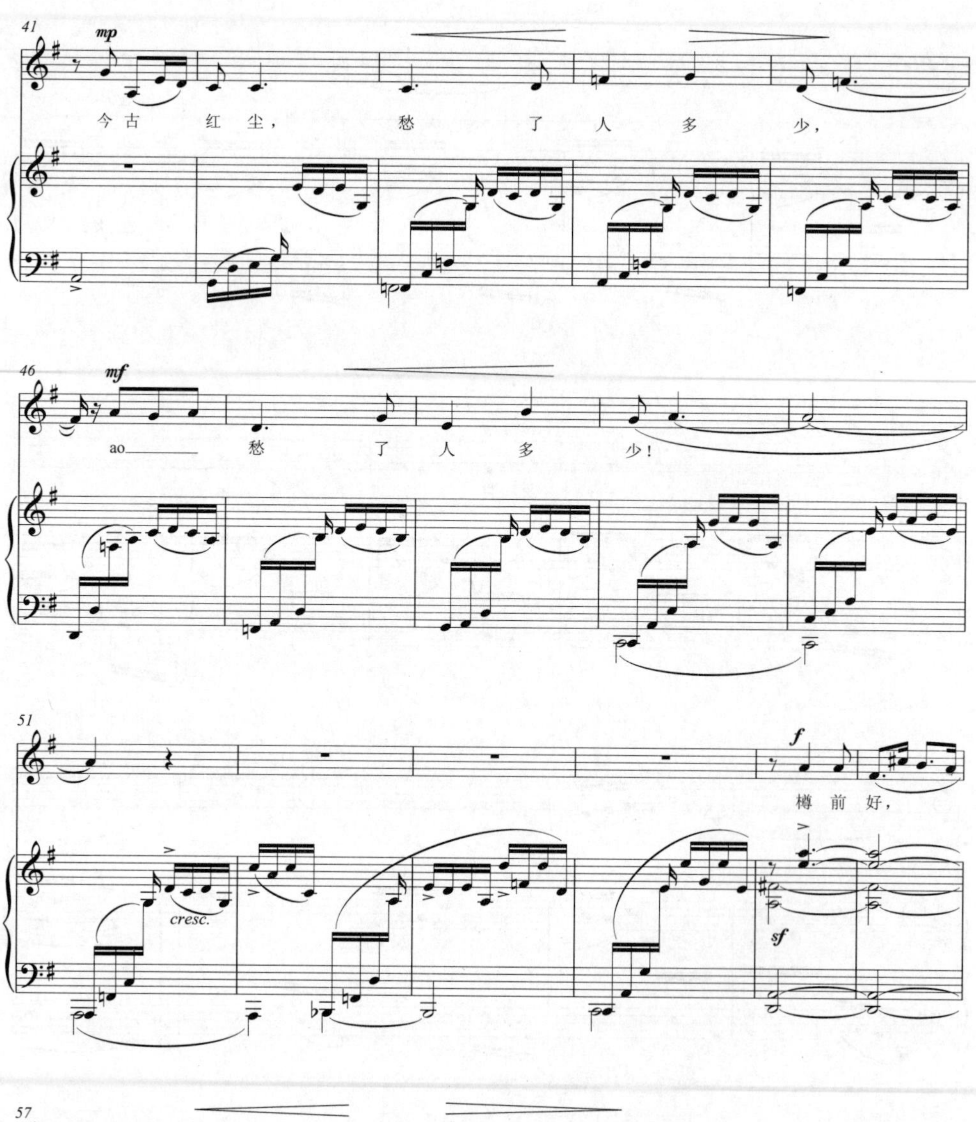
今古 红尘，愁 了 人 多 少，
ao 愁 了 人 多 少！
樽 前 好，
缓 歌
cresc.

低笑， 缓歌 低笑，

醉 向花间倒，

醉 向花间

倒。

清 平 调

(无伴奏女声合唱)

[唐] 李 白诗

22
pp
容，
p
云
想
衣
p
云
想
p
衣
裳
云
想
28
裳
花
想
容，
花
想
容，
f
衣
裳花 - - - - - - 想
33
pp
啊
啊
pp
啊
啊
容，
p
啊
38
啊
f
春风
拂
槛
f
啊
f
春
风
拂
槛
mf
啊
f
春
风
拂
槛

【注】谱上标明"solo"的这几句曲调，也可不用"solo"，仍齐唱。

67
rit.
瑶 台 月 下 逢。
rit.
会 向 瑶 台 月 下 逢。
rit.
逢。
73
a tempo
云 想 衣 裳 花
a tempo
云 想 衣 裳 花
a tempo
云 想 衣 裳 花
79
想 容，
想 容， 春 风 拂
想 容， 春 风 拂 槛
85
若 非
槛 露 华 浓。 若
露 华 浓。

91
群 玉 山、头 见，
非 群 玉 山 头 见，
若 非 群 玉 山 头 见，会
94
会 向 瑶 台 月
会 向 瑶 台
向 瑶 台 月
99
下 逢，会 向 瑶
月 下 逢，会 向 瑶
下 逢，会 向 瑶
104
台 月 下 逢。
台 月 下 逢。
台 月 下 逢。
rit.
p
mf

春假归家省亲

谭小麟

母鸡引雏游,犊牛随父走;雍雍乐其亲,人情当更稠。

我父年四十,我生四岁时。二兄十二三,入学诵书诗。我欲同随往,牵衣前致辞:"阿哥有书读,儿何独相遗?"我父抱我行,我母引我嬉:"入冬为开学,乖仔勿须思。"上堂礼孔子,入席敬老师。新书教一遍,朗朗诵如丝。时或师多教,默默鼓双腮。厌师详解义,嚼字类书痴。六岁试下棋;七岁阅书报;九岁弄胡琴,十岁涂鸦鸟;十七离家门,到沪入学校。一载三归回,侍奉恨日少。

清明逢假日,回家省高堂。车至山下住,有人山上望,上山百余级,心急恨路长。喘息达户门,慈父笑迎将。弯腰一鞠躬,携手问安康。亲娘闻声出,相偕入厅堂:"知儿今日回,晚餐异寻常。"庖厨香溢户,鲜肴列数行。家人共入席,双亲坐中央,致意共举箸,新炊间黄粱。席后检行箧,婢仆舁入房。开箱出包裹,含笑捧上堂:"阿爹上床后,常将零食尝。此灯应用便,可挂亦可放,旋转如人意,为爹置枕旁。""阿妈素诚心,朝朝进佛堂,此品最珍奇,一枝永日香。"双亲莞尔笑:"此儿会思量。"铛铛壁钟鸣。阿妈催上床:"今日多辛苦,且早入睡乡。"

山青因草青,湖平为水平,风暖日不炙,云堆雨不临。旖旎春光好,阿爹兴致高,趋步房中出,欢颜语儿曹:"汝等好游者,可勿负今朝。"随命大哥去,俄顷来游舠,阿妈换绸衣,弟妹着新袍,提携下船头,舟子解缆绦。兄弟好奇胜,相率舞短棹。掉舟离岸去,逍遥过石桥。丝丝桥边柳,枒枒堤上桑;童子裸双腿,捉虾涉滩塘。阿爹出船面,翘首望南方。吩咐后艄人:"摇往汪氏庄。"须臾泊南岸,召呼自相将。弟妹牵手行,入门越厅堂,读画苍梓室,听莺翠竹廊。庄主爱玩琴,搜罗百千张。营屋珍藏之,千今百古堂。周壁柚木柜,条条锦花囊;琴背多铭志,精揭附琴旁。阿爹逐一读,吁嗟叹古苍,偶遇难辨字,攒首共揣详。阿妈携弟妹,牵扶上山隈。山上多花木,丛丛正盛开。姊为摘一枝,向母头上堆。步循青石级,同登企云台,俯观池塘柳,因风自徘徊。盈盈笑语声,寻踪相追随。小憩未多久,相偕同下来,茅亭且小坐,园丁献茶杯,洗杯浸品瀹,临风襟怀开。

日侧花伸影,风摧竹点头。舟子入门告:"先生将归否?"姊妹同掠发,兄弟共话游。相将随亲去,容与在中流。缕缕炊烟起,夕阳送归舟。

欢聚未周日,忽忽假期终!入晚对行箧,恋恋有私惊。慈母为料量,整衣婢媪供,袍皱熨斗炙,袖破针缀缝,姊为入厨下,洗手裹肉粽。糖果香发胶,弟妹送重重。纸包兼铁匣,行箧几难容!阿姊旋入内,手携橘一笼:"此中花旗橘,栽种自阿翁,昨自美寄来,胜似海棠红。"

破晓拥被起,窗外日渐红。披衣起漱洗,对镜整颜容。下楼见我父,敦嘱"须用功。"入厨见我母,为我备早餐。须臾共食毕,执帽神惝惚。鞠躬告别行,举家出相从。珍重千万语,句句情稠浓。阿妈执我手,泫然眼泪红。相对漠无言,哽咽难诉衷。强笑相劝慰:"暑期转眼中。"缓步下山去,登车出小弄,穿过凉亭下,东方日荧荧。乡民赶朝市,寺僧撞晓钟。迴顾远山上,白巾曳长风,心随轮影乱,情同山雾濛。

来校已多时,思亲日相萦,夜来苦相忆,思归例不容,欲从梦里寻,相见慰心衷,无奈梦不成,徒遗泪泫滢,问诸爱亲者,许与我相同。

（原载《沪潮》季刊 1931 年第 4 卷第 1 期）

手稿　图片

前　言

为纪念作曲家、音乐教育家谭小麟先生(1912-1948)百年诞辰,上海音乐学院与国家图书馆于 2011 年 4 月 16 至 18 日在上海音乐学院联合主办是次手稿展、研讨会与音乐会。

谭小麟先生 1912 年生于上海,原籍广东。幼习多种中国乐器。1931 年至 1938 年在国立音专先后随朱英教授学习琵琶、随黄自教授学习音乐理论与作曲。1939 年留美,先在欧柏林大学音乐学院,后入耶鲁大学音乐学院,后四年受教于著名作曲家、理论家欣德米特,深受欣氏器重,并与芝加哥大学赵元任先生往还,颇受赞许。1946 年回国,任国立音专理论作曲系教授兼系主任。1948 年 8 月因病在上海逝世。

作为中国新音乐创作的先驱者之一,谭小麟先生的音乐创作可以分为"出国前"、"美国留学初期"、"随欣德米特学习期间"、"回国之后"四个阶段,其成熟作品大多在第三阶段,并得到欣德米特的认可。谭小麟的音乐作品在总体气质上体现出精致、内敛的室内乐风格,这不仅体现在体裁上对艺术歌曲、重奏音乐的偏好,更体现在音乐作品的周密构思与严谨结构。

作为中西音乐文化交流的重要使者,谭小麟先生留学期间向西方世界展示了年轻的中国专业作曲家的风采,传播了中国优秀的民族音乐文化。留美期间,谭小麟先生曾在波士顿万国同学联欢会上独奏琵琶,并以二胡为赵如兰的独唱伴奏。两次应邀到白宫为罗斯福总统表演。在纽海文举行中国器乐独奏会,《先驱论坛报》认为是一次"东方征服西方"的壮举。

作为音乐教育家,谭小麟先生学识深博,提携后进,深得师生敬仰与爱戴。除了主持作曲系系务并担任高年级的作曲课、指挥课的教学外,谭小麟先生还开设了欣德米特《作曲技法》的写作课程班。1948 年 7 月 1 日,国立音专举行 1948 届理论作曲组毕业作品演唱会,开创了音专理论作曲系也是中国专业作曲教学举办毕业作品音乐会的先河。

谭小麟先生逝世后,欣德米特先生曾为谭小麟拟出版的作品集,写下了充满深情厚意的序言:"就我看来,由于谭小麟之死,中国音乐界已失去了一位极有才华和智慧的音乐家。我因为他是一位杰出的中国器乐演奏高手而钦佩他。但舍此之外,他对西方的音乐文化和作曲技术也钻研得如此之深,以致如果他有机会把他的大才发展到最充分的程度的话,那么,在他祖国的音乐上,他当会成为一位大更新者;而在中西两种音乐文化之间,他也会成为一位明敏的沟通人。"

上海音乐学院　国家图书馆

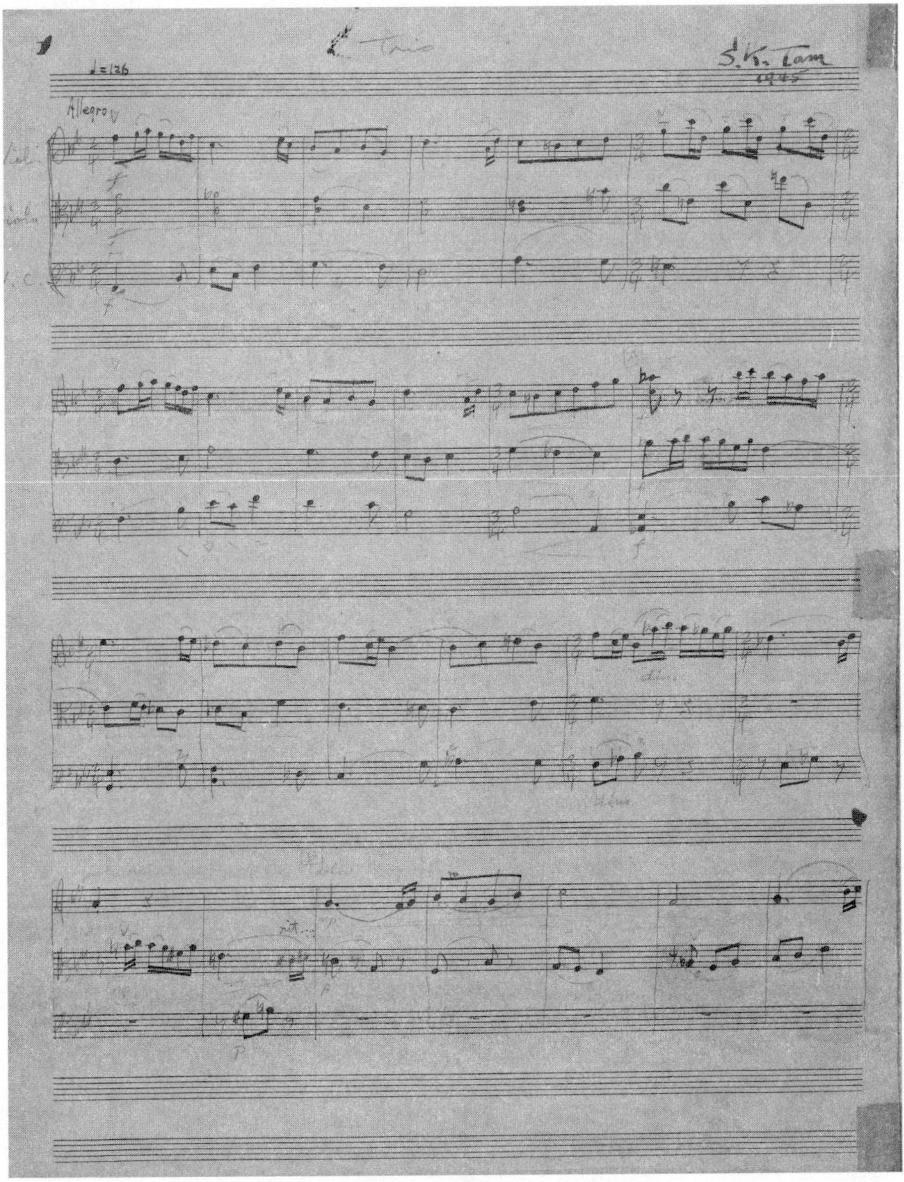

国家图书馆馆藏《弦乐三重奏》(1944)手稿第一页

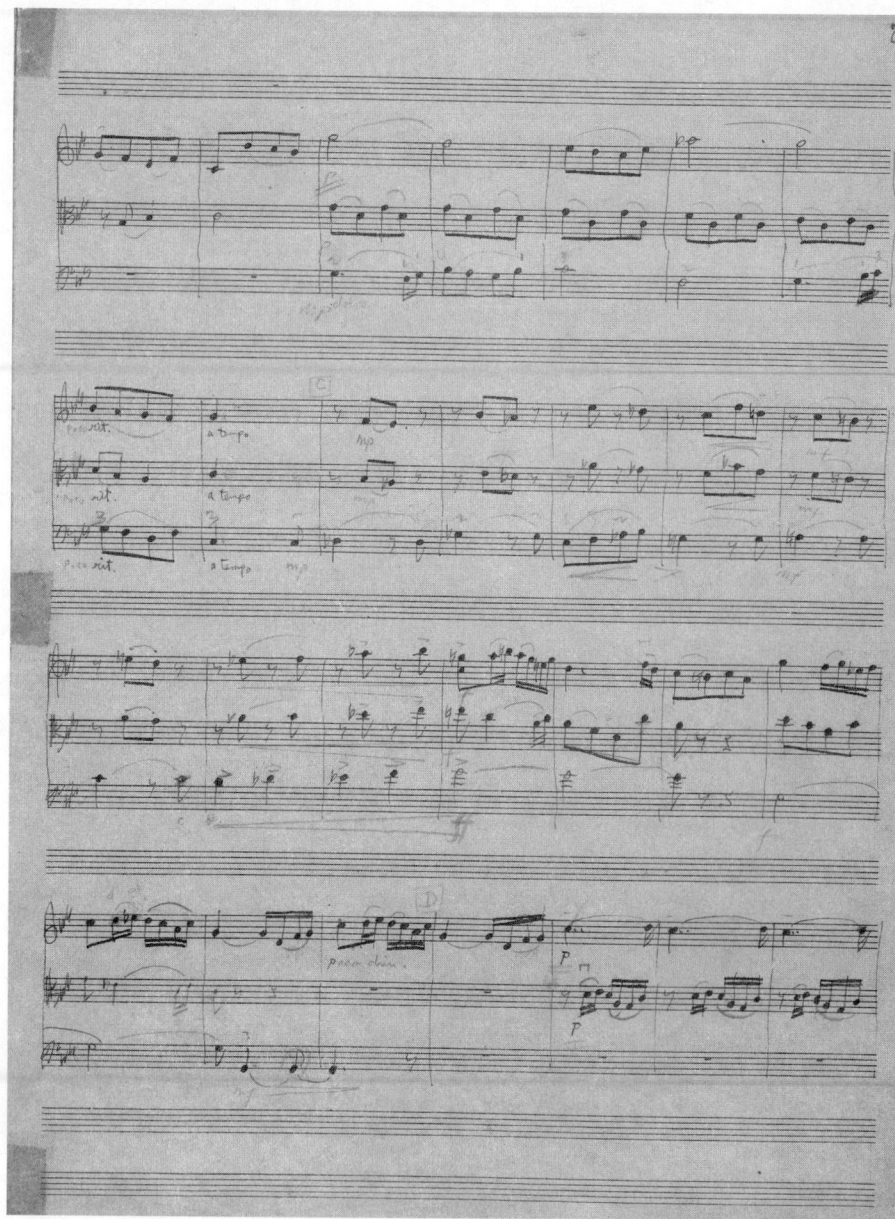

国家图书馆馆藏《弦乐三重奏》(1944)手稿第二页

国家图书馆馆藏《金陵城》(1940)手稿第一页

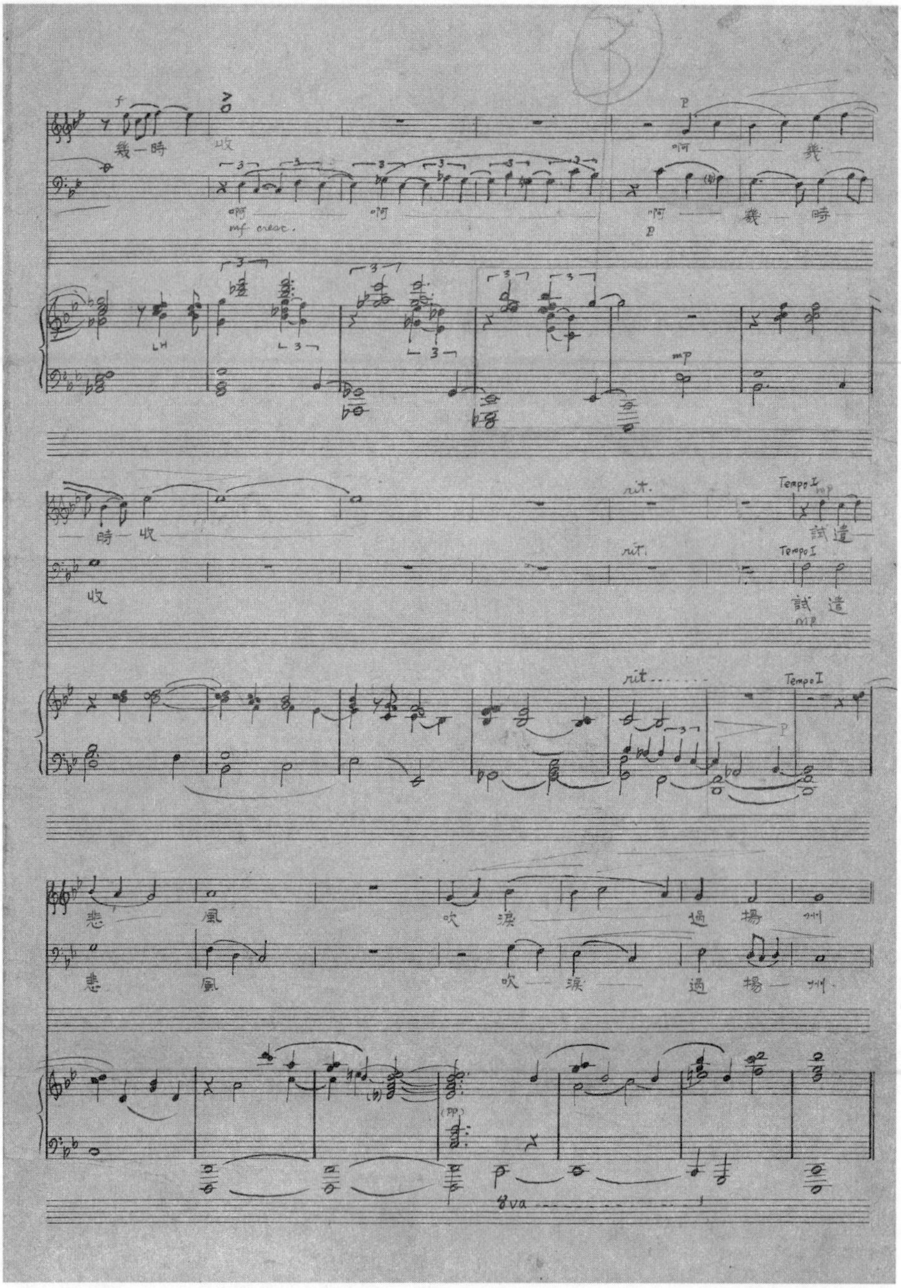

国家图书馆馆藏《金陵城》(1940)手稿第二页

国家图书馆馆藏《正气歌》(混声合唱,1948)手稿第一页

国家图书馆馆藏《正气歌》(混声合唱，1948)手稿第二页

上海音乐学院图书馆馆藏《春雨春风》手稿第一页

上海音乐学院图书馆馆藏《春雨春风》手稿尾页

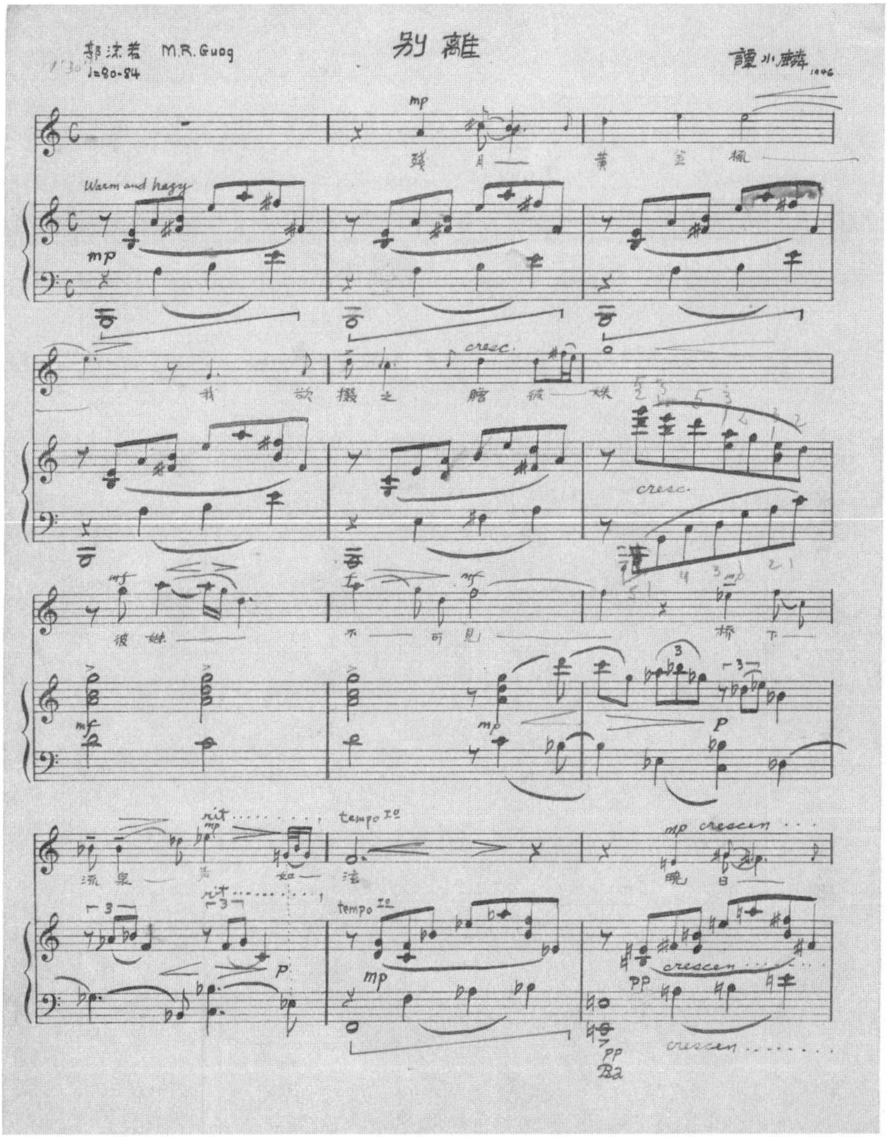

上海音乐学院图书馆馆藏《别离》(1946)手稿第一页

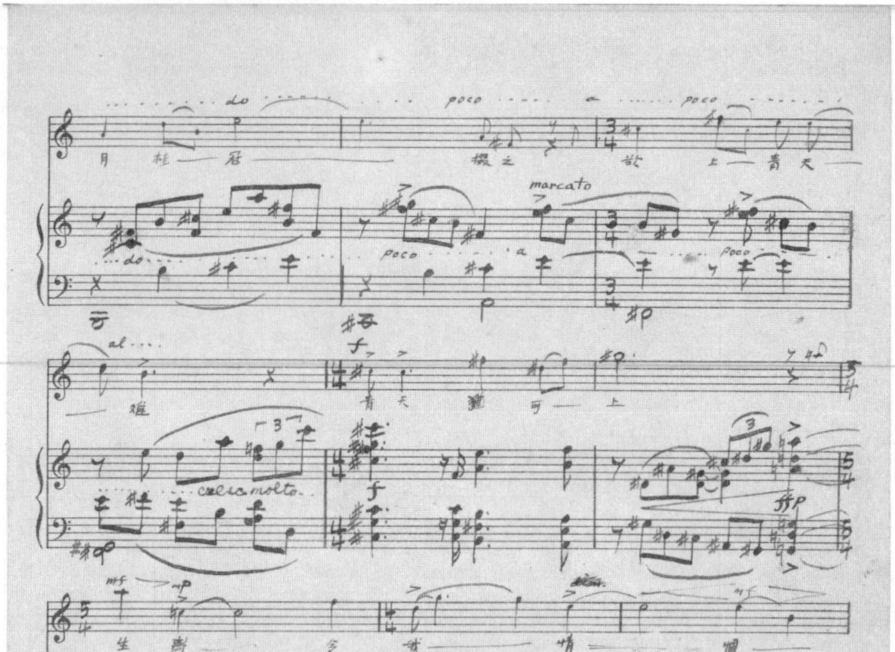

上海音乐学院图书馆馆藏《别离》手稿尾页

罗忠镕《管乐五重奏》(1980)手稿

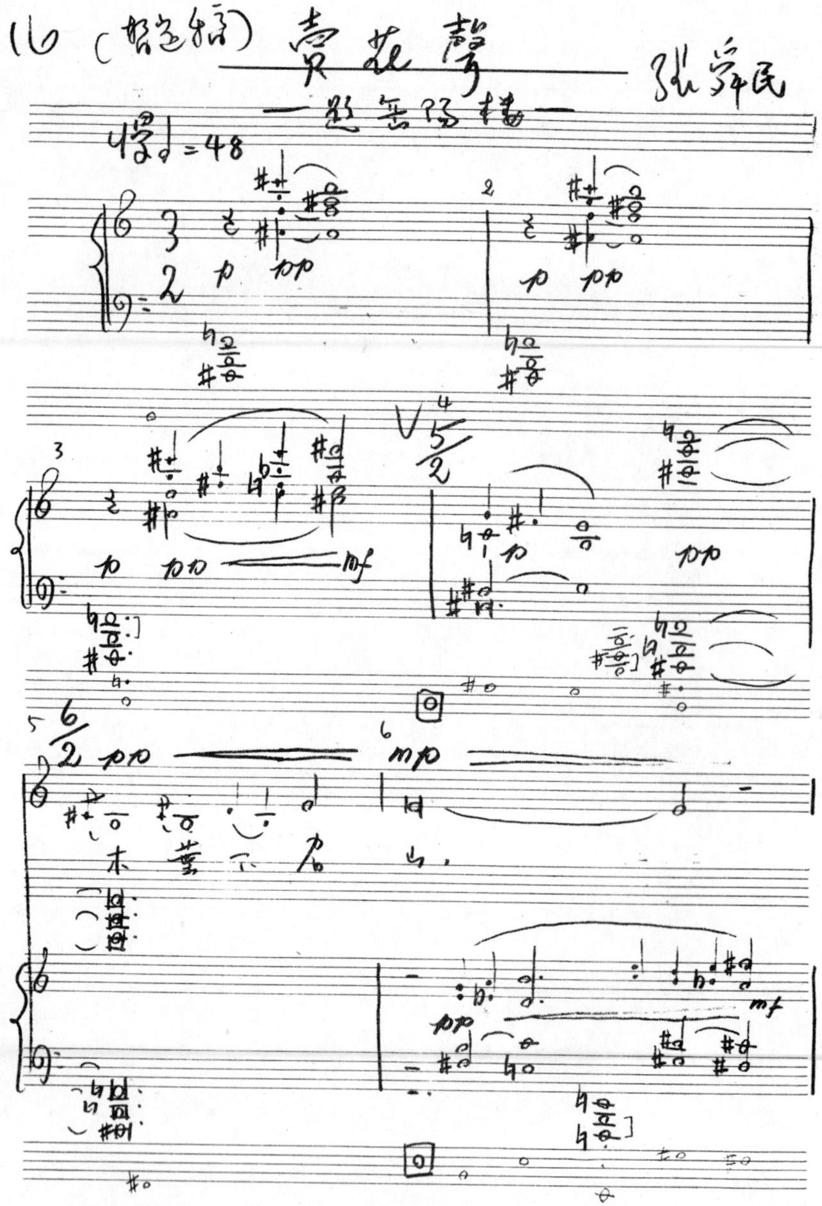

罗忠镕《卖花声》手稿首页

1935 年国立音专开学典礼照片

国立音专学生相片家长保证人详表之谭小麟

1944 年波斯顿万国同学联欢会谭小麟琵琶独奏

1944 年波斯顿万国同学联欢会赵如兰独唱谭小麟二胡伴奏

（以上两张照片来源：韩国鐄著《留美三乐人》）

后　记

　　1948 年秋,傅雷先生与沈知白先生、陈又新先生、裘复生先生等为亡友谭小麟组织"遗作保存委员会",并计划整理作品出版、举行音乐会、灌制唱片等,由于时局动荡最终未果。1949 年冬,沈知白先生将谭小麟原作及抄件交与傅雷先生保管。傅雷先生为谭小麟作品的出版与演出做过很多努力。1961 年 12 月 1 日,经文化部同意,傅雷先生将所保存谭小麟手稿邮递至北京图书馆存放。

　　为举办是次谭小麟先生作品手稿展,上海音乐学院图书馆四访国家图书馆,商洽、观摩、遴选、制作手稿扫描件,得到了国家图书馆的大力支持与热情帮助。与此同时,上海音乐学院图书馆经过整理、研究,在特藏室也发现了部分谭小麟先生的艺术歌曲手稿。是次展品,主要由上述两部分组成。另外,从音乐创作与学术研究的历史延续性考虑,策展方还邀请到谭小麟先生的弟子、著名作曲家罗忠镕先生的艺术歌曲《卖花声》、室内乐《管乐五重奏》手稿参展。罗忠镕先生来信说:"因我想到谭先生的作品就是歌曲与室内乐。这两首都是受欣德米特体系影响较深的作品。特别是那首歌曲,无论艺术和技术,所有想法和作法都来自谭先生。"

　　除了主办单位与承办单位外,谭小麟先生手稿展、研讨会与音乐会的举行,还得到了上海音乐学院管弦系、声乐系、作曲系、音乐学系、《上海音乐学院志》编委会办公室、中央音乐学院、武汉音乐学院、台湾师范大学等全国各地的专家学者,以及《光明日报》、《人民音乐》、《音乐周报》、《文汇报》、《新民晚报》、《解放日报》等媒体的大力支持。

　　特致谢忱!

撰稿并策展:钱仁平

谭小麟作品音乐会 CD 目录

艺 术 歌 曲

《小路》（内蒙古民歌，钢琴编配；1947）
《自君之出矣》（唐·张九龄诗）

演唱：张稚；钢琴：蔡孟熏

《正气歌》（宋·文天祥诗摘句；1947）
《彭浪矶》（宋·朱希真词）

演唱：李研；钢琴：崔岚

《别离》（郭沫若词；1946）
《春雨春风》（宋·朱希真词）

演唱：郑斌；钢琴：马思红

室 内 乐

《小提琴与中提琴二重奏》（1943）

小提琴：申丹枫；中提琴：吕翔

中提琴与竖琴《浪漫曲》（1944）

中提琴：蓝汉成；竖琴：彭佳

《弦乐三重奏》（1945）

小提琴：申丹枫；中提琴：吕翔；大提琴：何思昊
蓝汉成室内乐教学与演奏工作室
新魄力四重奏

时间：2011 年 4 月 17 日 14 点
地点：上海音乐学院小音乐厅

《谭小麟研究之研究》：补遗与更新（代后记）

钱仁平

引　言

2011年春天，为纪念谭小麟先生百年诞辰，上海音乐学院与国家图书馆联合主办"谭小麟手稿展、研讨会与音乐会"。该项目系上海音乐学院2011年度重大项目，并得到国家重点学科"音乐学"项目、上海高校创新团队项目等的支持。作为该项目的发起者与负责人，学院领导嘱我也撰写一篇论文参会。

这让我想起了2003年前后在上海音乐学院攻读博士学位期间《音乐文献与研究方法》课程的修毕论文《谭小麟研究之研究》[①]。这篇文章从"生平研究"、"作家作品研究"、"技术理论研究"以及"辞书、史书相关论述"等四个方面，对所收集的有关"谭小麟研究"文献进行梳理、述评，展示学界有关谭小麟研究的状况，在比照中厘清或存疑有关谭小麟的一些基本史实，指出谭小麟研究中还存在的一些弱项与空白，形成一份谭小麟作品目录初稿，以期为谭小麟研究的进一步发展，进而全面、妥帖地评价谭小麟的历史贡献，提供一份可资参考的资料。事实上，也正是这篇作业，让我对谭小麟先生的生平业绩、创作风格以及学界的研究状况有了较为全面的认识，并成为发起该项目的最直接触发点。

在筹备该项目的过程中，结合上海音乐学院图书馆与《上海音乐学院志》办公室的日常工作，我又一次全面翻检、查阅了有关谭小麟先生的档案及手稿资料等，发现《谭小麟研究之研究》一文仍有不少遗漏；另一方面，《谭小麟研究之研究》发表

---

① 钱仁平：《谭小麟研究之研究》（上、下），载《黄钟》（武汉音乐学院学报），2004年第2、3期连载。

六、七年以来,学界有关谭小麟的研究,又取得了不少新成果。基于此,在《谭小麟研究之研究》一文的基础上,结合新发现的相关档案与文献,以"补遗与更新"为题撰文①,纪念谭小麟先生百年诞辰。

一、关于出生时间

《谭小麟研究之研究》述及:"谭小麟 1911 年出生上海,这是所有涉及此项的文献都认定的。更具体的时间则有分歧:一说 4 月 17 日(韩国鐄 1984a:80;刘靖之 1988:134);另一说根据谭小麟之子谭乃孙回忆,认为是农历 3 月 27 日、公历 4 月 25 日(转周凡夫 1989:204)。"②现在看来,这段综述的偏差最大。查《国立音乐专科学校学生成绩册》学生信息表之"谭小麟"(见图 1),为"生于民国元年三月十九日"。"民国元年"应为 1912 年,而不是大多数人可能会脱口而出的 1911 年。另,

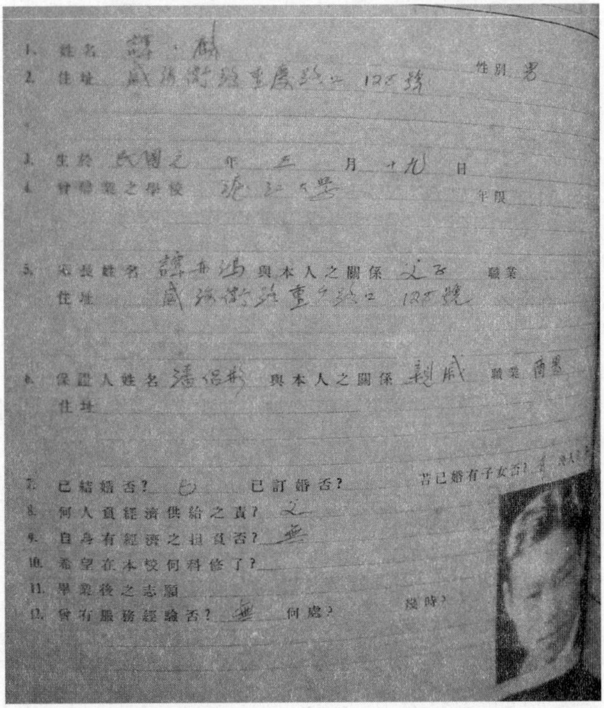
1. 姓名 性别 男
2. 住址
3. 生於 民国元 年 三 月 十九 日
4. 曾畢業之學校 年限
5. 家長姓名 與本人之關係 職業
住址
6. 保證人姓名 與本人之關係 親戚 職業
住址
7. 已結婚否? 已訂婚否? 若已婚有子女否?
8. 何人負經濟供給之責?
9. 自身有經濟之担負否? 無
10. 希望在本校何科修了?
11. 畢業後之志願
12. 曾有服務經驗否? 無 何處? 幾時?

图 1 上海音乐学院图书馆馆藏
《国立音乐专科学校学生成绩册》学生信息表之"谭小麟"

① 特别鸣谢国家图书馆并张志清副馆长、顾犇博士、孙俊老师等,上海音乐学院图书馆并张雄老师、韩斌老师、孙剑老师、肖阳老师等为本文写作所提供的文献支持工作。

② 钱仁平:《谭小麟研究之研究》(上),载《黄钟》,2004 年第 2 期,第 30 页。

国家图书馆馆藏傅雷撰写、傅雷夫人朱梅馥誊抄《故作曲家谭小麟简历及遗作保存经过》手稿①（见图 2）中也早就明确谭小麟"生于一九一二年"。

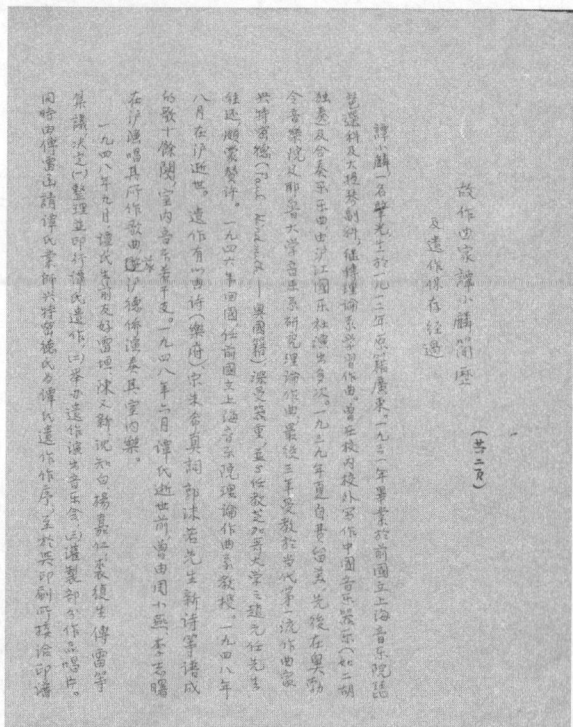

图 2　国家图书馆馆藏傅雷撰写、傅雷夫人朱梅馥誊抄
《故作曲家谭小麟简历及遗作保存经过》手稿

　　至于更具体的日期，则涉及到农历与公历的区别。一般情况下，学生信息表，大多按照公历填写出生月日。2011 年 4 月 2 日下午，笔者去华东医院就《上海音乐学院志》总目初稿征询钱仁康先生意见时顺提此事，钱先生也肯定此说，而且他在《国立音乐专科学校学生成绩册》上填写的也是公历"四月十四日"（农历三月十九）。但是，向隅填写的则是："民国元年阴历九月二十日"，换算成公历为 1912 年10 月 31 日。

　　综上，谭小麟的出生时间可以明确为 1912 年，但"三月十九日"究竟是农历还是公历则待考，本文倾向于公历 3 月 19 日。至于"4 月 17 日"，很可能是按照

---

　　①　1961 年 12 月 1 日，经文化部同意，傅雷先生将所保存谭小麟手稿及此文邮递至北京图书馆（现国家图书馆）存放。此文应该此前撰。后收入傅敏编《傅雷谈艺录》，三联书店 2010 北京第 1 版，第 354—355 页。需要提及的是李小文在《也说傅雷与谭小麟——记谭小麟手稿入藏国家图书馆始末》（《音乐爱好者》2005 年第 11 期）中也引述了这份资料，但把 1912 年误为1911 年。

"1911年"的农历"三月十九日"换算而来，若此，则显然"前提"就错了①。

二、关于生平事迹

有关谭小麟生平的研究，"以沈知白、周凡夫、韩国鐄等人的4篇论文以及《上海音乐学院大事记·名人录》提供的相关信息最为重要"②。现在看来，这些文献也还存在着一些不足、模糊乃至错讹之处。本文根据新发现的几种文献，对谭小麟生平事迹进行补遗与更新。

（一）入读国立音专之前。《国立音乐专科学校学生成绩册》学生信息表之"谭小麟"中"曾肄业之学校沪江大学"，表明谭小麟入读国立音专前确实入读过沪江大学，这也解决了周凡夫《谭小麟生平研究》中韦瀚章先生的相关疑惑。③ 入读沪江大学前，谭小麟在沪大附中读书时，就已经是多才多艺、极为活跃的学生。图3为1930年谭小麟和同学们一道编撰出版的《沪潮》所刊登的《沪大附中学生会出版部》，显示谭小麟曾任沪大附中学生会出版部两位美术主任之一。《沪潮》同期还刊登了谭小麟的两幅摄影作品《校园一斑》（见图4）与《丛荫消暑》。

发表在《沪潮》季刊1931年第4卷第1期的五言叙事诗《春假归家省亲》（见图5），是目前仅见谭小麟撰写的文字作品。该文8段206句1030字，作为年方十九的中学生的作品，不但文采斐然④，而且其中对谭小麟早期生平多有涉及⑤，具有重要的文献价值。

---

① 需要提及的是，现在通用的诸如《中国大百科全书·音乐舞蹈卷》（中国大百科全书出版社1989年第1版）、《中国音乐词典》（人民音乐出版社1984年第1版）及其《续编》（人民音乐出版社1992年第1版），以及不少中国近现代音乐史教程、专著中的音乐家出生年月日，与《国立音乐专科学校学生成绩册》中的相关记载，有不少出入。作为上海音乐学院图书馆特藏文献整理与《上海音乐学院志》编撰工作的一部分，上海音乐学院图书馆与《上海音乐学院志》编委会办公室，已经系统开展相关研究与考证工作。

② 钱仁平：《谭小麟研究之研究》（上），载《黄钟》，2004年第2期，第29页。

③ 周凡夫：《谭小麟生平研究》，载刘靖之主编《民族音乐研究》香港商务印书馆1989年第1版，第206—207页。

④ 比如："破晓拥被起，窗外日渐红。披衣起漱洗，对镜整颜容。下楼见我父，敦嘱'须用功'。入厨见我母，为我备早餐。须史共食毕，执帽神惝惚。鞠躬告别行，举家出相从。珍重千万语，句句情稠浓。阿妈执我手，泫然眼泪红。相对漠无言，哽咽难诉哀。强笑相劝慰：'暑期转眼中。'缓步下山去，登车出小弄，穿过凉亭下，东方日荧荧。乡民赶朝市，寺僧撞晓钟，迥顾远山上，白巾曳长风，心随轮影乱，情同山雾濛。"谭小麟《春假归家省亲》，《沪潮》季刊1931年第4卷第1期，第213页。

⑤ 比如："九岁弄胡琴（现在的文献多认为他七岁学习二胡），十岁涂鸦鸟；十七离家门，到沪入学校。"谭小麟《春假归家省亲》，《沪潮》季刊，1931年第4卷第1期，第211页。

图 3　上海图书馆馆藏 1930 年《沪潮》之《沪大附中学生会出版部》

图 4　上海图书馆馆藏 1930 年《沪潮》之谭小麟摄影作品《校园一斑》

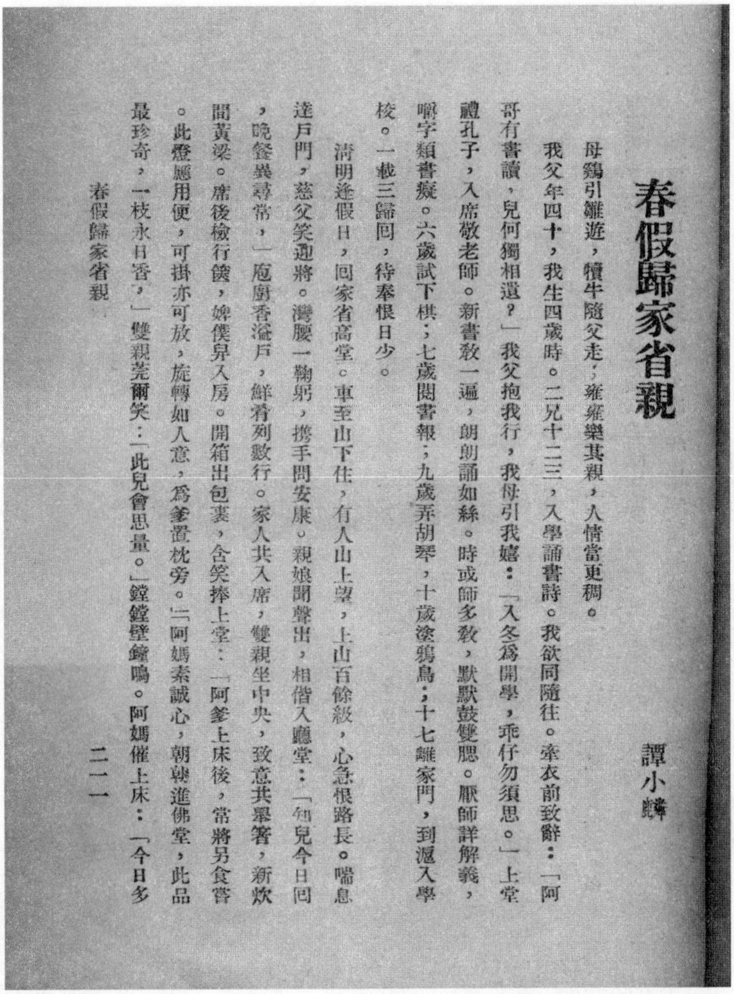

春假歸家省親

譚小麟

母雞引離遊，犢牛隨父走；雍雍樂其親，人情當更稠。

我父年四十，我生四歲時。二兄十二三，入學誦書詩。我欲同隨往，牽衣前致辭：「阿哥有書讀，兒何獨相遺？」我父抱我行，我母引我嬉。時或師多教，默默鼓雙腮。上堂禮孔子，入席敬老師。新書教一遍，朗朗誦如絲。厭師詳解義，嘵字類書癡。六歲試下棋；七歲閱書報，九歲弄胡琴，十歲塗鴉鳥；十七離家門，到邐入學校。一載三歸回，待奉恨日少。

清明逢假日，回家省高堂。車至山下住，有人山上望，上山百餘級，心急恨路長。喘息達戶門，慈父笑迎將。漫腰一鞠躬，攜手問安康。親娘聞聲出，相偕入廳堂，雙親坐中央，致意共羹箸，新炊聞黃粱。晚餐異尋常。庖廚香溢戶，鮮肴列歡行。家人共入席，席後檢行篋，婢僕舁入房。開箱出包裹，含笑捧上堂：「阿媽秦誠心，朝朝進佛堂，此燈應用便，可掛亦可放，旋轉如人意，為爹置枕旁。二阿爸秦誠心，朝朝進佛堂，此品最珍奇，一枝永日香。」雙親莞爾笑：「此兒會思量。」鏜鏜壁鐘鳴。阿媽催上床：「今日多

二二一

图5　上海图书馆馆藏《沪潮》季刊 1931 年第 4 卷第 1 期谭小麟《春假归家省亲》

（二）入读国立音专期间。《谭小麟研究之研究》根据《上海音乐学院大事记·名人录》辑录谭小麟入读国立音专期间的纪事，但不够全面①。现根据原始资料国立音专校刊《音》全面辑录（见表一）。

---

① 钱仁平:《谭小麟研究之研究》（上），载《黄钟》，2004 年第 2 期，第 29 页。

表一：国立音专校刊《音》有关谭小麟的记载

时间	纪事	有关谭小麟	出处
1931.9	《布告》61号：录取新生名单	入学，选科，国乐组琵琶班	《音》16期（5）
1931.11.7	第15次学生演奏会节目单	琵琶独奏《平沙落雁》（朱英先生班）	《音》18期（6）
1931.11.27	本校赈灾音乐会节目单（青年会新礼堂）	琵琶独奏《平沙落雁》	《音》18期（7）
1932.1.9－15	（民国）20年度上学期学期试验	《清平词》、《凤求凰》两段（李氏谱）	《音》19期（XII）
1932.9	21年度上学期学生名单	高中师范科，主科琵琶，副科钢琴	《音》23－28合刊（12）
1932.4.16	第16次学生演奏会节目单	琵琶独奏《阳春古曲》（李氏谱）	《音》23－28合刊（14）
1932.10.22	第18次学生演奏会节目单	琵琶独奏《南将军令》	《音》23－28合刊（15）
1932.11.26	本校五周纪念音乐会节目单（青年会礼堂）	琵琶独奏《五三纪念》（朱英）	《音》23－28合刊（18）
1933.6.29	第26次教务会议主席报告	选科修了初级者（琵琶班）谭小麟、袁遏宜、金俊伯	《音》32－35合刊（8）
1933.7.6	《布告》112号：本学年学期试验结果	选科生修了主科初级者5名，琵琶组袁遏宜、金俊伯、谭小麟	《音》32－35合刊（9）
1933.6.13－21	21年度下学期升级及考试节目单	6月17日国乐组琵琶初级考试，《五三纪念》、《塞上曲》、《秋宫怨》试弹二种	《音》32－35合刊（25）
1933.9	《本校22年度上学期在校学生一览》	高中师范科，主科琵琶。副科钢琴	《音》36－37合刊（8）
1933.11.16	第23次学生演奏会节目单	琵琶独奏《郁轮袍》（［唐］王维）	《音》38－39合刊（7）
1933.11.27	本校6周纪念音乐会节目单（青年会）	琵琶独奏《郁轮袍》（王维）	《音》38－39合刊（8）
1934.1.11－17	升级及学期考试节目单（22年度上学期）－学期考试	钢琴初级考试（S. Aksakoff班）：Duvernoy：Op. 176，Burgmüller：Op. 100 Barcarolla（与贺绿汀同为钢琴初级，同一钢琴老师）。琵琶初级考试：《大霓裳曲》（李谱）	《音》38－39合刊（17，34）

时间	纪事	有关谭小麟	出处
1934.2	《本校 22 年度下学期学生一览》	高中师范,主科大提琴,副科钢琴(同为高中师范的有朱崇志、贺绿汀、钱琪、刘雪庵、蔡绍序、向隅、斯义桂、巫一舟等)	《音》40－41 合刊(5－7)
1934.5.8	第 25 次学生演奏会节目单	琵琶独奏《普庵咒》(唐僧段师)	《音》42－44 合刊(7)
1934.5.23	第 5 次学生音乐会	琵琶独奏《普庵咒》(唐僧段师)	《音》42－44 合刊(15)
1934.6.16－18	升级及学期考试节目单(22 年度下学期)——学期考试	6 月 18 日钢琴初级(S. Aksa-koff 班):Duvernoy:Etude;Diabelli;Sonatina;Moussorg-sky:Tear. 6 月 16 日琵琶《哀水灾曲》(朱英)	《音》45 期(27,44)
1934.9	《本校 23 年度上学期在校学生一览》	高中师范科,主科琵琶,副科钢琴。	《音》46 期(13)
1934.10	《布告》154 号:校组织教育音乐播音委员会	与丁善德、戴粹伦、陈又新、朱崇志等 8 人为演奏股股员	《音》47 期(5)
1934.10.25	第 28 次学生演奏会节目单	琵琶独奏《哀水灾曲》(朱英)	《音》47 期(10)
1934. 12 －1935.1	大夏大学邀请音乐会节目单	二胡独奏《重游》,并参加合唱	《音》49－50 合刊(5－6)
1935.1.12	升级及学期考试节目单(23 年度上学期)——学期考试	琵琶中级－《难忘曲》(朱英);钢琴初级－Brauer:Op15,Ku-hlau:Sonatina,Sharvenka:Barcarolla.	《音》49－50 合刊(12)
1935.2	《布告》167 号	"查本校 23 年度上学期分数评定结果……高中师范科学生谭小麟、陈韶、巫一舟、刘雪庵、向隅及雷垣准升入本科师范组肄业。"	《音》51 期(5)
1935.2	《本校 23 年度下学期在校学生一览》	本科师范组:陈又新、刘雪庵、巫一舟、谭小麟等 14 人	《音》51 期(7)
1935.4.26,28	赴南京为金陵大学和励志社演出节目单	琵琶独奏《一个惨案》(朱英);二胡独奏《月夜》(刘天华),《重游》(谭小麟)－	《音》53 期(6－7)
1934.4.29	江夏大学邀请演奏会节目单	琵琶独奏《五·三惨案》(朱英)	《音》53 期(8)

时间	纪事	有关谭小麟	出处
1935.5.20	春季音乐会（新亚酒店礼堂）	琵琶独奏《难忘曲》（朱英）	《音》54 期（9）
1935.6.14－21	毕业、升级及学期考试节目单（23 年度下学期）——学期考试	19 日钢琴初级－Braner：Op. 15；Bach：Prelude；Ilyinsky：Berceuse（贺绿汀同考）；15 日琵琶中级－《长恨歌》4 段（朱英）	《音》54 期（39）
1935.10	《本校 24 年度上学期各科学生一览表》	从本科师范改为选科，主科琵琶	《音》56 期（12）
1936.3	《本校 24 年度下学期学生姓名录》	选科（选科还有陈田鹤、贺绿汀、周小燕、范继森、郎毓秀等），主科琵琶中级，副科理论初级	《音》58 期（8）
1936.4.23	本校庆贺蔡院长孑民先生七十大寿学生音乐会节目单	琵琶独奏《将军令》（皇甫直）	《音》58 期（14）
1936.6	24 年度下学期各种试验节目——升级考试	琵琶中级考试：1.《浔阳夜月》（李氏谱），2.《淮阴平楚》（李氏谱），3.《一个血战的纪念》（朱英），4.《长恨歌》	《音》59 期（18）
	《本校 25 年度上学期学生学号姓名录》	选科，学号 285。同为选科的还有周小燕（550）、贺绿汀（224）等	《音》59 期（32）
1936.10	《选科及额外选科学生学分级别表》	24 年 10 月入选科，在校第 3 学期，主科理论作曲中级（?），已得学分 120.5（贺绿汀为理论作曲初级，已得学分 68.25）	《音》60 期（9）
1937.2	《本校 25 年度下学期学生姓名级别表》	选科，理论作曲（贺绿汀同）	《音》62 期（12）
1937.4.12（南京国民大礼堂）	应教育部全国美术展览会邀请入京举行音乐大会（节目单）	琵琶独奏《郁轮袍》（［唐］王维	《音》63 期（19）
	《布告》第 331 号："本校于出版《音乐月刊》外，更组织一乐队，定名为国立音乐专科学校管弦乐队……"校长为队长，余甫磋夫为正指挥，陈洪为副指挥。《国立音乐专科学校管弦乐队章程》（略）。	管弦乐队队员名单（选）：第一小提琴陈又新等，第二小提琴陈洪等，中提琴黄贻钧（特约队员），大提琴张贞黻等，长笛韩中杰，旋转鼓谭小麟	《音》64 期（6－7）

　　另外，关于谭小麟留美期间的情况，近年来的研究没有进展。关于谭小麟留美返沪任教的情况，可以补遗的文献主要有《国立音专校务会议记录》。在 1946 年的校务会议记录中没有谭小麟的记录。1947 年 2 月 7 日、3 月 14 日第一（见图 6）、二次校务会议记录有谭小麟的签名，谭小麟时任作曲系主任。之后的校务会议记录中都无谭小麟的签名，直至 1948 年 6 月 11 日校务会议记录中又见陈又新代谭小麟签名。

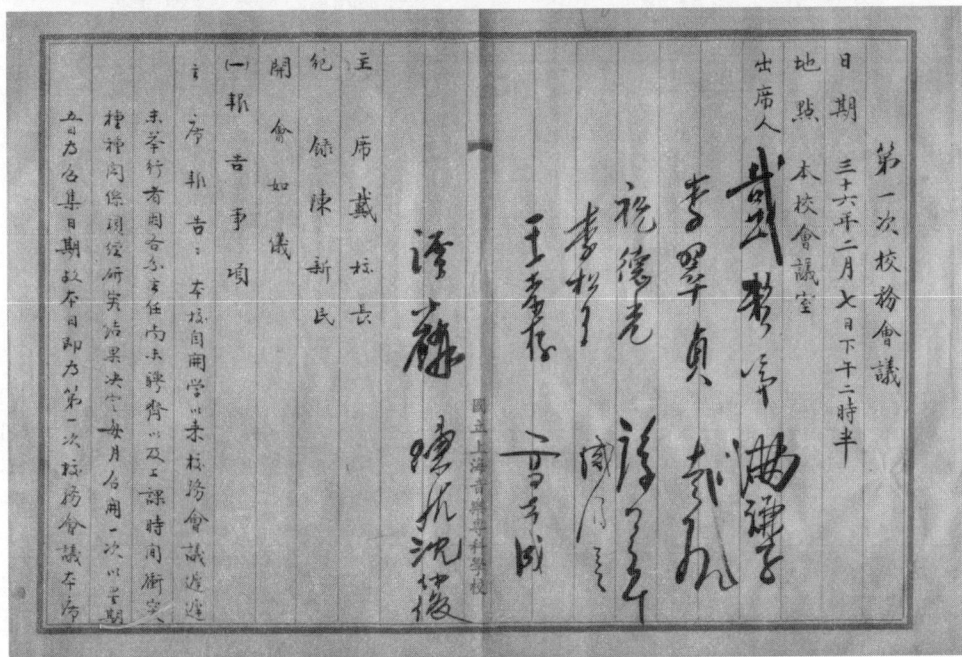

图 6　上海音乐学院档案室 1947 年《国立音专第一次校务会议记录》

三、关于作品目录

　　《谭小麟研究之研究》根据相关文献，整理了一份《谭小麟作品目录（初稿）》[①]。现有三点补遗与更新。

　　其一，新发现谭小麟佚歌《悼黄自先生》（见图 7），载中国作曲者协会主编之《战歌》第 10 期首页。1938 年 6 月 18 日汉口出版。龙沐勋词："俄然梦觉何曾死，声在琴弦，人在心弦，一曲悲歌万口传，惟怜志业捐中道，待究陈编，未竟新编，留得芳菲启后贤。"本期《战歌》还刊有贺绿汀、刘雪庵等悼念恩师的歌曲，以及黄自先生的几首抗战歌曲。其二，在国家图书馆馆藏谭小麟手稿中，发现了一首相关文献

---

① 钱仁平：《谭小麟研究之研究》（上），载《黄钟》，2004 年第 2 期，第 32 页。

都没有提及的《赋格》(见图 8)。作品写于 1941 年,浪漫主义风格,应该是谭小麟留美初期的作品。其三,根据国家图书馆馆藏谭小麟手稿,《谭小麟作品目录(初稿)》中划归美国留学初期的作品《春风春雨》应该是出国前的作品;男声独唱《正气歌》的创作时间可以明确为 1947 年,并在 1948 年改编为无伴奏合唱。

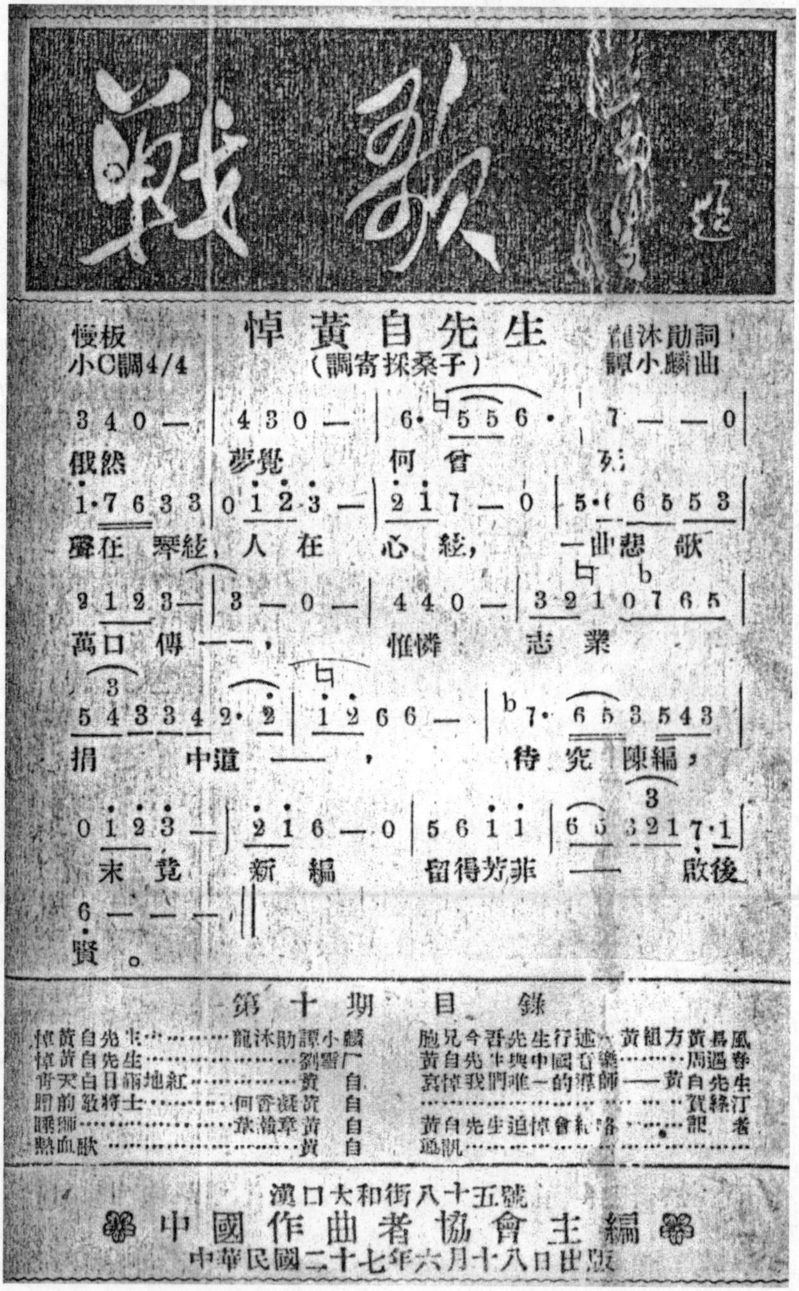

图 7　上海音乐学院图书馆馆藏中国作曲者协会主编《战歌》1938 年 6 月 18 日第 10 期

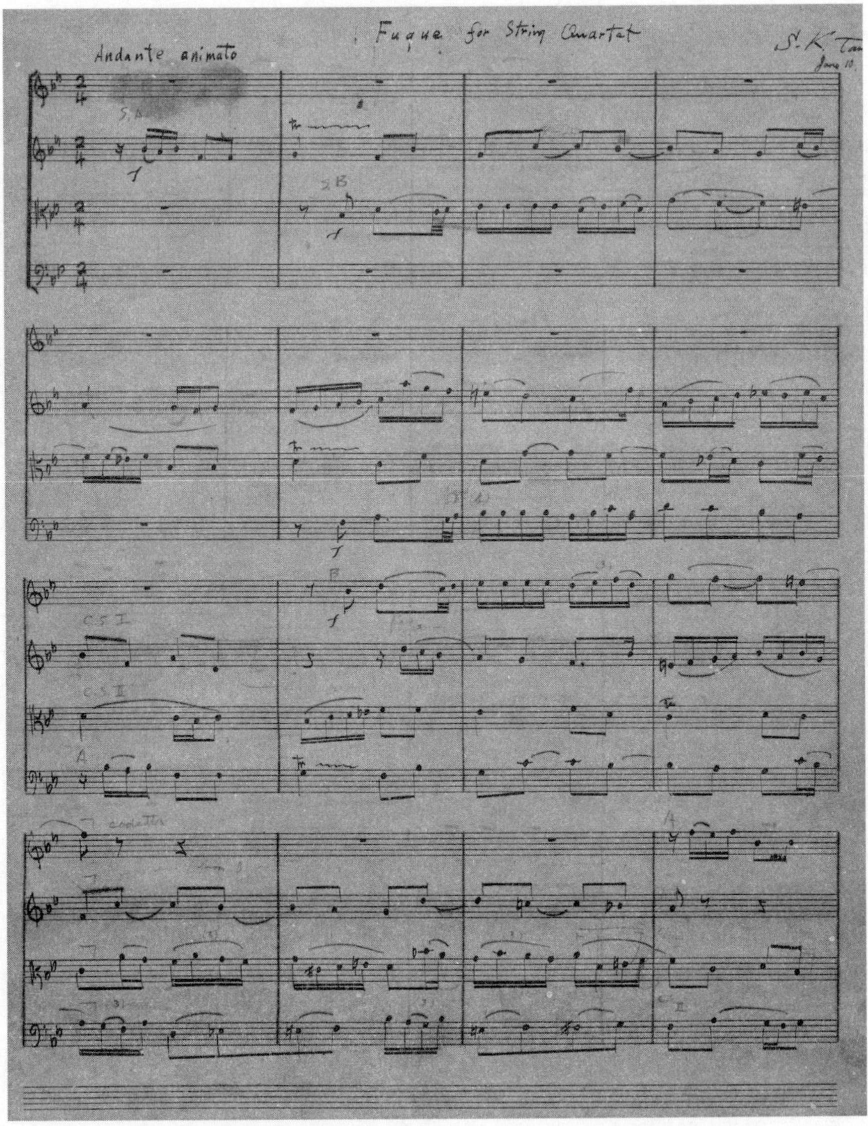

图 8　国家图书馆馆藏谭小麟《赋格》(1941 年)手稿

四、关于最新研究

《谭小麟研究之研究》发表以来①，有关谭小麟的研究又取得了不少新成果。其中比较重要的有三篇：

陈铭志的《回忆谭小麟先生讲授的对位课纪要》开篇述及"1947年作曲系二年级开设的对位课，由当时从美国回来的谭小麟教授担任，时间为一年。他采用的教材是丹麦音乐家克诺德·杰普生所著的对位法。谭先生讲课语言简练，重点突出，分类清晰，明确易懂，从不照本宣科。"②接着分"二部对位"、"三部对位"、"四部对位"详细记录了课程的内容与习题。这是一代复调大师陈铭志教授生前（2009年4月1日去世）发表的最后一篇回忆恩师复调教学的论文，对于研究作为音乐教育家的谭小麟，具有重要的历史意义与现实意义。

刘晓江博士学位论文《中国近代和声技法的调域类型及历史走向》中，"六、谭小麟作品的调域分析"指出："谭小麟是中国近代难得的一位作曲家，既有深厚的传统修养，又有现代作曲技术，他将两者融合在一起，形成自己独特的风格。值得人们研究和思考。谈到谭小麟的创作，一直以来人们习惯于依欣德米特的理论进行解释，实际上，谭小麟的作品，调域扩展方式的最大的特点不是'欣氏调中心'，而是中国调式及其旋法，这一点往往被忽视了。在谭小麟创作中，始终没有改变的是他的调域扩展方式，这种方式正是中国调式及其旋法的集中体现。"③接着，论文从"1、五声调域基础"、"2、F同宫九声的运用"、"3、欣德米特的影响"三个方面进行分析与论述。这是近年来有关谭小麟研究富有新意的成果之一，略显遗憾的是论文分析的对象仍然是艺术歌曲，几乎没有涉及谭小麟的室内乐作品。

徐玺宝、杨春晖的《谭小麟〈小提琴及中提琴二重奏〉的创作特征》在对作品进行了较为细致的分析后，认为作品："写作手法精致洗练、风格清新典雅，其富有个性化的曲式结构、极具现代性的和声结构和强烈民族特色的旋律发展，以及纯熟精深的复调创作技法，使音乐具有很强的艺术感染力和浓厚的民族情感。作为我国近代早期的室内乐作品，时至今日，其创作风格和音乐思维对于我国现代音乐创作

---

① 《谭小麟研究之研究》发表之前已有但被遗漏的研究成果主要有：何建军《谭小麟作品研究》（硕士学位论文，中国艺术研究院，1990，发表在《中国艺术研究院研究生部学报》1991年第1期，后作为附录收入作者的《周文中的〈草书〉》，湖南文艺出版社2004年第1版）；曾逢文《论谭小麟音乐创作分期及风格》（《黄钟》1996年第2期）；张丽娟《谭小麟艺术歌曲〈彭浪矶〉的创作风格》（《吉林艺术学院学报》2002年第1期）等。

② 陈铭志：《回忆谭小麟先生讲授的对位课纪要》，《音乐艺术》，2007年第3期，第14页。

③ 刘晓江：《中国近代和声技法的调域类型及历史走向》，上海音乐学院博士学位论文，2007年，第75页。

来说仍具有很高的参考价值和现实意义。"

　　另外，近年来有关谭小麟的专题研究，还有三篇硕士学位论文：翁晓宇《谭小麟及其艺术歌曲研究》（福建师范大学 2004 年）、颜胤盛《继承与创新——浅析谭小麟后期音乐作品的多声技法》（湖南师范大学 2005 年）与李婷《谭小麟室内乐创作技法与民族风格研究》（河南大学 2008 年），分别从音乐表演、作曲技法与音乐分析的角度对谭小麟的相关作品进行了研究。

<h2 style="text-align:center">结　　语</h2>

　　2011 年 4 月 16 日至 18 日，"纪念谭小麟先生百年诞辰系列学术活动：手稿展、音乐会与研讨会"，在上海音乐学院隆重举行[①]。这是中国音乐界第一次以手稿展的方式研究、呈现一位杰出作曲家的艺术成就；也是继 1988 年北京音乐会后，第二次举行谭小麟作品音乐会（周小燕先生、蓝汉成教授分别指导艺术歌曲与室内乐部分）并全程录影；加之研讨会上王毓和教授、罗忠镕教授、陈聆群教授、陈钢教授、杨立青教授、杨燕迪教授等的专题发言，与青年学者王勇、刘涓涓等的学术论文；三种方式，立体呈现了谭小麟先生的艺术成就及其在中国新音乐历史上的重要地位，并把谭小麟研究推向了最新的层面。作为系列学术活动的既定规划与后续工作，《谭小麟百年诞辰纪念文集》（附谭小麟作品音乐会实况 CD）正在紧张而有序的编撰之中，并将在 1912 年 3 月 19 日举行首发式。文集包括本次研讨会发表的论文，历年谭小麟研究论文选，谭小麟作品手稿选（图片），谭小麟艺术歌曲与室内乐作品选，谭小麟文字作品，谭小麟艺术档案选（图片）等。

　　至此，《谭小麟研究之研究》及其"补遗与更新"，应该较为准确、全面地呈现了谭小麟研究的概貌，希望它对谭小麟研究乃至中国近现代音乐史研究，能发挥索引与一定的导航作用，期待谭小麟研究与中国新音乐研究，能够不断有所新发现与新成绩。

（原载《黄钟》2011 年第 4 期）

---

　　① 　详参钱仁平：《感悟前贤风范 触发当代创造——纪念谭小麟先生百年诞辰系列学术活动综述》，载《人民音乐》，2011 年第 7 期。

图书在版编目(CIP)数据

谭小麟百年诞辰研究文集/钱仁平主编. - 上海:上海音乐
学院出版社,2012.1
ISBN 978 - 7 - 80692 - 700 - 7

Ⅰ.①谭…　Ⅱ.①钱…　Ⅲ.①谭小麟(1911—1948)
- 音乐评论 - 文集　Ⅳ.J605.2—53

中国版本图书馆 CIP 数据核字(2011)第 262906 号

书　　名:谭小麟百年诞辰研究文集
主　　编:钱仁平
责任编辑:夏　楠　周　丹
封面设计:朱文伦
出版发行:上海音乐学院出版社
地　　址:上海市汾阳路 20 号
印　　刷:上海天华印刷厂
开　　本:720 × 1020　1/16
字　　数:325 千字
印　　张:17.5
版　　次:2012 年 1 月第 1 版　2012 年 1 月第 1 次印刷
印　　数:1 - 1,300 册
书　　号:ISBN 978 - 7 - 80692 - 700 - 7/J.692
定　　价:60.00 元(附 CD)

本书由上海文化发展基金会图书出版专项基金资助出版